拜占庭兵法

THE
BYZANTINE
ART OF WAR

〔美〕迈克尔·德克 —— 著

Michael J. Decker

马千 —— 译

上海译文出版社

目 录

地图表 *

---

* 请查阅地图信息英汉对照表，获取地图中英文地名等信息的中文翻译。

引 言

1453 年 5 月 29 日，21 岁的奥斯曼帝国苏丹穆罕默德二世（Mehmed Ⅱ）率领 8 万大军攻破了东罗马古都君士坦丁堡的城墙，后者的 7 000 守军许多战死于此。那个年代最早、最叹为观止的火炮部署之一令这场惊人的突击成为可能——它穿透了向来坚不可摧的城防，令拜占庭末代皇帝君士坦丁十一世（Constantine XI Palaiologos）殒命；而他的尸体从未被寻获。希腊传说坚称，有朝一日，君士坦丁将从伊斯坦布尔圣索菲亚教堂的地板下破茧而出，领导希腊民族赢得最终胜利并重建上帝的罗马帝国——基督教的拜占庭国家。然而，在 1453 年春天，那条扼住巴尔干最后残存希腊独立政权咽喉的绞索其实早已收紧。自 1356 年以来，奥斯曼土耳其人占据了东色雷斯的埃迪尔内①（Edirne），以它为首都，逐步加强了对拜占庭帝国前欧洲领土的掌控。两个半世纪前，1204 年的西方十字军洗劫了君士坦丁堡，拜占庭帝国一蹶不振。②此年也标志着拜占庭作为环地中海主要军事强权的终结；劫掠首都后，面临拜占庭统治者重新集结并试图发起有效抵抗，拉丁军阀们与其威尼斯盟友肢解了帝国。究竟是 1204 年抑或 1453 年更适合作为罗马帝国的落幕，目前尚存争议。不过，在这两场征服之前数百年，该帝国大部分居民已使用希腊语，我们称其为"拜占庭人"，而他们则自称罗马人并视自己的帝国与昔日奥古斯都（Augustus）或图拉真（Trajan）统治之国为同一国度。③ 毕竟，他们是罗马帝国东地中海领土的直接继承人，延续了其行政与法统；并且，就我们的主题而言最重要的是，他们仰仗的正是源于古老罗马军团的军事机器。

拜占庭军队及社会一个惊人之处在于它难以置信的长寿。这些说希腊语、信仰基督教的中世纪"罗马人"面对内忧外患始终保持着自己的文化。尽管多数拜占庭人并未像许多西方人那样将战争视为一种美德，但它毕竟仍是拜占庭经验中的重要组成部分。强敌环伺，警钟长鸣，尤其在帝国迟暮之时，西方、东方、北方的邻居们威胁着它日益萎缩的边境。这里并没有类似奥古斯都及其继任者打造的"罗马治世"——罗马帝国以雷霆（甚至灭族）手段肃清了大部分顽敌，从而赢得了欧洲历史上的一段太平盛世。④ 但同样的盛景并未在拜占庭降

---

① 埃迪尔内即阿德里安堡（Hadrianopolis/Adrianople），因兴建者罗马皇帝哈德良而得名。378 年在此曾爆发著名的阿德里安堡战役，东罗马帝国惨败于哥特人，皇帝瓦伦斯阵亡。关于土耳其人占领埃迪尔内的确切时间，史学家存在争论，一般多认为是在 1369 年。直到 1453 年，它都是奥斯曼帝国的首都。译注。

② 1204 年，原本计划远征埃及的第四次十字军在威尼斯的挑唆下，利用拜占庭帝国的内乱，攻占并洗劫君士坦丁堡，瓜分了帝国大部分欧洲领土。虽然希腊人的尼西亚流亡政府在 1261 年意外收复了君士坦丁堡，但国力已急剧衰落。译注。

③ 希拉克略皇帝（575—641）在位期间，确立了希腊语作为东罗马帝国官方语言的地位。德意志历史学家赫罗尼姆斯·沃尔夫（Hieronymus Wolf，1516—1580）在其《历代拜占庭历史学家手稿》一书中，首次以"拜占庭帝国"（Imperium Byzantinum）称呼东罗马帝国。译注。

④ 原文使用了一个拉丁术语 Pax Romana——罗马治世，有时也译为罗马和平。一般指的是从公元前 27 年屋大维获得"奥古斯都"称号至公元 180 年罗马五贤帝中最后一位马可·奥勒留去世之间约两个世纪的罗马盛世。但这段和平是相对的，期间也爆发过罗马—波斯战争及犹太人大起义等战乱。译注。

临。尽管公元 620 年代与波斯那场末日般残酷的战争画上了句号，帝国的子民彼时或许对和平光阴的到来满怀期望，但阿拉伯的虎狼之师横扫帝国东部行省，并将它们永久地夺去。大约数十年间，阿拉伯敌人以及新兴伊斯兰教的传道士兵临君士坦丁堡城下，帝国大部领土陷入了阿拉伯人或其他入侵者之手。

这个危机四伏的国家及其元气大伤的军队得以幸存，堪称历史的奇迹之一。尽管人力、财力远逊对手同时四面受敌，但拜占庭"罗马"帝国却从"黑暗时代"①（Dark Ages）的围攻中幸存了下来，并在国家、社会层面脱胎换骨。由于官僚制度和税收体系尚存，军队从 7 世纪至 9 世纪引人瞩目地既做到了攘外，更实现了安内。纵使山河巨变，社会动荡，国家失去了大量领土和人力，但拜占庭军队与时俱进，奋战不止。到了这个中世纪帝国的鼎盛时代——马其顿王朝，篡位上台的瓦西里一世②（Basil I，867—886 年在位）开启了拜占庭两个世纪的扩张期。其改组后的军队将国界推回了哈里发的边疆并令拜占庭重新成为地中海强权。欧洲历史上没有哪个国家曾如此岌岌可危，却又凤凰涅槃。这场复兴的焦点在于军队，以及全社会、皇帝、将领

---

① "黑暗时代"的说法最早由意大利杰出学者、诗人彼特拉克（Francesco Petrarca，1304—1374）提出，原指从西罗马帝国覆灭至文艺复兴间的中世纪时代，后多指 5—10 世纪的中世纪早期。近现代以来，随着历史研究的深入，专家学者们逐步发现欧洲中世纪并非一无是处，故而学界已较少使用"黑暗时代"这一术语。译注。

② 瓦西里一世出身于马其顿军区一个农民家庭，绰号"马其顿人"，866 年被米海尔三世册封为共治皇帝，他在第二年刺杀了后者，大权独揽，开创了马其顿王朝。如无特殊说明，译者在本书的拜占庭皇帝译名上均采用陈志强教授《拜占庭帝国史》皇帝年表的译法。译注。

和军人们的齐心协力——从而书写了世界史中引人瞩目的篇章之一。

在下文中，我将提供中世纪罗马军队的概述，包括组织、后勤、武备、战略、战术以及探究它们如何得以运用。虽然拜占庭人未必曾以大战略或基于普遍经验的专业军事学说来看待战争，但后世观之，依旧可分辨其战争手段的模式。我称之为"拜占庭兵法"（the Byzantine Art of War）。

本书针对的是非专业读者、军事历史方向的研究者，它的问世源于我个人对该主题的兴趣以及在南佛罗里达大学讲授此课程时听众热情的反馈。写作期间，全球各地杰出学者的著作令我获益匪浅，尤其是约翰·哈尔东（John Haldon，他在拜占庭军队研究领域做出了许多开创性贡献），此外还有蒂莫西·道森（Timothy Dawson）、沃尔特·克吉（Walter Kaegi）、詹姆斯·霍华德–约翰斯顿（James Howard–Johnston）、塔夏凯斯·科利亚斯（Taxiarches Kolias）、艾瑞克·麦吉尔（Eric McGeer）、菲利普·兰斯（Philip Rance）、丹尼斯·沙利文（Dennis Sullivan）、沃伦·特雷德戈尔德（Warren Treadgold），还有很多学者这里无法一一提及。对那些闲暇时希望延伸阅读的读者而言，参考文献尤为必要，为此，由于我预期读者以英语为母语，我竭力提供了尽可能丰富的英文二手文献和翻译文献。我将在注释中标明。第一手文献则在缩写与参考书目中列出。最后，为了让文本尽可能"平易近人"，我减少了在外语专有名词、术语、资料翻译中变音符号的使用，并限制了注释的数量。我相信，对那些渴望进一步探究本主题的读者而言，他们会发现参考文献是一扇打开拜占庭战争史的大门。

第一章 历史综述

早期（4—7 世纪）

经过 6 年建设之后，330 年 5 月 11 日，璀璨新都君士坦丁堡被祝圣启用。此城竣工之际，其缔造者君士坦丁（Constantine）皇帝已 58 岁，但依旧健壮矍铄。君士坦丁在分隔欧亚的这条狭窄海峡①旁修建了一座壮丽的都市，它也成为了进入广袤安纳托利亚内陆和近东的门户。罗马建筑工大幅摧毁、改造了当地的希腊渔镇拜占庭（Byzantium），使其脱胎换骨为与这个举世无双的帝国相配的首都。因此，对许多现代历史学家而言，330 年标志着"拜占庭帝国"或"东罗马帝国"的发端。于那些该年春天相聚在博斯普鲁斯海滨的罗马人而言，他们未必觉得历史掀开了新的篇章，只顾得心满意足地看看永恒的罗马在强大领袖引领之下取得的成就与永续的权势。直至 1453 年春帝国遭奥斯曼土耳其人毁灭为止，拜占庭的居民一直自称"罗马人"。

君士坦丁与他的许多继承人一样，发觉新都适于越过多瑙河，对萨尔马提亚人（Sarmatians）和哥特人（Goths）发起北伐。322 年，在成为唯一的皇帝之前，君士坦丁攻击了此河北部伊朗的萨尔马提亚部落并赢得了一场大胜，为了宣扬对萨尔马提亚人的征服，323—324 年间还发行了名为"萨尔马提亚的覆灭"（Sarmatia Devicta）的钱币。

君士坦丁堡风景，尼古拉·德费尔[2]（Nicolas de Fer）1696 年刻版，清晰地显示了该城在博斯普鲁斯海峡的要冲地位，这条海峡连接黑海与地中海，数百年来为多个国家所垂涎（美国国会图书馆）

萨尔马提亚人与日耳曼哥特人都曾为君士坦丁的主要对手、东帝国皇帝李锡尼（Licinius）提供兵员。332 年，君士坦丁下令修复了图拉真皇帝所建横跨多瑙河的旧桥，这一象征性的举动向周边民众表明罗马人将重返达契亚[3]（Dacia）——它曾为图拉真皇帝所征服，却又被奥

---

① 即博斯普鲁斯海峡。译注。

② 尼古拉·德费尔（1646—1720）法国制图师、地理学家、雕版师。译注。

③ 达契亚的地理位置大约相当于现代的罗马尼亚，曾建立达契亚王国。公元106 年被图拉真攻占，公元 271 年，于罗马"三世纪危机"时代临危受命的奥勒良皇帝为了收缩防线，理智地主动放弃了该行省。不过奥勒良并非软弱的君主，任内东征西讨，战功赫赫，收复了罗马帝国此前失去的大片领土。译注。

勒良（Aurelianus）皇帝在大部处于动荡之中的三世纪放弃。

君士坦丁与其萨尔马提亚盟友共同开拔讨伐罗马称之为"哥特人"的部落联盟——这是一群来源芜杂不明的人，尽管其核心具有日耳曼成分，但确切的面貌、身份依旧充满争议。哥特人居住在横亘东欧的一片广袤土地上（相当于从今天的罗马尼亚东部至乌克兰南部及克里米亚草原）。从三世纪起，哥特部落民开始劫掠罗马领土；大约同时，其中一些也替罗马军队效力。尽管哥特人数量可观，军力不俗，但君士坦丁的部队还是击败了其国王阿里亚里克（Ariaric）的手下；由于战争和酷寒，他们蒙受了惨重的损失，有一份资料称死亡达 10 万人。虽然有些夸张，但此数字彰显了北方前线上罗马人与哥特人的血腥博弈。哥特部众接受了罗马的宗主权，直至后者统治瓦解前，始终与其维持和睦。在统治生涯末期，君士坦丁再度对萨尔马提亚人用兵，将他们中许多人迁移至色雷斯、塞西亚① （Scythia）、意大利和马其顿。i 由于皇帝对多瑙河前线的扫荡如此彻底，在他剩余的统治期内，这里始终太平。

君士坦丁堡为东方战争提供了卓越的战略位置，皇帝从此处可以进军抵抗其最大的威胁——萨珊王朝② （Sasanian dynasty）治下的波斯帝国，后者在一个世纪前崛起，日益成为罗马的严重威胁并导致了其主要的挫折（250 年代罗马东部防线瓦解时尤为显著）。数百年来，

---

① 塞西亚一词源于希腊语 Σκυθική，是希腊人对斯基泰人之地的称谓，大体对应维斯瓦河以东广袤的东欧、中亚地区。译注。

② 224 年，帕提亚帝国法尔斯总督阿尔达希尔一世起兵推翻了自己的君主阿尔达班四世，并在两年后加冕"万王之王"，创立了萨珊王朝（国祚延续至651 年）。萨珊王朝幅员辽阔，曾长期是罗马帝国的劲敌。译注。

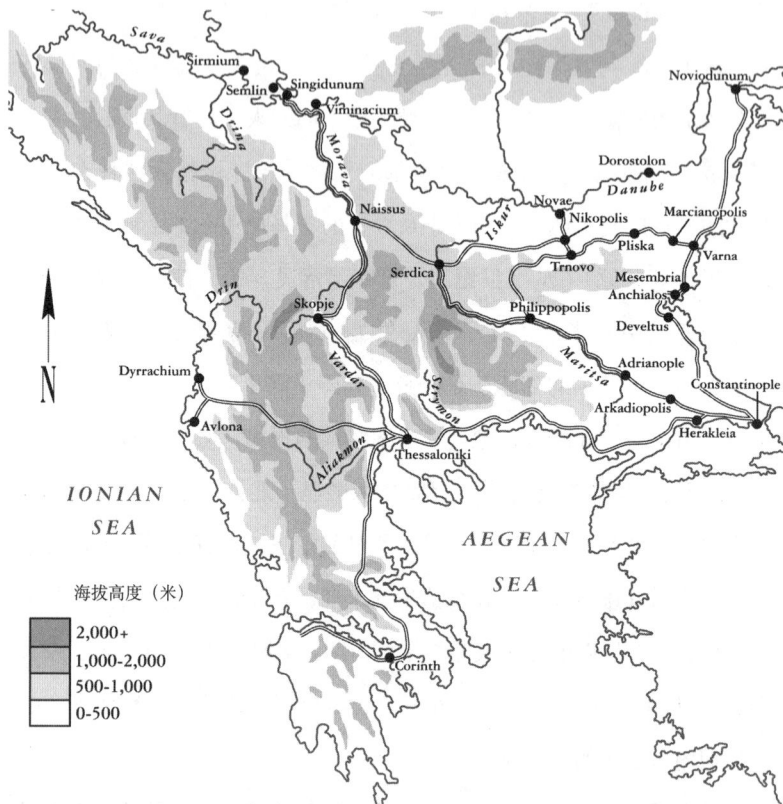

地图 1　巴尔干

罗马人与东部伊朗各民族交战不休，起初是帕提亚人，之后是其萨珊
继承者。即便在巅峰时期，帝国也无力完全并吞美索不达米亚——哈
德良放弃了图拉真的征服成果，尽管罗马军队占优并且帕提亚敌人已
经崩溃，他依然进行了仓促的撤退。上述事实透露出罗马人缺乏解决
东部问题的钥匙：他们很难在叙利亚边境对当地已开化政权赢得决定
性胜利，即便偶尔为之，似乎也宁愿敌对的帕提亚或波斯获取底格里

斯河与幼发拉底河东部霸权。260 年，罗马在东方的势力跌至谷底：瓦勒良皇帝（Valerian）自信满满地东进与异军突起的伊朗人交锋，却于埃德萨会战中遭遇惨败，沦为了萨珊"万王之王"（Shahanshah）沙普尔一世（Shapur I，约 240—270 年在位）的阶下囚[①]。270 年沙普尔的驾崩导致波斯人内乱，令罗马人得以采取行动。卡鲁斯（Carus）皇帝在其短暂统治生涯（282—283 年）期间领军穿过亚述，沿底格里斯河南下美索不达米亚，直抵萨珊王朝首都泰西封（Ctesiphon，位于今巴格达以南约 35 公里）。这类罗马军队深入美索不达米亚讨伐萨珊首都的战役在以后的若干世纪中多次重演，每次"故地重游"都给人如此"既视感"[②]——一旦罗马人来到这里，他们似乎茫然无措。即使他们攻占了泰西封，如同伽列里乌斯[③]（Galerius）298 年宣称的那样，他们也无法驻足。这可能是因为该城的规模（它可谓底格里斯河及其周边运河居民区的"复合体"），抑或因为波斯人的顽强抵抗，或者缘于这个复合都市地形复杂、河渠密布导致机动困难。也许当地的酷热与瘟疫桎梏了罗马人。同样，兵临泰西封城下的宣传价值远比攻克或实施占领的困难重重更有意义。283 年 7 月或 8 月，卡鲁斯的

---

① 260 年，年约 60 岁的瓦勒良皇帝及其约 7 万大军在埃德萨会战中全军覆没，皇帝与大批罗马军团士兵沦为俘虏，这是罗马帝国历史上首次君主被俘，对罗马政局造成巨大冲击，西部一度因此出现了分裂独立的高卢帝国。直到 270 年奥勒良皇帝继位后，罗马帝国的混乱情况才有所好转。译注。

② 原文在此处用了一个法语词汇 déjà vu——似曾相识，中文通常翻译为"既视感"。译注。

③ 伽列里乌斯（约 258—311）为罗马皇帝戴克里先的重要将领和女婿，293 年被戴克里先提拔为"恺撒"（四帝共治制度下的副皇帝），305 年成为奥古斯都。

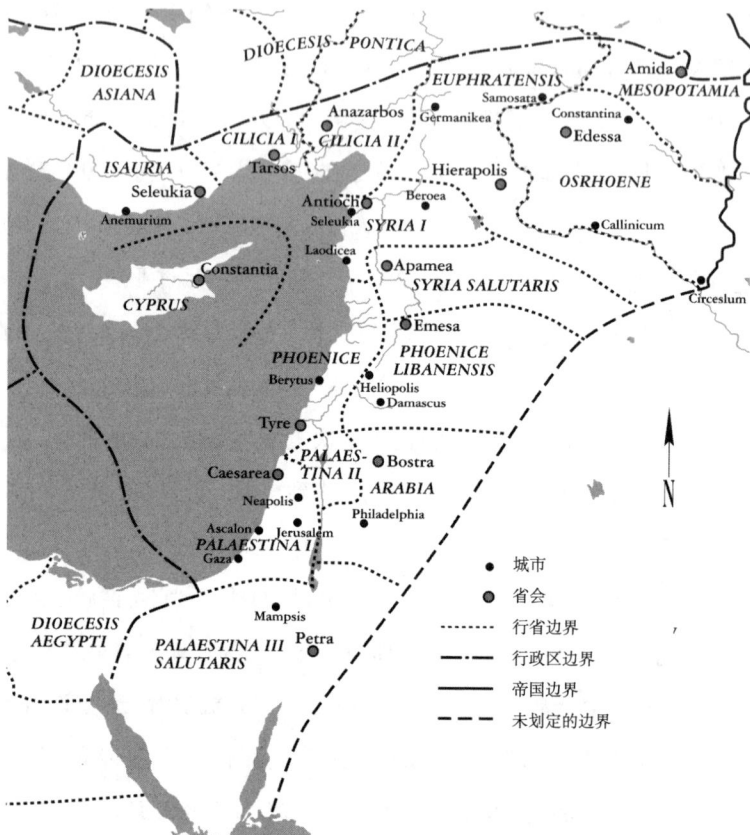

地图 2 东部边境，4—7 世纪

突然去世迫使新皇努梅里安（Numerian）^① 撤军——这是诸多失败中
的一次。284 年 11 月，年轻的努梅里安驾崩，多瑙河流域的默西亚

---

① 卡鲁斯登基后，册封自己的两个儿子卡里努斯和努梅里安为恺撒。卡鲁斯
去世后，两子分别成为东西部皇帝。译注。

（Moesia）都督①狄奥克莱斯（Diocles）攫取了帝位，成为了戴克里先（Diocletian）。

在经历了半个世纪（235—284）的军事混乱、经济重创和国内动荡后，戴克里先重新整合了罗马帝国。他在内政、军队方面做出了影响深远的改革，并试图稳定经济。尽管算不上改弦更张（伽列里乌斯任内曾册封亲属担任共治奥古斯都和恺撒），戴克里先确立了一种大胆的方法去解决困扰该国数十年的继承危机与连带的混乱。至293年，他建立了一种基于"四帝共治"（Tetrarchy）的方案。"四帝共治"体系将帝国分为由两位皇帝（奥古斯都）统治的两部分，每位皇帝拥有一名副手（恺撒），前者自愿退位时，后者将接替其权力。正如君士坦丁和其他人证明的那样，该体系只有在人们自愿放弃权力的情况下方能奏效，而这在人类历史上可谓凤毛麟角。在军事领域，最重大的改变是军队的大幅扩充。适逢乱世，无休无止的内外交战严重削弱了帝国的军事力量。戴克里先继承了一支大约389 000人的军队，通过一项宏大的征兵计划，他几乎将其规模扩大了一倍——至大约超过50万人。ⁱⁱ骑兵比例有所提高，这是为了增强攻击能力并与北部、东部敌人的骑兵力量相匹敌。

我们手中最好的资料表明，戴克里先与君士坦丁打造了一支与其先辈截然不同的罗马军队。这一计划的目标是稳定边境，同时确保国内安全——在过去数十年中它已经荡然无存了。尽管依旧好战，并且

---

① 原文所用英语为 duke（公爵），但对应拉丁语为 dux。古罗马时代的 dux 本指蛮族出身的高级军事将领，故译为"都督"。译注。

不乏宣传，但罗马人对越过主要界河（莱茵河、多瑙河、底格里斯河、幼发拉底河）开疆拓土意兴阑珊。然而，随着蛮族变得越发老练，军力也得到提升，在他们的多方压力下，三世纪中，维持那些筛子一样的边境日渐令人力不从心。罗马的边境管控仰仗频繁的惩罚性劫掠、偶尔的大规模入侵、从周边部族与国家（它们也往往是征讨的目标）征兵和与之贸易，但由于广袤边陲情况的变化，也不得不与时俱进。帝国东部保存至今的大量堡垒——例如约旦的莱均（Lejjun）和叙利亚的雷萨法（Resafa），可谓戴克里先决心御蛮族于国门之外的例证。在上述地方，成建制的大型军团兵营将边境部队楔入防线之中。驻守这些要塞的部队被称为"边防军"（limitanei），他们有些是正规军，有些据推测属于民兵。边防部队强大到足以维护治安、镇压内乱；在叙利亚，入侵者常为贝都因部落土匪。在面临大规模侵略时，边境要塞被用于固守待援，援军则是最近创立的"机动野战军"（comitatus）——由选拔自忠诚老练军团（尤其在多瑙河边境）的精锐步骑兵构成。在大型征战时，边防军也会加入远征军中，然而倘若缺乏野战军支援，边防军便缺乏战略主动性。[iii]当大量外敌来犯，如同337年波斯入侵尼西比斯①（Nisibis）和376年哥特人进犯多瑙河时那样，他们将会面对无法冒险忽视的兵力雄厚的据点。

336年，与波斯的战争爆发了。君士坦丁将他19岁的儿子、恺撒君士坦提乌斯（Constantius）派往东部备战。当父亲在337年筹划

---

① 尼西比斯当时为罗马帝国美索不达米亚行省省会。现名努赛宾（Nusaybin），位于土耳其东南部。译注。

航拍叙利亚雷萨法大型拜占庭要塞遗址（德国考古学会）

对萨珊人发动致命一击以便为罗马东翼带来和平之时，君士坦提乌斯的战绩胜负参半。但皇帝永远无法执掌这次战役了。大约在337年复活节，君士坦丁患病，他横渡马尔马拉海峡前往比希尼亚（Bithynia）的海伦波利斯（Helenopolis，今日的赫塞克[Hersek]）温泉疗养。自觉大限将至，他召唤教士施行了曾一度推迟的洗礼（按照基督教普遍信仰，此圣事可洗涤彼时的罪孽）。337年5月22日，皇帝怀着惩治萨珊人的未竟夙愿撒手人寰。

君士坦丁为三个儿子分割了帝国：君士坦丁二世、君士坦斯一世和君士坦提乌斯二世。君士坦丁二世统治极西部领土，包括西班牙、高卢以及不列颠。君士坦斯二世[①]统治包含意大利、北非的中部，而

———————————

① 原文如此。应为君士坦斯一世。译注。

东部则授予了君士坦提乌斯（337—361年在位）。此外，他们的堂兄弟达尔马提乌斯（Dalmatius）和汉尼拔尼亚努斯（Hannibalianus）也被封为恺撒。考虑到君士坦丁单枪匹马地推翻了"四帝共治"，很难想象按照他的构思，上述庞杂分权该如何运作。无论如何，这种情况无法在他身后长期维系。337年，达尔马提乌斯、汉尼拔尼亚努斯以及其他家族成员在君士坦提乌斯的唆使下惨遭屠戮。340年，君士坦丁二世在阿奎莱亚（Aquileia）的一场伏击中阵亡；350年，其兄长君士坦斯于马格嫩提乌斯（Magnentius）的叛乱中遇害。王朝的同室操戈使君士坦提乌斯无法聚焦保卫东部边境的使命——而萨珊人已气势汹汹地重启战端了。

虽不完美，但君士坦提乌斯可谓一名雄姿英发的指挥官。359年，阿米达①（Amida）的失陷重创了罗马的声望并凸显了波斯的强大，但在其任内，君士坦提乌斯积极作战，捍卫了罗马的东部利益。在血腥的继位之争结束后，年轻的皇帝面临波斯人对位于上美索不达米亚平原的尼西比斯（即现代叙利亚②的努赛宾）的围攻，而这一古城可谓罗马在此地区防御的关键。337年或338年，在年轻有为的万王之王沙普尔二世（Shapur Ⅱ，307—379）③亲自率领下，波斯人经过一场惨烈的围攻，重创了这座城市。对抗沙阿④（Shah）的是当地

---

① 阿米达位于底格里斯河右岸，即今日的土耳其城市迪亚巴克尔。
② 此处疑有误。努赛宾位于叙土边境，但现在由土耳其管辖。译注。
③ 根据《大英百科全书》，沙普尔二世生于309年而非307年。译注。
④ 波斯君主全称为"万王之王"（Shahanshah），简称为"沙阿"，中文有时直接称为"沙"。译注。

叙利亚主教尼西比斯的雅各①（Jacob of Nisibis），他组织起防御并鼓舞市民的士气。七十天的交战中，坚韧的守军挫败了攻城塔与地道战的攻击，波斯工兵筑坝令迈格多尼乌斯河②（Mygdonius）改道，奔涌的河水冲击城墙，吞没了其中的一段。由于河水令豁口沦为了沼泽，波斯人延缓了进攻。第二日清晨，萨珊人惊见豁口已被与先前的城墙同高的碎石堵住，尼西比斯军民严阵以待，主教则四处奔走，鼓舞士气。沙普尔最后的突袭失败了，波斯人被迫无功而返。

在我们的资料中，君士坦提乌斯与沙普尔战争的其余部分有些混沌不明，似乎罗马、波斯双方发生了许多当时罕见的大规模交战，包括另两次对尼西比斯的重大围攻，以及辛加拉③（Singara，位于今伊拉克西部）突出部的两场会战。大约在340年代，辛加拉陷入萨珊人之手。尽管346年波斯人在进犯尼西比斯时尝到了败绩，但大部分战役中，罗马人处于下风。萨珊人于350年第三度尝试攻城，这一次他们耗时四个月，再次引来迈格多尼乌斯河水，淹没城市周边原野。根据一份史料，他们乘船发起了进攻——在这片昔日的荒原绝对算得上"亮丽的风景线"，然而英勇的守军击退了攻势。ⁱᵛ战争陷入了僵局。

由于针对君士坦提乌斯的内乱制约了能够投入对抗萨珊人的人力与物力，双方进入了一阵"暴风雨前的平静"。351年，皇帝任命

---

① 尼西比斯的雅各是一位德高望重的叙利亚主教，曾参加第一次尼西亚公会议，被誉为"美索不达米亚的摩西"，他后来被教会奉为圣人。译注。
② 迈格多尼乌斯河即现代位于土耳其、叙利亚境内的杰贾河（Jaghjagh River）。译注。
③ 辛加拉是罗马帝国在美索不达米亚的重要前哨，第一帕提亚军团（legio I Parthica）即驻扎于此。译注。

他的堂弟加卢斯（Gallus）指挥东部前线。这位年轻的恺撒当时大约25岁，军事上颇有才干，但不容于安条克（Antioch）当地精英；354年，他被以所谓的叛国罪处决了。期间萨珊人偃旗息鼓，很大程度上并非缘于加卢斯的能力，而是因为其自身东部中亚前线与匈尼特人（Chionites）爆发了冲突——这是一群来源未知的部族（可能说伊朗语），最终沙普尔击败了他们并将其纳入麾下。罗马作家将匈尼特人称呼为"匈人"，但他们的民族成分和生活方式依旧不明。无论如何，沙普尔把大量匈尼特人收编进自己的军队，当和谈破裂后，他再度将视线转向西方。到了359年，沙阿与新归顺的名叫格伦巴底斯（Grumbates）的国王率领的匈尼特军队前来试探罗马人在幼发拉底河的防线，他们绕开了尼西比斯，试图寻觅渡过泛滥河水的通路。一名高阶罗马叛将安东尼（Antoninus，他由于债台高筑，无力支付税款而投敌）充当了波斯人的谋士。安东尼善于刺探消息，很可能因为他能够广泛接触帝国情报——包含东部军团作战序列及其后勤状况。他的情报对沙普尔至关重要，后者凭此对阿米达发起了进攻，经过73天艰苦围城终于攻克。罗马历史学家阿米阿努斯·马尔切利努斯[①]（Ammianus Marcellinus）生动描绘了罗马人几乎摧毁波斯大营的夜袭，以及萨珊人搬动土方直抵城墙的最终浩大攻势。ˇ沙普尔洗劫了城市，将它的居民放逐至胡齐斯坦（Khuzestan，位于今伊朗的西南部）。

---

① 阿米阿努斯·马尔切利努斯为4世纪著名罗马历史学家、军人，曾先后追随君士坦提乌斯二世和尤利安皇帝在东方作战，著有《大事记》（Res Gestae）一书，记载了罗马帝国96年至378年间的历史，今存14—31卷。译注。

这场重挫之后，君士坦提乌斯改组了他的统帅部。更重要的是，他命令自己的堂弟、西部恺撒尤利安（Julian）率领高卢军队驰援东部。由于部队不愿离家远征，发生哗变，尤利安无法听命。高卢军队反而拥立尤利安为帝，他们兴高采烈地向东进军，准备对抗君士坦提乌斯。听闻堂弟叛乱的消息，君士坦提乌斯中风了——因为怒火攻心，加之多年征战的消耗以及阿米达的惨败。361 年 11 月 3 日，他很可能因血栓病逝于西利西亚（Cilicia）。尤利安如今已无人可挑战，他紫袍加身，迅速着手倾覆他眼中君士坦丁堕落殿堂的支柱：作为一名"异教徒"，尤利安个人向旧神们进献祭品，命令神庙重开，并积极立法对抗基督徒。然而，他也小心翼翼地避免过分的迫害，以免炮制出太多的"殉道者"。尽管如此，基督徒还是将皇帝视为眼中钉肉中刺——他背叛了真正的信仰，无所不用其极地对其加以摧残。一位基督教主教甚至梦见圣默库里乌斯（Merkourios，军人出身）用长矛刺死了皇帝。

尤利安是位有才能的领袖；此外，尽管他身形瘦小，举止笨拙，却也是个出色的战士。和多数指挥官不同，尤利安身先士卒，故而广受将士爱戴，但冒失也可谓他的"阿喀琉斯之踵"。尤利安怀揣"伟大罗马"的理念并且自比亚历山大，由此得来的热忱或许是他最突出的长处。上述理想，加之报仇雪恨的渴望，令皇帝决心对波斯人发动致命一击——君士坦丁和君士坦提乌斯都不会这般孤注一掷。一位异教徒皇帝带来的对可怕萨珊人的胜利，将会进一步颠覆君士坦丁与其儿子们强加给帝国的基督教信仰。363 年 3 月，尤利安率大军离开安条克，沿着幼发拉底河岸开拔，同时有一支补给舰队相随。尤利安命令罗马藩属亚美尼亚国王阿萨息斯（Arsaces）组建第二支入侵部队从北南下。皇帝进军神速，在四月抵达泰西封前仅遇零星抵抗。击败泰西封守军后，尤利安觉得波斯人已沦为鱼肉，便拒绝了沙普尔求和的提议，但他却无法攻入泰西封城内。相反，随着天气转热，波斯人破坏了大都市泰西封的灌溉系统，制造出一片恶臭泽国，罗马统帅部做出了致命的决定——烧毁补给舰队，攻打内陆。

尤利安率军沿着迪亚拉河 ①（Diyala River）岸北上，以及之后沿底格里斯河撤回叙利亚时，沙普尔二世均如影随形。萨珊人实行焦土战术，持续袭扰，令行军演变为横跨北美索不达米亚的追击战。因酷热、饥渴而精疲力竭的罗马部队被沙漠战压垮了。6 月 26 日，皇帝进行了一场对抗波斯大军的大战。由于炎热，他没有披甲便投入了战斗。一名萨珊骑兵掷出的长矛击中了他，当天，尤利安在营帐内伤重不治。

部队选举约维安（Jovian）为帝，这并非用人唯贤，而是折中的结果——因为他对帝国精英没有威胁。但这一次，整个罗马野战军面临倾覆的危险，它远离故土，而其劲敌正在让罗马人死于饥饿。约维安提议谈和，他接受的条件可谓灾难。尼西比斯，这座罗马桥头堡，这根波斯心头刺，被草率地连同早年戴克里先征服的领土拱手让人。战略天平开始倒向波斯人，不过，耻辱和约墨迹未干，约维安便已撒手人寰——364 年冬，皇帝在小亚细亚西部去世。他的继承人瓦伦提尼安一世（Valentinian，364—375 年间在位）于同年 3 月选

---

① 迪亚拉河长 445 公里，是底格里斯河朝向东北方的支流。译注。

择弟弟瓦伦斯（Valens，364—378 年在位）为共治皇帝。和许多古罗马帝国晚期的军人一样，这对兄弟是潘诺尼亚①人（Pannonians，位于多瑙河中部），亦位列古典时代末期最后一批有才干的军人皇帝当中。瓦伦提尼安负责帝国西部事务，而瓦伦斯在君士坦丁堡掌管帝国东半部。364 年，两兄弟将帝国军队分割为彼此独立运作的"西军"和"东军"。瓦伦斯挥师东进，当尤利安的亲属普罗科皮乌斯②（Procopius）叛乱的消息传来时，前者正在安纳托利亚中部卡帕多西亚（Cappadocia）城市凯撒里亚③（Caesarea）。普罗科皮乌斯作为君士坦丁王族成员，堪称"暴发户"瓦伦斯的劲敌。尽管普罗科皮乌斯获得了哥特人的军事支持，但叛军的内部分裂还是导致了他战败并遭处决的命运。

由于此刻东线平稳，瓦伦斯将注意力转向了惩罚哥特人。在一场为期三年的战争中，他降服了多瑙河以北的哥特部落。370 年，双方化干戈为玉帛，随后的五年中，北方实现了相对的和平与均衡。谁也无法预料到未来将毁灭哥特政体并逼迫这些部落与罗马鱼死网破的那场大乱。

和许多游牧势力一样，匈人④（Huns）似乎是突然在从黑海至中国

---

① 潘诺尼亚是古罗马行省，大体相当于现代的匈牙利西部、奥地利东部、斯洛文尼亚、克罗地亚、波黑和塞尔维亚北部。译注。

② 普罗科皮乌斯（约325—366）和尤利安是表兄弟关系。普罗科皮乌斯一度在君士坦丁堡称帝，野战失利后被麾下将领出卖，最终遭到瓦伦斯处决。译注。

③ 此城位于小亚细亚，现代的名字是开塞利（Kayseri），注意不要和以色列港口凯撒利亚混淆。译注。

④ 匈人是否对应中国古代文献中的匈奴，史学界尚存争议，故译者在此并未采用"匈奴"一词。译注。

的广袤草原上兴起的。公元 4 世纪，阿米阿努斯·马尔切利努斯那份著名且常被引用的记载说，他们是群"衣冠禽兽"，身着鼠皮缝制的衣服，毕生在马背上过着野蛮的生活。真相已经晦暗，难以重见天日了；很可能存在一段更长的哥特—匈人交流与战争史，而非如阿米阿努斯让我们相信的那样。^{vi} 匈人的种族起源仍莫衷一是，大概率是一股突厥语族的草原战士"复合体"。^{vii} 游牧人军队通常兼收并蓄，至 5 世纪，在原始的族群以外，"匈人"还包含了中国人、日耳曼人、伊朗人的元素。

375 年，匈人闯入了欧洲舞台，击溃了从克里米亚至特兰瓦尼西亚（Transylvania）的哥特人族群，迫使其中许多人逃至多瑙河岸并希望作为难民进入罗马领土。哥特人与罗马人"亦敌亦友"，曾长期替罗马服役，瓦伦斯视之为优良兵员，遂允许成千上万的难民渡河。一旦哥特人进入罗马领土，脱离眼下危险，罗马人就竭力维持秩序，却疏于为大批民众提供补给——他们的精确数目都难以统计。阿米阿努斯甚至引用了罗马诗人维吉尔（Virgil）的话语：就像利比亚沙漠的沙子，数也数不清。^{viii}

罗马官员利用哥特人的窘况牟利，高价出售食物，用狗交换他们的儿童，对这些"客人"不屑一顾。在哥特领导人于马西安诺堡（Marcianople，今保加利亚城市代夫尼亚）参加了罗马人的一场"鸿门宴"后，哥特人起兵反叛。① 他们由哥特瑟文吉（Tervingi）部落领袖弗里蒂格恩（Fritigern）指挥。来自色雷斯罗马军队的其他哥特人

---

① 当地罗马将军卢皮奇努斯（Lupicinus）计划邀请哥特酋长赴宴并刺杀他，阴谋败露后立刻激起了哥特人大规模叛乱。译注。

纷纷加入弗里蒂格恩，他撕毁了与罗马人达成的协议，大肆劫掠。在与当地罗马驻军的激战中，哥特人笑到了最后，从此他们在色雷斯便如入无人之境了。①

至377年，瓦伦斯得到了警告——他停止了对抗波斯，转而准备讨伐在色雷斯和默西亚狼奔豕突的哥特人。哥特人用俘获的罗马装备充分武装自己，补给充足，已打造出一支精锐之师。到了378年，在格拉提安皇帝（Gratian，367—383年在位，瓦伦提尼安之子）指挥下，西罗马帝国的哥特人陷入了重围，于是他转而驰援东部的叔父瓦伦斯。尽管格拉提安的先头部队建议瓦伦斯等待西部野战军抵达后开战，但东部皇帝渴望独享让自己青史留名的伟大胜利，并且这还能带来统治合法性以及让罗马人有暇处理东部问题——他因此失去了耐心。弗里蒂格恩的军队经阿德里安堡前往东北方以候作为盟友的格鲁森尼②（Greutungi）哥特人。瓦伦斯的斥候向他保证说哥特军人数仅有10 000，而东部野战军规模大概是其三倍。弗里蒂格恩请求和平，但瓦伦斯拒绝了他的橄榄枝，并于378年8月9日袭击了哥特人的阵地。只有阿米亚诺斯简短的记载保存至今，考虑到他并非亲历者且更关注战役周边事件，我们对那关键的一天发生了什么所知极为有限。ix

千钧一发之际，格鲁森尼如神兵天降，赶来支援了弗里蒂格恩的

---

① 此处指的应该是376年爆发的马西安诺堡战役，卢皮奇努斯集结的罗马军队超过半数阵亡。译注。

② 格鲁森尼是哥特人的一支，原本主要生活在邻近黑海的东欧大草原（相当于现代的乌克兰）。译注。

瑟文吉人。援军的出现令哥特人在数量上与罗马人旗鼓相当。哥特人占据了一座小山，并在四周结成车阵以保护家眷。整个早晨，哥特骑兵离开车阵点燃旷野，以阻碍罗马人的推进。罗马人在一天中最热的中午时分抵达，阵型已有些散乱。罗马精英部队过分渴望交战，在其余部队做好准备前便贸然出击了，然而他们被轻易地击退；左翼的罗马骑兵在脱离步兵掩护的情况下陷入了哥特步骑兵的包围，也溃散了。此刻哥特人开始攻击罗马左翼并压缩、钳制了罗马阵列。到了傍晚时分，罗马步兵崩溃逃散，屠杀开始了。瓦伦斯被杀，尸骨无存。[1] 就后果严重性而言,阿德里安堡堪比坎尼[2]（Cannae）——三分之二的东帝国军队阵亡。格拉提安的抵达也几乎于事无补，因为年轻的西部皇帝不愿让自家军队流血对抗如此顽敌。格拉提安想到了一位失宠的高级指挥官——"西班牙人"狄奥多西（Theodosius），他将被迫致仕的后者召回，并提拔为奥古斯都。而为了令哥特战争的伤口止血，西部皇帝则提供了一些兵员和军需。

　　尽管阿德里安堡之后许多哥特人与罗马人交战，但也有一部分被帝国招安服役。加入帝国军队的哥特人与日俱增（一如既往地被历史学家贴上"拜占庭人""东罗马人"或"希腊人"[因为帝国的主要语言是希腊语] 的标签），他们构成了东部军队的军官与士兵团体。拜占庭人竭力试图吸收哥特军队，但却未能将他们彻底融入帝国社会。军队、军官不断增强的"蛮族化"自阿德里安堡后持续了

---

[1]　此役瓦伦斯身负重伤，被部下抬到了一座农家茅屋，一群哥特战士不知皇帝在此，放火烧屋，导致堂堂罗马皇帝死无全尸。译注。

[2]　即公元前 216 年，汉尼拔围歼罗马主力的坎尼会战。译注。

约一个世纪，令东部帝国处于一段危险时期，并使它在面临匈人和其他敌人时应对消极乏力。幸运的是，虽然偶有零星冲突，但在 5 世纪，波斯前线大体平静。这份平静主要应归功于波斯萨珊王朝的内部状况——匈人-嚈哒人 [①]（Hunnic Hephthalites）杀死了沙阿卑路斯（Peroz），并俘获其子喀瓦德（Kavad），令波斯遭受重创。[②] 488 年，喀瓦德继承了王位，在镇压国内敌手巩固统治后，便转而对抗拜占庭帝国。502—506 年间的战争标志两大帝国开启了持续一甲子的敌对行动。在嚈哒军队帮助下，喀瓦德夺取了塞奥多西奥波利斯（Theodosiopolis，现代的埃尔祖鲁姆）、马提罗堡（Martyropolis）、阿米达，而阿拉伯辅助部队在其可怕的酋长努曼（Nu'man）率领下洗劫了美索不达米亚。罗马人笨拙、散乱的指挥令战争拖延至 506 年方才终结。

到了 527 年，喀瓦德（488—531 年在位）和萨珊人重启了与罗马人的战争。此次战火的燃烧源于高加索地区，以及查士丁一世皇帝（Justin I，518—527 年在位）据称拒绝收喀瓦德之子、继承人库斯老 [③]（Kosrow，531—579 年在位）为养子。从 527 至 531 年，拜占庭人和波斯人沿着亚美尼亚的设防边境互相交手，还伴随着萨珊帝国附庸、阿拉伯国王蒙齐尔（Mundhir）的一系列闪电劫掠。蒙齐尔的对

---

① 嚈哒人是 5—8 世纪兴起于中亚的一支游牧民族，有时也被称作"白匈奴"，他们一度向西迫使波斯称臣，向南则大举入侵印度，建立了一个广阔的嚈哒帝国。译注。

② 卑路斯一世（459—484 年在位）统治时期波斯出现了严重饥荒，同时战乱频繁，他先后三次败于嚈哒人之手，最终阵亡。但他的儿子喀瓦德一世未来亲政后励精图治，击败了嚈哒人，恢复了波斯的强盛。译注。

③ 即库斯老一世，在位期间文治武功十分突出，萨珊帝国达到了鼎盛，他也被誉为波斯历史中帝王的典范。译注。

手、罗马人资助的阿拉伯人哈里斯（Harith）与波斯一方的阿拉伯人进行了若干场苦战。战争期间，双方互有胜负。军队、指挥官的能耐（或无能），以及战略、后勤方面的制约，令消耗战中没有一方能发动致命一击。尽管双方都热衷于宣传造势且历史上长期敌对，但两个古国均善于与其最大的敌手协商谈判。当喀瓦德在531年去世时，库斯老为了应付国内问题不得不谈判所谓"永久和平"。查士丁尼（527—565年在位）利用这个喘息之机着手恢复地中海西部罗马往日的领土。至其统治末期，他已经收复了部分北非、西班牙南部和意大利。

7世纪初期，拜占庭与波斯全面战争的可怕后果开始呈现。602年，摩里士皇帝（Maurice，582—602年在位）被弑后，他的萨珊对手库斯老二世（Kosrow II，590—628，在590—591年的内战期间，罗马人曾帮助他夺回王位）以为摩里士报仇为名对拜占庭宣战。就其性质而言，库斯老二世的战争与过往的交手迥异。尽管起初，萨珊人似乎无意长久占据拜占庭领土，不过罗马人的不堪一击开启了一扇"大门"，萨珊人迅速改换了策略。

602—608年间的罗马—波斯战争是一场划时代的争斗，一位历史学家恰如其分地称之为"古代最后一次大战"。[x] 两个大国图穷匕见，争夺霸权。篡位者福卡斯（Phokas，602—610年在位）发动的政变瓦解了拜占庭的指挥，并激起了对其政权的反抗，它面临着来自东部的入侵和内部叛乱。起初罗马人形势艰难；609—610年间，他们位于叙利亚和美索不达米亚的防线崩溃了，令波斯军队得以攻入安纳托利亚高原、叙利亚、巴勒斯坦和埃及。上述拜占庭东部省份尽管富饶，但防御空虚，因军事挫败、宗教纷争和内战而沦为帝国软肋，对萨珊人而言可谓唾手可得。609 年，拜占庭北非天高皇帝远的迦太基总督①武装了一支舰队，起兵反叛福卡斯皇帝。610年，舰队抵达君士坦丁堡，推翻了福卡斯，非洲总督之子希拉克略（Heraclius）登上了帝位。

希拉克略对抗波斯人的最初努力堪称灾难。613 年，他在安条克附近的沉重损失令萨珊人于同年征服大马士革，并于 614 年洗劫了圣城耶路撒冷，夺走了至高圣物"真十字架"（True Cross），这可谓拜占庭与基督教惨败的强烈象征。619 年，亚历山大港叛变投靠了波斯人，帝国粮仓、人口最稠密的省份埃及随即陷入萨珊人之手。依靠教会支持以及饱含宗教色彩的宣传，希拉克略重新训练并改革了支离破碎的拜占庭军队。624 年，皇帝攻入波斯治下的亚美尼亚和阿塞拜疆，洗劫了当地几座城市，随后以一场勇猛的出击令沙阿及其军队肝胆俱裂。库斯老临阵脱逃后，他的军队分崩离析，让拜占庭人能够纵情劫掠。第二年，波斯人出动了三支军队对抗拜占庭人，然而希拉克略以谋略取胜，将其各个击破。626 年迎来了战争的高潮。拜占庭与强大的西突厥帝国②结盟，后者与波斯北部、东部边境接壤。罗马-突厥的两面夹攻可谓萨珊人战略上的梦魇。波斯一方则与多瑙河

---

① 即老希拉克略，他是摩里士皇帝统治时期的重要将领，600 年被任命为阿非利加总督。608 年，他和儿子小希拉克略（575—641）以为摩里士皇帝报仇为名起兵反抗福卡斯。610 年，小希拉克略成功登基不久后，老希拉克略病逝。译注。

② 希拉克略据说曾与西突厥可汗统叶护在第比利斯会晤，并许诺将公主嫁给统叶护，双方联合发动对波斯的攻势。不过统叶护在 628 年的内乱中被弑。译注。

北部新势力——游牧的阿瓦尔汗国（Avar khaganate）联合，试图包围罗马。波斯军队跨过博斯普鲁斯海峡进犯伟大的君士坦丁堡，而阿瓦尔军则围困它。波斯人的盟友本计划运送萨珊军横渡以补足围城兵力，然而拜占庭舰队挫败了上述努力。与此同时，希拉克略皇帝孤注一掷地任凭首都直面波斯围攻的重压，自己在东方重启了攻势。在突厥草原牧民和高加索基督教诸侯盟友的支援下，皇帝大胆地长驱直入萨珊帝国的心脏。至 627 年 1 月，罗马人蹂躏了波斯富饶的美索不达米亚核心区域，令这片土地狼烟四起，如同炼狱。[xi]

波斯首都内部，精英阶层意图拯救国家，并于 2 月 23 日发动了一场政变。"万王之王"起初被囚禁，在其子喀瓦德二世[①]（Kavad Ⅱ）登基后则遭处决。年轻的喀瓦德在位不到一年，随后波斯陷入了王朝、政治上的混乱。630 年，萨珊大元帅[②]沙赫尔巴拉兹（Shahrvaraz）掌控政权，然而两大近东帝国都即将面对多舛的命运了。

大约与沙赫尔巴拉兹赢得萨珊王座以及罗马人持续重返新近夺回的故土同年，一位魅力超凡的阿拉伯传道者穆罕默德占领了他的家乡麦加（Mecca）。他出生于 570 年[③]左右，大约从 610 年起获得了一系列神启，历史学家多认为 630 年前，穆罕默德已孜孜不倦地传道了二十载。在早期伊斯兰教信徒中，穆罕默德信条打造的认同塑造了

---

① 喀瓦德二世青年时代曾长期被父亲囚禁（以免威胁更受宠爱的兄长继位），628 年，他被一些高级贵族释放并发动政变。他夺位后不仅弑父，还处决了所有兄弟，导致染疫病逝后帝国陷入严重继承危机。译注。

② 该军衔音译为"斯帕巴德"（Spāhbed），字面含义是"总司令"，原本仅设立一人，但在库斯老一世改制后共设立四个方向的四名斯帕巴德。译注。

③ 穆罕默德的出生年份，还有 571 年一说。译注。

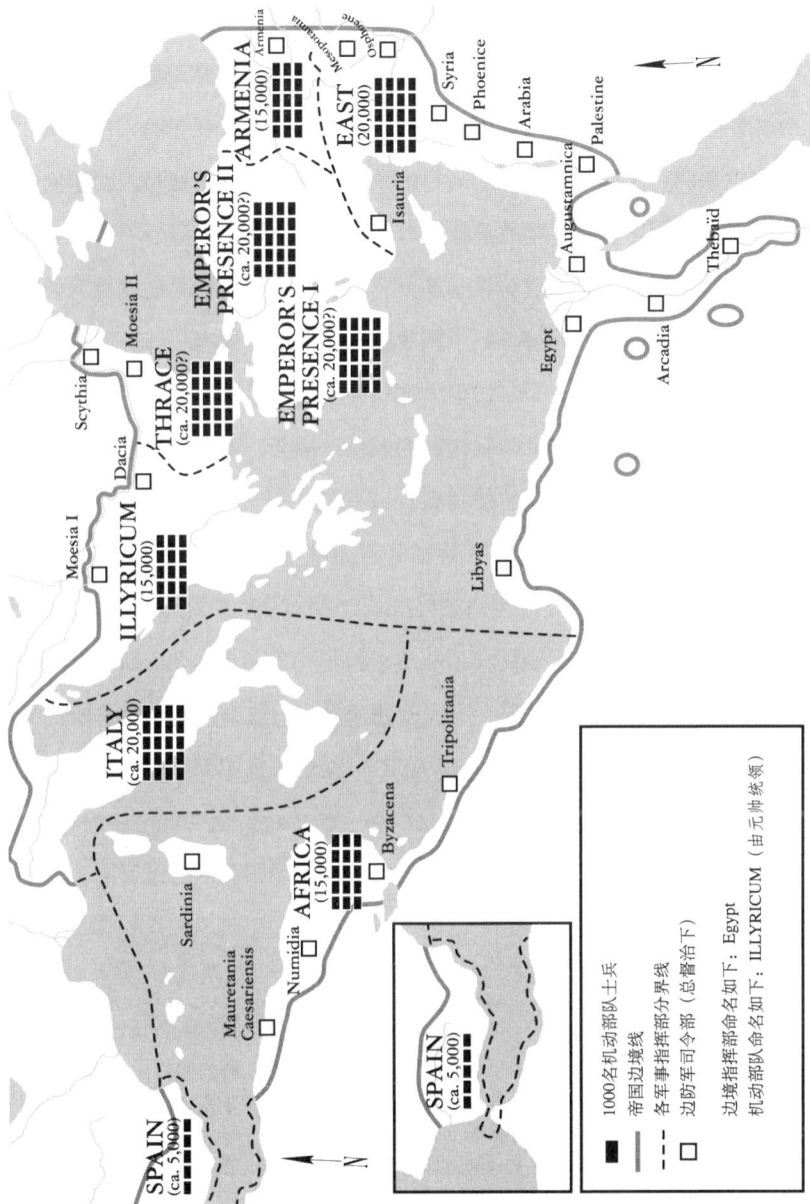

地图 3 6 世纪的帝国与地方军队

图例说明：

- 1000名机动部队士兵
- 帝国边境线
- 各军事指挥部分界线
- 边防军司令部（总督治下）

边境指挥部命名如下：Egypt
机动部队命名如下：ILLYRICUM（由元帅统领）

地图中标注：

SPAIN (ca. 5,000)
ITALY (ca. 20,000)
AFRICA (15,000)
ILLYRICUM (15,000)
THRACE (ca. 20,000?)
EMPEROR'S PRESENCE I (ca. 20,000?)
EMPEROR'S PRESENCE II (ca. 20,000?)
ARMENIA (15,000)
EAST (20,000)

地名：Spain, Mauretania Caesariensis, Sardinia, Numidia, Byzacena, Tripolitania, Libyas, Moesia I, Moesia II, Scythia, Dacia, Isauria, Armenia, Mesopotamia, Osrhoene, Syria, Phoenice, Arabia, Palestine, Augustamnica, Egypt, Arcadia, Thebaid

他们精神上的自信和进取。穆斯林信徒的核心——"圣伴"①（阿拉伯语单数音译为"撒哈比"，复数为"撒哈巴"）率领这群人数不多的新教友征服了阿拉伯半岛，随后进入叙利亚。对罗马叙利亚的入侵可谓顺理成章的一出好戏：麦加的阿拉伯人在此已有广阔的贸易、财富网络，而罗马人历经数十年战乱，实力大不如前。

早期阿拉伯军队的成功，一部分应归于阿拉伯人在半岛以及为强权效力的军事经验，一部分归于宗教鼓舞与天启，还有一部分则是贪婪。尽管战火燃烧了几十年，但大部分地区却相对安稳和平——其领土很少被敌军穿越或见证旷日持久的围攻、战斗，而他们繁华的城市与众多居民则预示着丰厚的战利品。

阿拉伯人对拜占庭叙利亚最初的进犯其实发生在波斯战争结束前。发生于现今约旦境内穆阿泰（Mu'ta）的小规模战役以拜占庭的胜利告终，由于数名早期阿拉伯英雄于此役殉难 xii，它在穆斯林记忆中也被镀上了一层史诗色彩。② 此战还涌现出一位杰出的指挥官哈立德·本·瓦利德③（Khalid b. al-Walid），他是未来伟大征服的关键领袖。当高阶指挥官殒命后，瓦利德获得了指挥权，他率部全身而退，赢得了声誉。由于手中关于穆斯林征服的资料是很久以后撰写的，常

---

① 指穆罕默德的早期追随者，与他本人有所交集，分为若干等级，最高级的称"十圣人"（包括未来的四大哈里发）。但在对撒哈比的认定上，逊尼派、什叶派有所不同。译注。

② 穆斯林方面记录了此役 12 位烈士的名字，其中不乏重要的撒哈比，例如穆罕默德的养子扎伊德（Zayd ibn Harithah），穆罕默德的堂弟、第四任哈里发阿里的兄长贾法尔（Ja'far ibn Abi Talib）等。译注。

③ 哈立德·本·瓦利德（642 年去世）是穆罕默德至第二任哈里发欧麦尔时代的穆斯林伟大将领，百战百胜，被穆罕默德誉为"安拉之剑"。译注。

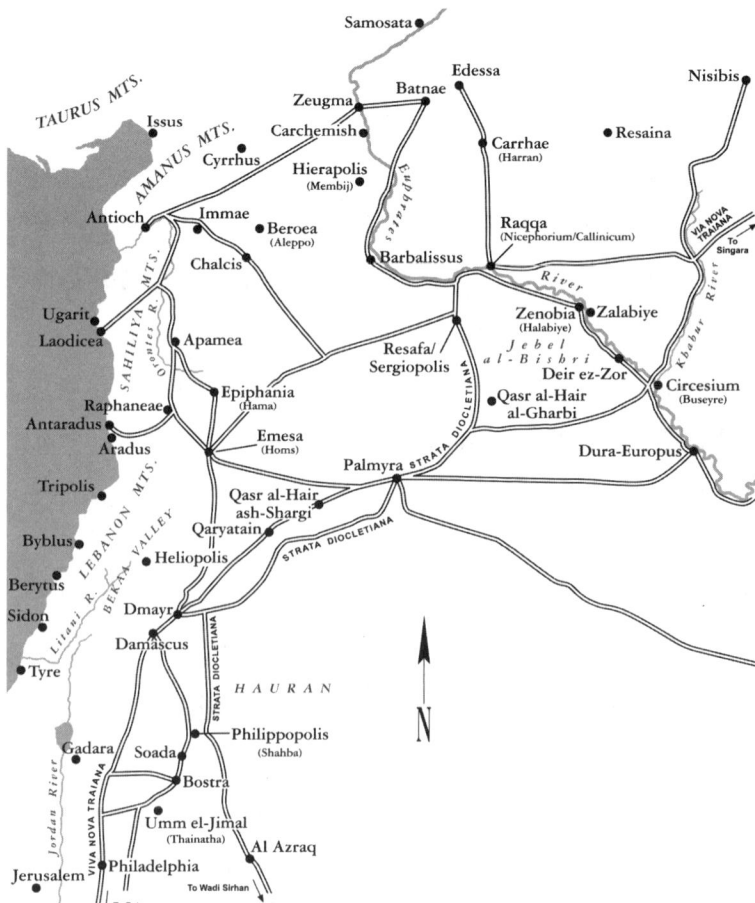

地图 4　罗马的沙漠边境

常支离破碎，甚至互相矛盾，我们只能作出力所能及的最佳"重构"。

　　当穆罕默德于 632 年去世时，穆斯林选择由一位哈里发 ① 充当精

---

① 哈里发（Caliph）字面含义为继承者，全称是"安拉使者的继承者"。译注。

神和政治领袖。在穆罕默德继承人、阿布·伯克尔（Abu Bakr，约632—634 年在位）统治时期，穆斯林对叙利亚的入侵加剧了。634 年，阿拉伯将领阿姆鲁·本·阿斯①（Amr b. al-As）率领一小支穆斯林军队进攻加沙，并击败了当地拜占庭守军。哈立德·本·瓦利德可能于同年带领来自伊拉克的突袭部队沿着罗马领地的边缘穿过了叙利亚沙漠。复活节当天，瓦利德麾下穆斯林攻击了伽珊尼德②（Ghassanid）阿拉伯人。伽珊尼德人是拜占庭的阿拉伯基督教盟友，并充当帝国沙漠边境的守护者。瓦利德对伽珊尼德的攻击导致了附近重要城市大马士革的投降——其市民以缴税为代价换取了穆斯林的保护。xiii

634 年夏，阿拉伯人再度与拜占庭军队交手，这次是在阿季奈迪恩（Adjnadayn）。xiv 我们缺乏关于此战的同时代资料，但我们知道穆斯林又一次取胜。拜占庭军队残部撤退至大马士革并面临穆斯林的围攻。希拉克略从位于霍姆斯（Homs）的指挥部派出的援军在途中便被击败。穆斯林围攻大马士革的细节体现在日后的传说之中：它声称半个城市是和平投诚，而另一半是被强行攻下的。资料如此矛盾，令我们只能大致勾勒这些征服事件。一般认为，希拉克略征集了一支大军并令他们南下解除穆斯林对大马士革的压力，终结阿拉伯人的威胁。当时拜占庭人是否明白他们面对的是一场新的宗教运动尚且存疑，他们也未必知晓穆斯林阿拉伯人与罗马常常轻视的其他阿拉伯人

---

① 阿姆鲁亦为早期穆斯林名将，曾征服埃及，并两度担任埃及总督。译注。
② 伽珊尼德是一批来自也门的阿拉伯部落在黎凡特建立的王国（220—638 年），国民多信奉基督教，并为东罗马帝国藩属。译注。

之间的区别。到了 635—636 年，拜占庭统帅部显然已经意识到，地方军队完全无力应对上述威胁，必须采取断然行动。

636 年，已经老迈多病的希拉克略派出了一支据各种版本估计人数在 15 000 至 20 000 人①之间的大军。他们于戈兰高地（GolanHeights，其伽珊尼德阿拉伯盟友的传统牧场）集结。穆斯林准备迎战这支野战军的部队似乎人数略微占优，并由一批杰出的信徒指挥——包括阿布·俄拜德②（Abu Ubayda）、哈立德·本·瓦利德、阿姆鲁·本·阿斯以及未来哈里发穆阿维叶（Mu'awiya）③的兄长耶齐德·本·阿布·苏富扬（Yazid b. Abi Sufyan）。关于之后的雅尔穆克战役（Battle of Yarmouk），并无同时代史料留存；因此，我们并无把握还原战斗或战役的全过程。ˣᵛ 尽管细节不明，战斗的结局却是毋庸置疑的——阿拉伯军队获得了决定性胜利，将希拉克略与拜占庭人逐出了叙利亚。如同不久前萨珊战争中那些晦暗的日子一样，拜占庭军队于安纳托利亚高原的托罗斯山脉（Taurus Mountains）后重新集结。目睹此景，皇帝忆起 10 年前曾率军在这片高地卧薪尝胆，准备与波斯人的史诗对决，心中想必五味杂陈。然而如今皇帝已年过花甲，其

---

① 此役罗马军人数，不同资料来源的估计差异颇大。例如，富勒在《西洋世界军事史》中给出的数字为"约 5 万人"，而大卫·尼科勒（David Nicolle）在《636 年雅尔穆克：穆斯林对叙利亚的征服》（Yarmuk 636 A.D.: The Muslim Conquest of Syria, Osprey Publishing, 1994）一书中提供的数据为 10 万人。译注。

② 阿布·俄拜德位居伊斯兰教"十圣人"之一，是穆罕默德亲密战友，穆斯林征服初期重要将领，还曾是哈里发一职的潜在继承人之一，639 年因瘟疫在叙利亚病逝。译注。

③ 即阿拉伯帝国第五代哈里发穆阿维叶一世（606—680），他将哈里发由推举改为世袭，为倭马亚王朝创始人。译注。

帝国因与波斯数十年的交战而精疲力竭。人力、物力已达极限，士气极为低迷。面对穆斯林既坚决又老练的进犯，帝国当局即无智谋亦无能力加以抵挡。一座接一座城市陷落了。

富庶的叙利亚土地并非穆斯林唯一追求的战利品。639 年，阿姆鲁·本·阿斯组织了一场从西奈半岛至埃及门户培琉喜阿姆[①]（Pelusium）的突袭，后者于 640 年初陷落。穆斯林援军旋即发动了对埃及的全面入侵。尼罗河上的关键要塞巴比伦（Babylon，邻近现代的开罗）同年失守，而亚历山大则在次年投降。至 647 年，穆斯林已开始进犯拜占庭治下的北非，他们在斯贝特拉（Sbeitla）战役中击溃了当地指挥官格雷戈里[②]（Gregory），粉碎了拜占庭抵抗势力的主心骨。令穆阿维叶·本·阿布·苏富扬（Mu'awiya ibn Abi Sufyan，661—680 年在位）最终登上哈里发宝座的第一次阿拉伯内战（656—661 年），给了非洲罗马人重整旗鼓的喘息之机。尽管有着令人鼓舞的开端，但阿非利加并不能"信手拈来"——直到 698 年拜占庭被逐出迦太基（Carthage），穆斯林的征服才大功告成。

黑暗时代至中期（7—12 世纪）

希拉克略及其继承人设法将军队的残部撤往安纳托利亚，战略上

---

① 培琉喜阿姆位于尼罗河三角洲最东端，曾为重要贸易枢纽，地理位置十分关键。译注。

② "贵族"格雷戈里为皇族成员，拜占庭帝国阿非利加总督。穆斯林入侵时，他已经起兵造反，自立为帝。斯贝特拉战役中格雷戈里阵亡，而穆斯林收获大批战利品后也选择撤退，一度竟让拜占庭中央政府恢复了对阿非利加总督区的控制，但此役已经动摇了拜占庭对北非统治的根基。译注。

的对策包括在乡间分散安置驻军和沿托罗斯山维持防线。这道高原防线（参见地图4）与希拉克略在波斯战争中所维持的大体相当，它持续遭受着倭马亚哈里发国的压力。穆斯林的高机动部队穿透了高原，从起初的劫掠演变为拜占庭安纳托利亚高地日常生活的一部分。就如同英法百年战争中英格兰的"袭扰"①（chevauchées）一般，穆斯林的突袭通常是一种快速的劫掠战，目的为让帝国顾此失彼，削弱它的社会与经济结构。然而，一旦穆阿维叶组建了穆斯林舰队，地中海便沦为了角斗场——伊斯兰的浪潮已经涌到了首都城下，拜占庭帝国只能为生存而战。哈里发对君士坦丁堡派出了一支庞大的远征军，并于674年在马尔马拉海建立了军事基地。这一系列持续的攻势直到678年方才被众志成城的守军挫败，他们初次使用了一种新式武器："希腊火"，一种基于石脑油的燃烧弹（参见第八章）。717年，穆斯林再度大举攻打拜占庭首都，试图摧毁这个帝国，却又一次蒙受了惨痛的失败。利奥三世（Leo Ⅲ，717—741年在位）以弱胜强，令对手从此不敢再犯。

尽管他们当时对此一无所知，但帝国已经历了风暴的至暗时刻。然而，上述战乱的摧残是全方位的。城市萎缩，几乎烟消云散。货币经济奄奄一息。文学团体和高雅文化走向衰败。之前从未有任何一个帝国，在遭受某个外敌持续打击、失去如此多领土后，还能保存元气。7世纪末至8世纪初的黑暗岁月中，拜占庭人适应了新的情势：

---

① 这里作者使用了一个法语术语 chevauchées，字面含义为"骑行"。在中世纪军事领域，它指的是快速对敌人领土烧杀劫掠以便削弱对手的战法，而非攻城略地。译注。

在资金和人力上与敌人相比，他们远处于下风。城市的崩溃与财政系统的瓦解迫使军队节衣缩食。上述变化的确切情况尚存争议，不过，似乎军队被部署到了乡村，仅能获得极低的军饷。最初的五个地区驻军由当地军队的残部组建（参见地图 4、地图 5）——因此，昔日东方野战军（Anatole）的驻地开始得名"安纳托利孔"（Anatolik）。上述军队驻地被称为"军区"（thema），该词的来源未明。军区部队无论是质量还是数量均逊于它们的罗马晚期前辈。装备和训练都有所退化，但这支军队依然是职业化的军事力量，独具特色，并得到了定期操练。黑暗时代的军区部队是一支防御性的力量，其指挥官很少冒险进行会战。相反，拜占庭将领更倾向于通过骚扰削弱敌人，后者从叙利亚基地出发抵达高原的居民区，可谓劳师远征。这种低强度的袭扰与反袭扰（偶尔间杂着拜占庭帝国或阿拉伯的大型远征）成为了从 7 世纪末至 9 世纪的"样板"。在这期间，拜占庭安纳托利亚高原的边境居民演变为一种其财富与战争挂钩的"军事氏族"。到了 750 年，东罗马在人口和经济上都得到了某种程度的恢复——最初的复兴曙光出现于君士坦丁五世（Constantine V，741—775 年在位）任内，他挺过了数个军区发动的一场痛苦的叛乱。① 君士坦丁大约在 743 年创立了一支常备职业骑兵部队——"靖抚骑兵营"（tagmata），他们驻

---

① 君士坦丁五世为利奥三世之子，741 年他的妹夫、亚美尼亚军区司令阿尔塔瓦兹德（Artabasdos）发起叛乱，自立为帝，并于 742 年击败君士坦丁五世，入主君士坦丁堡。君士坦丁五世卧薪尝胆，在安纳托利亚军区支持下于次年复辟，并刺瞎阿尔塔瓦兹德双眼，将他和子女流放到修道院。君士坦丁五世精明能干，任内阿拉伯帝国发生了王朝更迭的内战（阿拔斯王朝取代倭马亚王朝），他趁机在东西两个方向发动攻势，均有所斩获。译注。

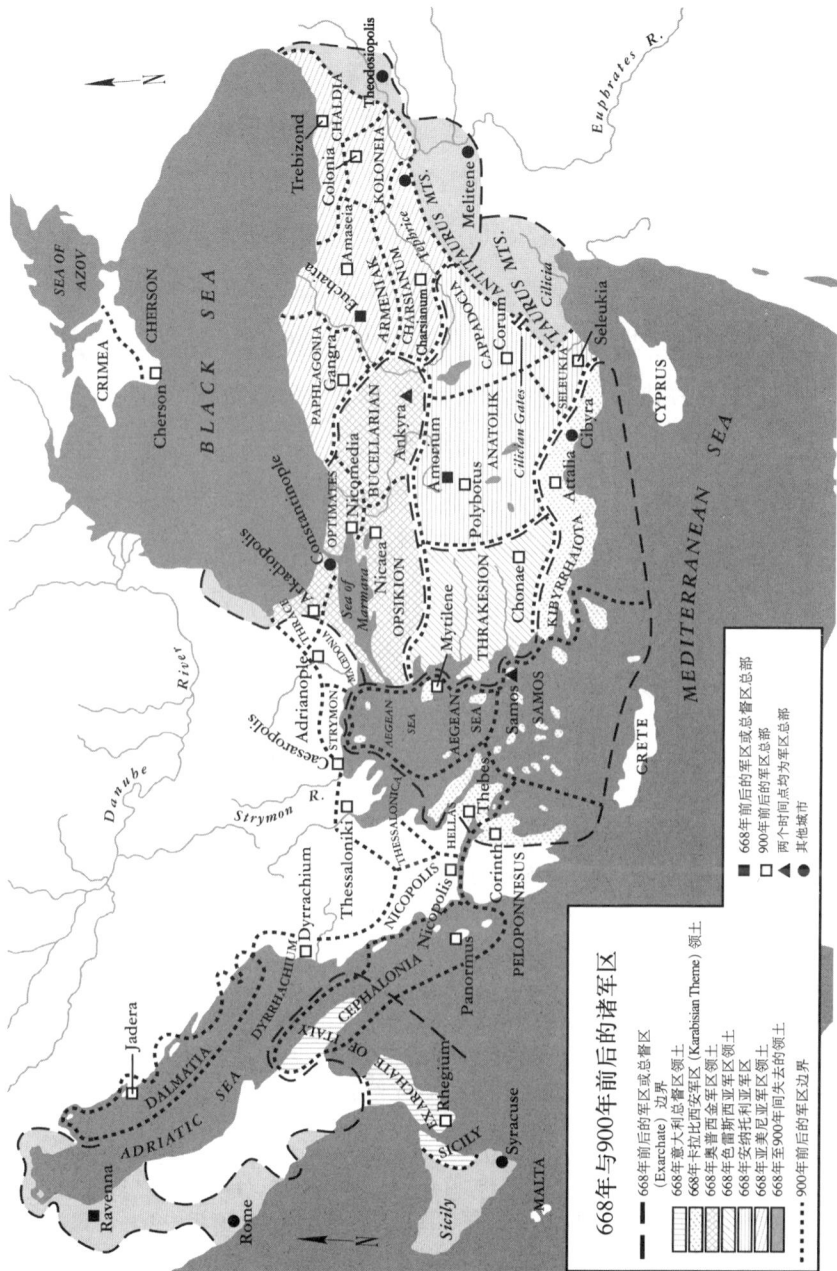

地图 5 668 年与 900 年前后的诸军区

668年与900年前后的诸军区

- ━━ 668年前后的军区或总督区（Exarchate）边界
- 668年前后的军区或总督区领土
- 668年卡拉比西安军区（Karabisian Theme）领土
- 668年奥普西金军区领土
- 668年色雷斯西亚军区领土
- 668年安纳托利亚军区领土
- 668年亚美尼亚军区领土
- 668年至900年间失去的领土
- ⋯⋯ 900年前后的军区边界

- ■ 668年前后的军区或总督区总部
- □ 900年前后的军区总部
- ▲ 两个时间点均为军区总部
- ● 其他城市

Euphrates R.
Theodosiopolis
CHALDIA
Colonia KOLONEIA
Trebizond
Melitene
Amaseia
Euchaita
ARMENIAK
CHARSIANUM
Charsianum
Tephrice
Coloneia
ANTI-TAURUS MTS.
TAURUS MTS.
Gangra
PAPHLAGONIA
Charsianum
CAPPADOCIA
Corum
Cilicia
Seleukia
Euchaita
BUCELLARIAN
Ankyra
SELEUKIA
CYPRUS
CHERSON
CRIMEA
Cherson
BLACK SEA
SEA OF AZOV
Nicomedia
OPTIMATES
Chalcedon
Constantinople
Nicaea
OPSIKION
ANATOLIK
Amorium
Polybotus
KIBYRRHAIOTA
Cibyra
Attalia
Cilician Gates
Mytilene
Chonae
THRAKESION
Sea of Marmara
Adrianople
HEBDOMON
THRACE
STRYMON
Caesaropolis
AEGEAN SEA
AEGEAN SEA
Samos
SAMOS
MEDITERRANEAN SEA
CRETE
Strymon R.
Danube River
Thessaloniki
Dyrrachium
DYRRHACHIUM
NICOPOLIS
Nicopolis
HELLAS
Thebes
Corinth
PELOPONNESUS
CEPHALONIA
Panormus
LONGOBARDIA OF ITALY
SICILY OF ITALY
Rhegium
Syracuse
Sicily
MALTA
Jadera
DALMATIA
ADRIATIC SEA
Ravenna
Rome
N

扎于首都及周边，能够快速集结，充当皇帝的援兵。战役中，靖抚骑兵营是较之地方军区军队更为专业、忠诚、纪律严明的中坚力量。经历了数十年断断续续的防御战后，745年，君士坦丁率领靖抚骑兵营和军区部队征讨哈里发国，当时后者正因第三次内战而步履维艰。^{xvi}

750年，倭马亚王朝被第三次内战推翻，这为依旧深受国内政治与宗教纷争困扰的拜占庭人提供了喘息之机。① 新兴的伊斯兰阿拔斯王朝以伊拉克为根基 ②，尽管在意识形态上依然坚持"吉哈德"（jihad，圣战），但阿拔斯王朝更偏爱持续的袭扰，而非导致倭马亚王朝垮台的那种失败的大规模进攻。不过，认为阿拔斯王朝不如其前任好战，那就大错特错了。当机会来临时，阿拔斯王朝指挥官们也热衷于高举吉哈德大旗对抗罗马人，某些入侵（例如838年那次）直插拜占庭帝国心腹，若非政治现实掣肘，本可为彻底征服奠定基础。每次对拜占庭城市的大规模入侵和掳掠，漫长蜿蜒的边境线都会狼烟四起。安纳托利亚山峦起伏，乡间多尘土飞扬的丘陵，地区冲突和孱弱的政府令这里催生了"边防军"（akritai）。中世纪希腊史诗《狄奥吉尼斯边防军之歌》③（*Digenis Akritis*，意译则为《混血儿边防军之歌》）刻画了8至10

---

① 利奥三世上台后，开启了持续上百年的"破坏圣像运动"，表面上是关于基督教教义理解执行问题，实际上体现了世俗贵族、军人与教会、僧侣之间的矛盾。这场运动打击了教会势力，增加了中央集权，但也撕裂了社会，增加了东西教会的分歧。译注。

② 此前的倭马亚王朝定都大马士革，以叙利亚为根基。而阿拔斯王朝在762年后迁都巴格达。译注。

③ 《狄奥吉尼斯边防军之歌》被认为是唯一保存至今的拜占庭史诗。其主人公边防军指挥官巴西尔父亲为阿拉伯人，母亲为希腊人，绰号"混血儿"，史诗也因此得名。一般认为史诗存在真实的原型人物——1068—1071年在位的拜占庭皇帝罗曼努斯四世·狄奥吉尼斯（Romanos IV Diogenes）。译注。

世纪这批边境精英战士的亲密、钦敬和尚武，令其名垂青史。

与哈里发中央政权相比，阿拔斯王朝的地方诸侯（埃米尔）更偏爱集结大队人马，发动全面进攻。后世观之，其中一场远征被现代历史学家誉为拜占庭—阿拉伯战争中的转折点。863 年，梅利泰内（Melitene，今土耳其东部城市马拉蒂亚）埃米尔奥马尔·拉克塔（Amr al-Aqta）与贾法尔（Ja'far，可能为塔尔苏斯 [Tarsos] 埃米尔）入侵了帝国。贾法尔的部队穿过了拜占庭东部卡帕多西亚地区，但他们却在一个称作"主教牧场"的地方被米海尔三世（Michael Ⅲ）皇帝及其皇家靖抚骑兵营所击败。第二支阿拉伯突袭部队由奥马尔·拉克塔率领继续行动，攻占了黑海岸边的阿米索斯（Amisos，今萨姆松 [Samsun]）。9 月 3 日，拜占庭总司令 [1]（domestikos ton scholon）彼得罗纳斯（Petronas）使用军区士兵与皇家禁卫骑兵在安纳托利亚拉拉卡翁河（Lalakaon River）附近山区包围了拉克塔，大败梅利泰内军队及其保罗派 [2]（Paulician）盟友，后者是一个安纳托利亚东部的基督

---

[1]　本书此处所用术语，希腊语原文为 δομέστικοςτῶν σχολῶν，最初于 8 世纪设立，为禁卫骑兵司令，后地位不断升高，9 世纪时已实质上相当于拜占庭军队总司令。12 世纪"大统领"（Grand domestic）一职创立后它的地位开始下降，从 13 世纪起至拜占庭覆灭，已经成为纯粹的荣誉虚衔。译注。

[2]　保罗派（Paulicians）是公元 7 世纪（一说 5 世纪）发源于亚美尼亚、北叙利亚、两河流域的一个基督教教派。其教义与正统教会存在较大区别，一定程度受摩尼教和马吉安主义影响。它认同基督嗣子说，反对偶像崇拜（包括对十字架和圣母马利亚的崇拜），不承认旧约，使徒中推崇圣保罗，反对圣彼得（也因此反对圣彼得传人教皇），反对正统教会的教阶制度、隐修主义、圣像崇拜和礼仪；神学上认同二元论，即世界分别由一位善神（精神世界）和邪神（物质世界）创造。该教派遭到拜占庭官方镇压，844年一度在小亚细亚东部城市迪夫里伊（Divriği，当时称 Tephrike）建立了自己的政权。10 世纪后传入东欧，对保加利亚人产生很大影响。译注。

教异端教派。[xvii] 拉拉卡翁的胜利标志着阿拉伯大规模袭击安纳托利亚心脏地带的终结，并为拜占庭毁灭保罗派位于小亚细亚东部的家园开启了大门。这也证明了阿莫里翁王朝[①]（Amorion dynasty, 811—867年）的拜占庭军队可在野战中与阿拉伯军匹敌；因此，到了米海尔三世统治结束的 867 年，拜占庭在东方转入了攻势，这一势头还将持续百年。

当拜占庭人试图稳住这处国家的命脉（即安纳托利亚与君士坦丁堡及其内陆）时，其余行省损失疆土的情形却加剧了。至 750 年，大部分拜占庭意大利领土已陷于伦巴第人[②]（Lombards）之手，仅在南部尚存残山剩水。从 826 年起，西西里被北非穆斯林攻占，长达 75 年。827 年左右，克里特岛被穆斯林袭击者占据，后者在此建立的酋长国堪称海盗巢穴。拜占庭军队和政府遭受的最大灾难，恐怕还不是在阿拉伯前线，而是源于北方挑战帝国的保加尔人（Bulgars）。7 至 8 世纪中，昔日的帝国巴尔干诸行省大部陷于斯拉夫部落以及新兴的保加尔汗国之手。[③] 保加尔汗国征服了多瑙河流域的许多斯拉夫部落，

---

① 因王朝首位皇帝米海尔二世出生于小亚细亚城市阿莫里乌姆（Amorium）而得名。译注。

② 伦巴第人是发源于瑞典南部的一支日耳曼部落，568 年迁徙进入意大利北部，并建立了政权，之后长期与半岛的拜占庭势力展开拉锯争夺，并一度威胁到教廷的安全。712—744 年利乌特普兰德（Liutprand）在位时期，不断开疆拓土，国力达到鼎盛。此后教皇请来法兰克国王丕平三世干预，方才遏制了伦巴第人的势头。774 年伦巴第王国最终被查理曼灭亡。译注。

③ 一般认为保加尔人最初是来自东欧大草原的突厥血统半游牧民，经不断迁徙，681 年击败拜占庭人后在多瑙河三角洲建立了政权，即未来的保加利亚第一帝国（前期称保加尔汗国）。建国后，保加尔人和巴尔干本地斯拉夫人杂居，逐渐斯拉夫化。译注。

至 9 世纪已演变为帝国主要外敌。811 年春，尼基弗鲁斯一世（802—811 年在位）皇帝率领一支由职业军人和征召兵组成的大军北渡多瑙河，保加尔可汗克鲁姆（Krum，约 802—814 年在位）主动求和。尼基弗鲁斯予以严拒，并在 811 年 7 月 20 日纵火洗劫了保加尔首都普利斯卡（Pliska）。随后皇帝带兵南返，然而克鲁姆在一条山路伏击了帝国军队。在一场破晓时分的奇袭中，保加尔人杀死了尼基弗鲁斯并令他的皇子①兼指定继承人受了致命伤。克鲁姆军击溃了罗马部队并缴获了其国库，和皇帝一同殒命的还有大量士兵，以至于"基督徒的菁华毁于一旦"。保加尔可汗甚至用皇帝的头盖骨制作了饮器。^{xviii}作为胜利的果实，克鲁姆将其势力向南拓展至拜占庭色雷斯，让帝国陷入了进一步的冲突当中。米海尔一世（Michael I，811—813 年在位）领兵对抗保加尔人，然而 813 年 6 月和谈失败后，克鲁姆于阿德里安堡（现代的埃迪尔内）附近击败了拜占庭人，兵临君士坦丁堡城下——新皇利奥五世（Leo V，813—820 年在位）一度试图刺杀可汗。由于无力突破首都牢固的城防，克鲁姆撤退了；途中他蹂躏了色雷斯并攻克大城阿德里安堡。第二年克鲁姆去世，这才令拜占庭免遭更大的羞辱。

马其顿王朝（Macedonian dynasty，867—1022 年）时代，作为中世纪拜占庭军力的巅峰，职业军队的招募和供给都增加了。哈里发国政治上的分裂，以及改善的经济、人口状况，使得拜占庭帝国能够从斯

---

① 即斯达乌拉焦斯（Stauracius），他虽然在普利斯卡战役中侥幸逃出生天，但身负重伤，已无法处理朝政，继位不足两月，便在 811 年 10 月 2 日将皇位禅让给了妹夫米海尔一世，本人则在第二年年初病逝。译注。

FRANKISH KINGDOM

Dravus River

Danube River

AVAR KHANATE

DUCATE OF VENETIA

CARPATHIAN MTS.

Ravenna

PAPAL STATE

Jadera

DUCHY OF SPOLETO

DUCATE OF DALMATIA

Ragusa

SLAVS

BULGAR

Danube

KHANATE

Serdica

BALKAN M

ADRIATIC SEA

Rome

PRINCIPALITY OF

SEA

Philippopolis

RHODOPE MTS.

Gaeta

Naples

BENEVENTO

Amalfi

Tarentum

ARCHONTATE OF DYRRHACHIUM

Dyrrhachium

Strymon R.

Adrian

Thessaloniki

ARCHONTATE OF THESSALONIKI

N

CALABRIA

THEME OF SICILY

ARCHONTATE OF CEPHALONIA

AEGEAN SEA

Panormus

Rhegium

Gulf of Corinth

SLAVS

Athens

IONIAN

Corinth

Syracuse

SEA

THEME OF HELLAS

Methone

CYCLADES

THERA

Gortyn

ARCHONTATE OF CRETE

MEDITER

780年前后的帝国

– – –	国境线
········	军区界线
•	城市
⊙	军区、总督区、执政官区首府
⌐ ⌐	帝国领土
//////	保护国领土
⌡⌠	关隘

地图6　780年前后的帝国

MAGYARS

KHAZAR
KHANATE

SEA OF
AZOV

GOTHS

ABASGIA

Cherson ⊙ ARCHONTATE
OF CHERSON

ska

BLACK   SEA

nchialos
ME OF
RACE
kadiopolis
Constantinople
OPTIMATES
a of
mara
Nicaea ⊙ Malagina
Mt. Olympus
KION THEME
Nacolea
gamum
⊙ Amorium
KESION
Sardis   ANATOLIK
IEME
nesus   ⊙
Chonae   THEME
x
⊙ Attalia
Rhodes
CIBYRRHAEOT
THEME

Sinope

Euchaïta
⊙
Claudiopolis   Amaseia
ARMENIAK

Ankyra   THEME
Charianon

THEME
Halys R.   Adata Pass
CAPPADOCIA

Caesarea

Nazianzus

Ikonion

Cilician Gates
CILICIA   Anazarbos
Mopsuestia
Adana
Tarsos

Theodosiopolis

Camachum

ARMENIA

Amida

Samosata
Germanikeia

MESOPOTAMIA

Antioch
Seleucia   Euphrates River
SYRIA

ANTITAURUS MTS.
TAURUS MTS.

ARCHONTATE OF

CYPRUS ⊙ Constantia

ABBASID

CALIPHATE

EAN   SEA

N

拉夫部落手中收复许多巴尔干失地，并且让那些好战的保加尔邻居有所忌惮。针对后者的战争漫长而艰苦。在野心勃勃、精明能干的西美昂（Symeon，893—927年在位）的领导下——他采用了"沙皇"（tsar，恺撒的斯拉夫语化称谓）头衔，这泄露了其帝国雄心——保加尔人为回应贸易争端侵入色雷斯，攻占了阿德里安堡。896年春，拜占庭派出了混合东西部军区以及靖抚骑兵营的部队对抗西美昂，却被后者在保加罗菲格①（Bulgarophygon）要塞打得溃不成军。西美昂不满足于拜占庭体制内的地位②，发动了针对罗马人的战争，后者与游牧的佩切涅格人（Pechenegs）和塞尔维亚人结盟，并派出了由东部军事世家出身的元帅（domestikos）利奥·福卡斯③（Leo Phokas）率领的军队。未来的拜占庭皇帝罗曼努斯·利卡潘努斯（Romanos Lekapenos）指挥海军计划运送佩切涅格人渡河④。在阿海洛奥斯（Acheloos，又名安希亚洛斯[Anchialos]），西美昂在利奥军与盟友会师前便予以截击，大败对手——历史学家"辅祭"利奥⑤（Leo the Deacon）记载说，战役爆发75年后，

---

① 即现代的土耳其西北部城市巴巴埃斯基（Babaeski），邻近保加利亚边境。译注。

② 西美昂一世的父亲鲍里斯一世于864年受洗皈依了东正教，并奉拜占庭皇帝米海尔三世为教父。而西美昂却在925年宣称自己是保加利亚人和希腊人的皇帝，体现了与父亲截然不同的政治志向。译注。

③ 利奥·福卡斯来自帝国东部卡帕多西亚地区的军事世家，当时的军衔为"学院禁卫军统帅"（Domestic of the Schools），实质相当于拜占庭陆军元帅。福卡斯家族人才辈出，未来甚至还诞生过一位战功显赫的皇帝尼基弗鲁斯二世·福卡斯。译注。

④ 即阿海洛奥斯河，全长约40公里，位于保加利亚东部，向南注入黑海。译注。

⑤ 10世纪拜占庭编年史家，因曾在君士坦丁堡皇宫担任辅祭而得名，其著作涵盖了从罗曼努斯二世至瓦西里二世统治初期的历史。译注。

依然能见到堆积如山的罗马人白骨。^{xix} 西美昂乘势南下，利奥·福卡斯带领仓促召集的军队前来迎战，却再度被击溃。为了平息叛乱的塞尔维亚属国，沙皇不得不中止与罗马人的战争，直至 927 年驾崩，他都忙于和塞尔维亚人、克罗地亚人交战，此后其子彼得缔结了和约。

如果说与保加尔人的战争体现出罗马军队的某种"虚有其表"的话，它们也彰显出新罗马的敌人们的实力——狡诈、富有组织性和侵略性。它们还证明了为何拜占庭人更偏爱代理人战争，甚至当力量对比似乎于帝国有利时，也倾向于谈判解决全面冲突。最终，这些冲突（拜占庭人在此过程中付出的鲜血和取得的胜利一样多）说明了罗马军队的韧性——无论是其保加尔还是阿拉伯邻居，都无法通过一场决定性战役来摧毁它。

到了 10 世纪，曾经令拜占庭人尝尽苦头的阿拉伯入侵者本身也在走下坡路了。拜占庭指挥官越发频繁地主动攻击边境上的穆斯林国家。东部的扩张是与出身安纳托利亚的军事权贵派崛起相辅相成的，尤其是福卡斯、斯科勒鲁斯（Skleros）等家族，他们在同阿拉伯人的斗争中战功卓著，飞黄腾达，身居军队高位。军队带来的威望、军饷、晋升滋养了东部的战争源泉，而东部则提供了战利品和荣誉。一旦其邻居的虚弱曝光，拜占庭人便开始审慎地推进。934年，拜占庭人攻占了梅利泰内，这是东部两个主要阿拉伯埃米尔国之一的心脏^①。961 年，拜占庭总司令尼基弗鲁斯·福卡斯（Nikephoros

---

① 此役是在拜占庭名将约翰·库尔库阿斯（John Kourkouas）领导下获胜的。他在帝国东部多次发动对穆斯林的攻势，战功显赫，并曾回师君士坦丁堡解救首都免遭罗斯人的进犯。译注。

Phokas）从阿拉伯人手中夺回了克里特岛。两年后，尼基弗鲁斯登上了皇位并继续亲自领兵作战。①965 年，他摧毁了劫掠成性的塔尔苏斯埃米尔国，拜占庭军队挺进叙利亚。在巴尔干，军队也取得了不小的进展。970 年，巴尔达斯·福卡斯（Bardas Phokas）领导下的拜占庭人于阿尔卡迪奥波利斯［Arkadiopolis，即现代的土耳其欧洲部分城市吕莱布尔加兹（Lüleburgaz）］迎战拒绝撤离保加利亚的基辅罗斯大公斯维亚托斯拉夫一世（Sviatoslav I，约 942—972 年在位）。第二年，约翰·齐米斯基斯（John Tzimiskes，969—976 年在位）率领东部野战军横渡多瑙河抵达战场，于杜罗斯托鲁姆②（Dorostolon）击败了罗斯人。③

马其顿王朝时期的军队越发仰仗职业佣兵。尽管军区部队依旧热衷于服役，然而皇帝与将领们却逐渐要求他们用金钱代替兵役，以便聘请佣兵。这些常备军不仅包括希腊人，还包含了越来越多的外国人成分。其中最知名的当属瓦西里二世（Basil II，976—1025 年

---

① 即尼基弗鲁斯二世（963—969 年在位），他针对穆斯林取得了一系列辉煌胜利，甚至被誉为"萨拉森人的白色死神"。969 年被亲侄子约翰暗杀，后者篡位成为约翰一世。译注。
② 即现代保加利亚东北港口城市锡利斯特拉（Silistra）。译注。
③ 与斯维亚托斯拉夫的战争充分体现了拜占庭人的权谋和外交手腕。原本拜占庭为了对抗保加利亚第一王国主动与斯维亚托斯拉夫结盟，但斯维亚托斯拉夫入侵保加利亚后连战连捷，如日中天，影响了拜占庭在巴尔干的地位，于是拜占庭反而以保加利亚解放者的身份与罗斯人作战，并和佩切涅格人结盟。斯维亚托斯拉夫在杜罗斯托鲁姆被围困了 65 天，和约翰皇帝谈判后有条件地投降了，前提是拜占庭允许罗斯人平安返乡。此后拜占庭将斯维亚托斯拉夫退兵的消息通报佩切涅格人，后者中途设伏击杀了罗斯大公。他的儿子弗拉基米尔一世后来引领罗斯皈依了东正教，名垂青史。译注。

在位）麾下瓦兰吉卫队（Varangian Guard）招募的斯堪的纳维亚罗斯人 [①]（Rus），不过直到 11 世纪，军队的主力还是来自安纳托利亚地区。瓦西里的统治标志着拜占庭军事史上的另一个关键点——他大量消灭了东部那些曾两度叛乱并几乎颠覆其皇位的军事家族。[②] 东部战役很大程度上暂停了，以便支持瓦西里对抗保加利亚人的目标。瓦西里二世对保加利亚的战争采取了拜占庭最擅长的方式——"温水煮青蛙"。这种逐步推进、蚕食而非发动大规模会战的策略，体现了瓦西里忠于拜占庭人的偏好：避免决战，倾向于长期、低风险的战争手段。到了保加利亚战争于 1018 年结束时，罗马帝国的边境已推至多瑙河。皇帝专注巴尔干的代价则是一场大变——东部军事世家遭到清洗，他们在指挥体系中被边缘化。和他们一道被打击的很可能还包括大量经验丰富、能征善战的军队。到了马其顿末代皇帝塞奥多拉女皇 [③]（1055—1056）统治时期，罗马军队开始走向衰落。君士坦丁九世（Constantine IX，1042—1055 年在位）皇帝臭名昭著地让成千上万的高加索伊比利亚 [④]（Caucasian Iberian）军区部队以金代役，而这笔国库进项却被他用于宫廷挥霍。[xx]

---

① 注意这里的罗斯人并非俄罗斯人，而是 8—11 世纪来自瑞典、定居于波罗的海至黑海间东欧地区的北欧人，11 世纪后期逐渐与当地斯拉夫人同化。译注。

② 976 年至 989 年，瓦西里二世麾下两员大将巴尔达斯·斯科勒鲁斯（Bardas Skleros）和巴尔达斯·福卡斯曾先后多次叛乱。译注。

③ 理论上，塞奥多拉女皇自 1042 年起便先后与姐姐邹伊、姐夫君士坦丁九世共治，但在 1055 年君士坦丁九世去世后方才独自亲政。译注。

④ 注意这里的高加索伊比利亚并非伊比利亚半岛，而是古希腊罗马人对高加索地区格鲁吉亚王国的传统称谓，又称"东伊比利亚"。译注。

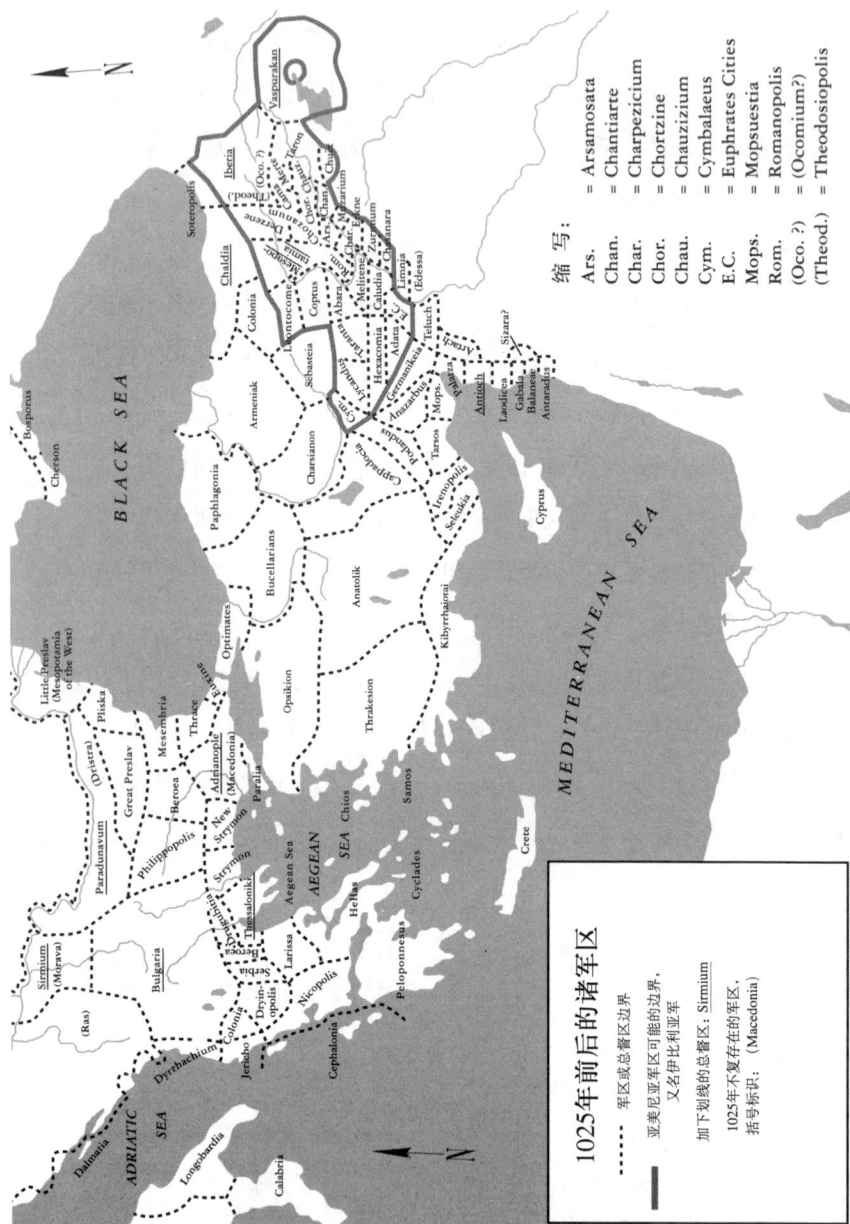

地图 7　1025 年前后的诸军区

缩　写：

Ars.	= Arsamosata
Chan.	= Chantiarte
Char.	= Charpezicium
Chor.	= Chortzine
Chau.	= Chauzizium
Cym.	= Cymbalaeus
E.C.	= Euphrates Cities
Mops.	= Mopsuestia
Rom.	= Romanopolis
(Oco. ?)	= (Ocomium?)
(Theod.)	= Theodosiopolis

1025 年前后的诸军区

‒ ‒ ‒ ‒ ‒ 军区或总督区边界

········· 亚美尼亚军区可能的边界，
又名伊比利亚军

加下划线的总督区：Sirmium

1025年不复存在的军区，
括号标识：(Macedonia)

· 046 ·

贯穿 11 世纪，突厥部落从咸海区域迁移至波斯与南俄罗斯。其中的一支乌斯①（Uz）部落联盟入侵了多瑙河沿岸新近吞并的保加利亚各行省。据说君士坦丁十世（Constantine Ⅹ，1059—1067 年在位）仅能召集 150 人前去抵抗他们。1068 年，塞尔柱突厥人在阿尔普·阿尔斯兰（Alp Arslan，1064—1072 年在位）苏丹领导下，在东部攻占了拜占庭亚美尼亚的大城阿尼（Ani）。新任皇帝罗曼努斯四世·狄奥吉尼斯（Romanos Ⅳ Diogenes，1068—1071 年在位）是最后掌权的安纳托利亚军事世家中的一员。他试图恢复军区部队，但最终不得不依赖国内外的雇佣军。他的地位并不稳固，罗曼努斯四世因此寻求对塞尔柱人发动雷霆一击，并凭此稳定帝国富饶的东部。1071 年夏，皇帝挥师东进，其混合部队中包含了乌斯人、佩切涅格人、诺曼人②（Normans）、希腊人、伊比利亚人与亚美尼亚人——有人认为这是拜占庭所召集过的最大规模的军队。8 月中旬，在前往凡湖附近城市曼齐刻尔特（Mantzikert，今名马拉兹吉尔特）途中，他们遭遇了阿尔普·阿尔斯兰率领的人数居于劣势的塞尔柱军。罗曼努斯令部队分兵，派遣其中一支在诺曼冒险家罗塞尔·德·巴约勒（Roussel de Balleul）与拜占庭指挥官约瑟夫·塔奇诺特（Joseph Tarchaneiotes）

---

① 亦称乌古斯人（Oghuz Turks），是 8 世纪形成的操突厥语族乌古斯支系的部落联盟，乌古斯的本意为"部落"，曾经在中亚建立乌古斯叶护国。国家覆灭后其中一支形成日后的塞尔柱突厥人。译注。
② 诺曼人意即"北人"，是古代北欧维京人的后裔，10 世纪占据法国北部大片土地，获得法王册封建立诺曼底公国。1066 年，威廉一世占据英格兰，成立诺曼底王朝。1130 年，诺曼贵族鲁杰罗二世建立西西里王国，领有意大利南半部和西西里岛。译注。

的率领下前去攻占凡湖边的要塞奇拉特 [Chliat，今名阿赫拉特 (Akhlat)]，而当战役爆发时，这些部队却逃离了。[xxi] 尽管如此，皇帝的部队在战斗中表现得颇为英勇，突厥人佯败（这是草原游牧民古老的战术，历史上曾摧毁过许多军队）后，他们顶住了对手的反扑。战斗血腥漫长，持续到了第二日，罗曼努斯此时遭显贵安德罗尼科斯·祖卡斯（Andronikos Doukas）背弃，沦为了俘虏。阿尔普·阿尔斯兰释放了罗曼努斯，他的重返掀起了一场内战，从而让突厥人得以继续他们的侵袭。[①]

东部游荡的塞尔柱和土库曼牧民对帝国安定构成了严重威胁。至 11 世纪末，塞尔柱人或独立的土库曼劫掠者已经占据了大部分安纳托利亚。帝国的安纳托利亚高地幅员辽阔、矿产丰富同时还为帝国提供兵源，此时大部分已然失陷；塞尔柱人还占领了距离君士坦丁堡仅 70 公里的尼西亚（Nicaea）。与塞尔柱人相比，更严重的威胁来自西方。诺曼人在地中海的出现，永远改变了这里微妙的权力平衡，并产生了一位强大而可怕的新敌人。1 000 年前后，诺曼冒险家抵达了意大利南部，发现当地正处于他们所中意的混乱政局之中。1009—1022 年间的伦巴第叛乱时期，诺曼战士被当地伦巴第王公雇佣与拜占庭军交战，随后的数十年间，诺曼佣兵常常被意大利南部的伦巴

---

① 1067 年君士坦丁十世去世时，由于其子米海尔七世年幼，罗曼努斯迎娶了君士坦丁十世的遗孀，加冕为共治皇帝。曼齐刻尔特会战失利后，尽管很快重获自由，但罗曼努斯的政敌已经逼迫米海尔七世废黜了他的共治皇帝职位。双方爆发了一场短促的内战，罗曼努斯战败，被刺瞎双眼，流放致死。

第王公和拜占庭指挥官双方所聘请。拜占庭将领乔治·马尼亚克[1]（George Maniakes）麾下诺曼军队［其中佼佼者包括来自欧特维尔家族（Hauteville Family）的"铁臂"威廉］在 1038—1040 年的西西里战役中表现突出。马尼亚克的远征失利后，诺曼人转而对抗前拜占庭"雇主"，蹂躏了大半个南意大利。"铁臂"与瓜马尔四世（Guiamar IV）公爵结盟，在威廉与他的继承人带领下，诺曼人稳步蚕食着拜占庭的南意大利领土。另一位欧特维尔家族成员罗伯特·圭斯卡德[2]（Robert Guiscard）征服了西西里（1061—1091 年），1071 年攻占巴里（Bari），将拜占庭人逐出了意大利半岛。不过，诺曼人还有更大的雄心——征服拜占庭帝国本身。[xxii]

阿莱克修斯一世·科穆宁[3]（Alexios I Komnenos，1081—1118 年在位）皇帝发现诺曼人令自己如鲠在喉。他来自一个与强大的祖卡斯家族关系密切的军事世家，正是后者的成员在 10 年前的曼齐刻尔特会战中背叛了皇帝。虽然只有 25 岁，但皇帝已经在帝国各处的内战

---

① 乔治·马尼亚克是一名希腊血统的优秀将领，早年曾在东部从穆斯林手中夺取埃德萨。西西里岛当时也被穆斯林控制，马尼亚克的军事行动最初一度取得成果，但最终因内讧而功败垂成。1042 年他被任命为拜占庭帝国意大利督军。1043 年被部下拥戴为皇帝起兵反抗君士坦丁九世，兵败身亡。译注。

② 阿普利亚公爵罗伯特·圭斯卡德（约 1015—1085），绰号"狡诈者"，杰出的诺曼人军事领袖，1044 年离开诺曼底，追随家族到意大利闯荡，先后击败拜占庭人、西西里穆斯林、伦巴第人，并与教宗结盟，多次对教宗施以援手。晚年试图征服拜占庭帝国，虽未获成功，但给拜占庭造成了巨大压力。译注。

③ 阿莱克修斯一世的伯父伊萨克一世曾短暂担任过皇帝。他在位 37 年，文治武功均颇有建树，成功令摇摇欲坠的拜占庭帝国实现了"科穆宁中兴"。1095 年他派遣使者觐见教宗乌尔班二世，请求西方军事援助，间接吹响了十字军东征的号角。阿莱克修斯一世的皇后伊琳娜出身于祖卡斯家族，双方的确关系密切。译注。

中得到了历练，是名经验丰富的将领。正当尼基弗鲁斯三世（1078—1081年在位）准备迎接诺曼人的猛攻时，他夺取了政权。阿莱克修斯匆忙前去对抗1081年春入侵并围攻亚得里亚海岸重要港口都拉基乌姆（Dyrrachium，即现代的阿尔巴尼亚城市都拉斯）的罗伯特·圭斯卡德和他的儿子博希蒙德①（Bohemund）。10月，帝国军已进入攻击距离。尽管阿莱克修斯的当地将领建议避战，代之以消耗敌人，但皇帝还是强令交战，这可能是由于他的政治根基不稳。他在部队前方布置了瓦兰吉卫队（此时包含许多因诺曼人征服英格兰而流亡的盎格鲁-撒克逊人），并得到了一队弓箭手的掩护，上述部队直面诺曼人的营地。皇帝本人坐镇指挥拜占庭中军，久经沙场的将军格雷戈里·帕库里亚努斯（Gregory Pakourianos）指挥左翼，另一员安纳托利亚干将尼基弗鲁斯·梅利塞诺斯（Nikephoros Melissenos）领导右翼。圭斯卡德也将部队分为三支，他自己居中对阵阿莱克修斯，其子博希蒙德指挥左翼，另一名诺曼伯爵阿米凯塔斯（Amiketas）领军右翼。多年以后，阿莱克修斯的女儿安娜·科穆宁娜②（Anna Komnene）在关于此役的记载中写道，当都拉基乌姆守军出击时，一支瓦兰吉卫队穿过盐沼攻击了诺曼人营地。xxiii 圭斯卡德佯败之后，派出一队诺曼骑兵攻打拜占庭中军——然而拜占庭人本身其实深谙这种战术。此计不成，双方便开始了常规战斗。然而，阿米凯塔斯指挥的诺曼军右

① 这位便是之后的十字军名将、安条克亲王博希蒙德一世。译注。
② 安娜·科穆宁娜为阿莱克修斯长女，她与母后试图影响皇帝传位于自己的丈夫小尼基弗鲁斯·布林尼乌斯，但最终仍是弟弟约翰二世继位。此后安娜·科穆宁娜退出政坛，撰写了《阿莱克修斯传》，是拜占庭历史方面重要的第一手史料。译注。

翼却与瓦兰吉卫队交上了手；诺曼人战败逃往海岸，据说是圭斯卡德之妻盖塔（Gaita）重整了队伍。圭斯卡德派出了一支强大的步兵攻击疲惫不堪、孤立无援的瓦兰吉卫队，后者陷入重围，终于崩溃了。残兵败将遁入一座教堂避难，依照安娜的指控，诺曼人纵火，最终玉石俱焚。① 此后的战斗中，诺曼人击垮了拜占庭阵线，杀死了数名优秀的将领。帝国的突厥雇佣军作鸟兽散，另一位盟友，杜克里亚（Duklja）国王 ② 拒绝对阿莱克修斯施加援手。皇帝戏剧性地阵斩了圭斯卡德的副将，并多次和死神擦肩而过，最终率领残部逃离了战场。到了冬天，诺曼人攻克了都拉基乌姆，掘壕固守，准备挥师东进，直取首都。xxiv

阿莱克修斯通过紧急征收教会圣餐具 ③ 为自己筹措军费，同时斥巨资与威尼斯人结盟，后者将诺曼人视为海上的强大对手。皇帝还为神圣罗马帝国皇帝亨利四世（Henry IV，1084—1105 年在位）送去了大批黄金，亨利对诺曼人的本土以及罗伯特·圭斯卡德的盟友格列高利七世（Gregory VII，1073—1085 年在位）教皇施加压力。④1082 年春，圭斯卡德匆忙回师意大利迎战德意志人，而阿莱克修斯则考验着

---

① 教堂为附近的米迦勒教堂。此役导致拜占庭帝国最精锐的瓦兰吉卫队几乎全军覆没。译注。
② 这位国王是康斯坦丁·博丁（Constantine Bodin，1081—1101 年在位），其王国大体位于现代黑山的东南部，理论上是拜占庭的藩属。译注。
③ 教会用于宗教活动的圣餐具通常以金银等贵金属制成。译注。
④ 阿莱克修斯一世对外战争的特点是善于运用合纵连横智取对手，而非硬拼。当时亨利四世与教皇在主教叙任权上产生了严重矛盾。1084 年，他一度攻占罗马，并废黜了格列高利七世，另立对立教皇克雷芒三世，从而客观上缓解了拜占庭帝国的压力。译注。

继承了战略城市都拉基乌姆以及诺曼人的伊利里亚领地的博希蒙德。在希腊西部城市约阿尼纳（Ioannina），皇帝试图利用马车来阻挡诺曼骑兵凶悍的冲锋，但博希蒙德轻易破解并将罗马人逐出了战场。之后的一场战役中，阿莱克修斯在拜占庭人前方布置了蒺藜（带有四根尖刺的铁球，一面始终向上，可以刺穿人、马的脚掌），然而诺曼人再度识破了计划，包抄罗马军队，击溃了左右两翼。博希蒙德对拜占庭色萨利（Thessaly）的拉里萨①（Larissa）发起了围攻，它坚守了6个月，直至皇帝领兵驰援。阿莱克修斯决定采用佯败之计——考虑到诺曼人对他取得的胜利，一次撤退并不可疑。当博希蒙德追击"败逃"中的罗马主力部队时，皇帝派出了伏兵，蹂躏敌营，同时另一支部队则攻击诺曼人的后方。博希蒙德退兵了。尽管隔年罗伯特·圭斯卡德袭击克基拉岛，重启战端，但这位年迈的诸侯却病逝了，诸子为了争夺遗产纷纷赶回了意大利。

　　第一次诺曼战争彰显了西方新兴政权能给拜占庭利益造成多么大的威胁。诺曼人并非帝国需要应对的唯一敌手；在安纳托利亚，塞尔柱突厥人已横行无阻。小股拜占庭军队无力回天，遍布昔日帝国内陆的城市、要塞纷纷投降，这让阿莱克修斯仅剩沿海的小片领土。来自欧亚大草原南方的佩切涅格游牧民武力袭击了色雷斯——拜占庭人有胜有负，却虚耗了国库，当其他地方急需宝贵的资源时，帝国被捆住了手脚。到了1090年代，皇帝设法修复了与教廷的关系。众所周知，在备受佩切涅格战争折磨后，阿莱克修斯向教皇请求西方佣兵，却无

————————————
① 拉里萨今为色萨利大区首府，希腊第五大城市。译注。

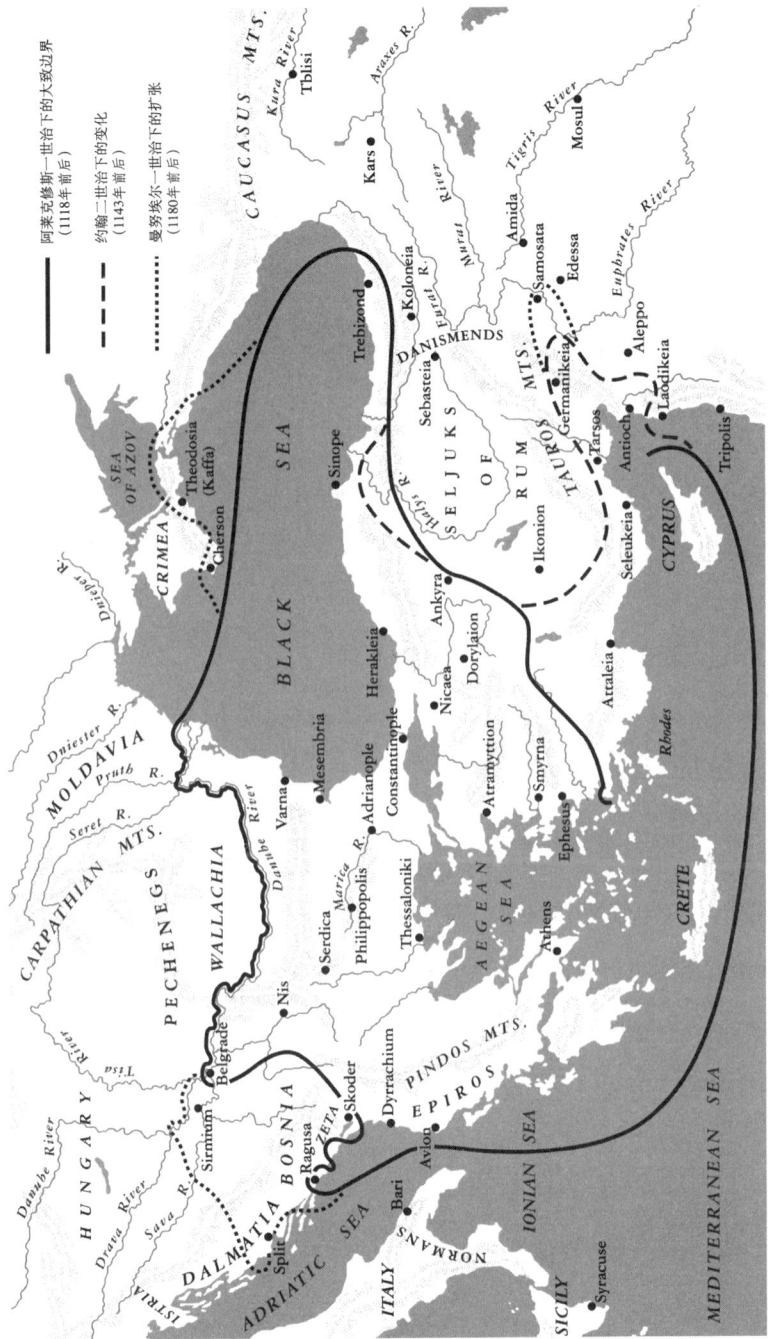

地图 8　科穆宁时代的帝国

CAUCASUS MTS.

Kura River

Tblisi

Araxes R.

Tigris River

Mosul

Kars

Murat River

Amida

Samosata

Edessa

Euphrates River

Koloneia

Trebizond

DANISMENDS

Sebasteia

Halys R.

Germanikeia

TAUROS MTS.

Aleppo

Laodikeia

SEA OF AZOV

Theodosia (Kaffa)

Cherson

Sinope

SELJUKS OF RUM

Tarsos

Antioch

Tripolis

CRIMEA

BLACK SEA

Ikonion

Seleukeia

CYPRUS

Dnieper R.

Herakleia

Ankyra

Dorylaion

Nicaea

Attaleia

Rhodes

Dniester R.

MOLDAVIA

Pruth R.

Mesembria

Varna

Constantinople

Adrianople

Atramyttion

Smyrna

Ephesus

Seret R.

CARPATHIAN MTS.

Danube River

Matica R.

Thessaloniki

Philippopolis

Serdica

AEGEAN SEA

Athens

CRETE

WALLACHIA

PECHENEGS

Tisa

Nis

MEDITERRANEAN SEA

Belgrade

Skoder

Ragusa

ZETA

PINDOS MTS.

Dyrrachium

EPIROS

Sirmium

BOSNIA

Avlon

IONIAN SEA

HUNGARY

Drava River

Sava R.

Split

DALMATIA

Bari

ITALY

NORMANS

SICILY

Syracuse

ADRIATIC SEA

ISTRIA

Danube River

心插柳，催生了意料之外的第一次十字军东征。

当十字军于 1096 年末抵达君士坦丁堡时，阿莱克修斯发现了令人头痛的事实：诺曼王公博希蒙德也是其中的一员领袖。精明的皇帝迫使这批西方人许下了效忠的誓言，随后派出军队并提供后勤支援，直至安条克，但此后希腊—十字军联盟便瓦解了。第一次十字军东征至少打击了塞尔柱人，为帝国收复了尼西亚，但也滋养了西方人与希腊人彼此间的敌意。此后的纠葛中，拜占庭人慢慢疏远了那些急于在东地中海分一杯羹的西方政权。虽然在阿莱克修斯建立的科穆宁王朝治下，拜占庭军事力量依旧令人生畏，然而，1176年爆发于弗里吉亚（Phrygia）的密列奥塞法隆（Myriokephalon）战役，罗马人蒙受惨败，宣告他们从突厥人手中争夺安纳托利亚控制权的结束。从此以后，希腊人很大程度已经龟缩至海岸并被扼住了脖子。

在科穆宁王朝时期，军区仅是行政管理区域，当地的军队已被替换为本地职业兵和外国佣兵，尤其是法兰克骑士、突厥人与佩切涅格人。尽管理论上这些职业军人的素质要高于其军区前任，然而他们耗资不菲，因此数量始终有限——科穆宁王朝从未在一场战役中出动两万人以上的军队。军队中的本土成分越来越多地由领取"普罗尼埃"[①]（pronoia）津贴的骑兵构成；这些赠予士兵的收入来自他们驻

---

① "普罗尼埃"是拜占庭帝国中后期一套独特的将国家收入赠予特定个人或机构的制度，以奖励其对国家做出的贡献。经费通常来自土地税收，但也可来自渔权、关税等其他项目。受赠者只拥有收益的使用权，原则上并不能转让或继承，因此这套系统与西欧的封建制度并不相同。译注。

扎地的土地税。最初上述津贴不可继承，与中世纪西欧的采邑（fief）不同，国家从未放弃供养"普罗尼埃"受益人的土地的所有权。虽然它节约了国家的即时资金消耗，具有财政上的吸引力，但是也滋长了日后荼毒帝国的地方主义和宗派主义。

晚期（13 至 15 世纪）

1204 年春，帝国昔日的盟友威尼斯诱使第四次十字军转而瞄准了君士坦丁堡，这导致了帝国作为地中海军事强权之一的终结。1204 年 4 月，经历了数月复杂的政治谋划和外交失败后，西方十字军攻下了首都，对这座基督教世界最伟大的城市烧杀劫掠，整整三日。拜占庭武备废弛；拙劣的指挥、匮乏的资金、曼努埃尔·科穆宁于 1180 年去世后数十年间每况愈下的低劣军队——这些因素共同引发了这场灾难。军队的崩溃导致了史上罕见的文化悲剧。在拜占庭帝国的废墟中，法兰克人、威尼斯人拼凑出一个畸形的"帝国"，而诸行省希腊地域中心的抵抗风起云涌。60 年外国占领，帝国权势、威望尽失，让米海尔八世·帕列奥列格（Michael Ⅷ Palaiologus，1259—1282 年在位）领导的只是个区域政权了。

米海尔的帕列奥列格王朝，在希腊、小亚细亚一部以及巴尔干掌权近两个世纪，深受党同伐异、自私自利之苦。与先辈和敌手相比，他们的军队可谓寒酸；1204 年以后，从未有过某场战役，拜占庭出动了超过 5 000 士兵，甚至 5 000 这一数字可曾实现也很可疑。[xxv] 风雨飘摇的拜占庭陷入了一种常见的"怪圈"：缺乏战士，帝国便不能占据更多领土，而后者的资源才能支撑更多军队，更多军队方能增强

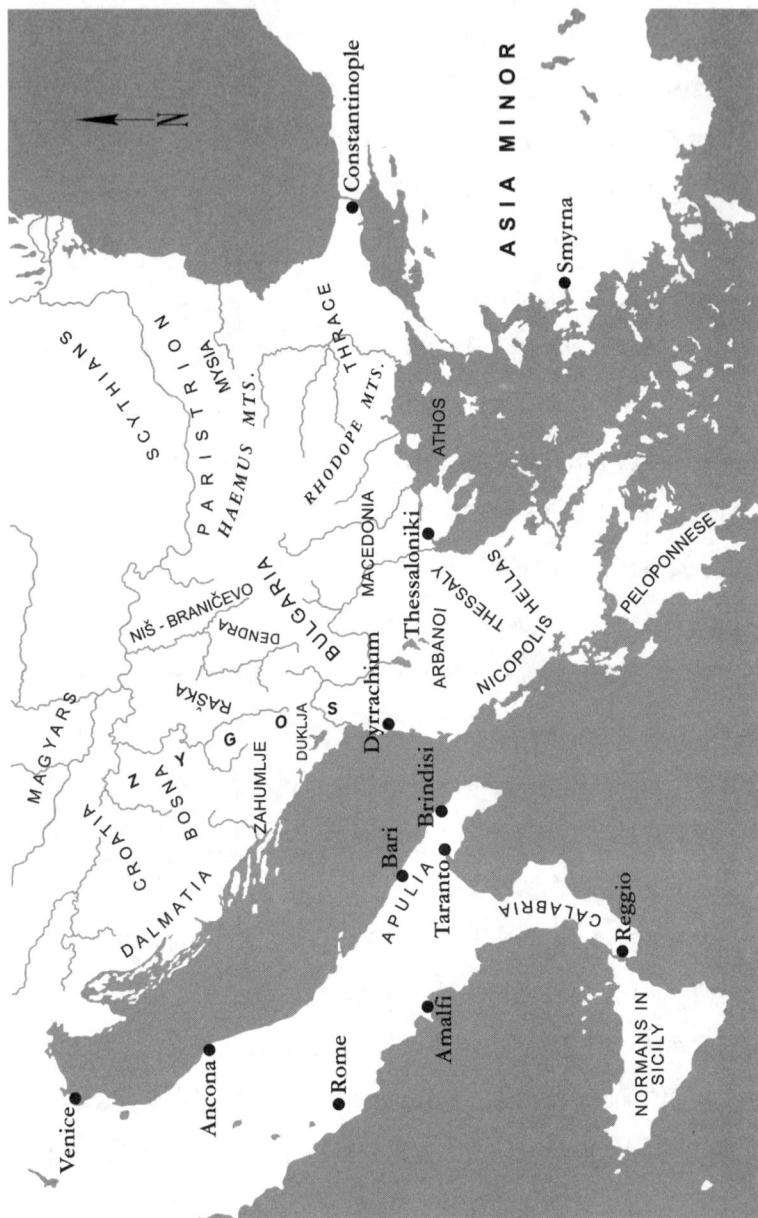

地图 9　中世纪意大利与巴尔干

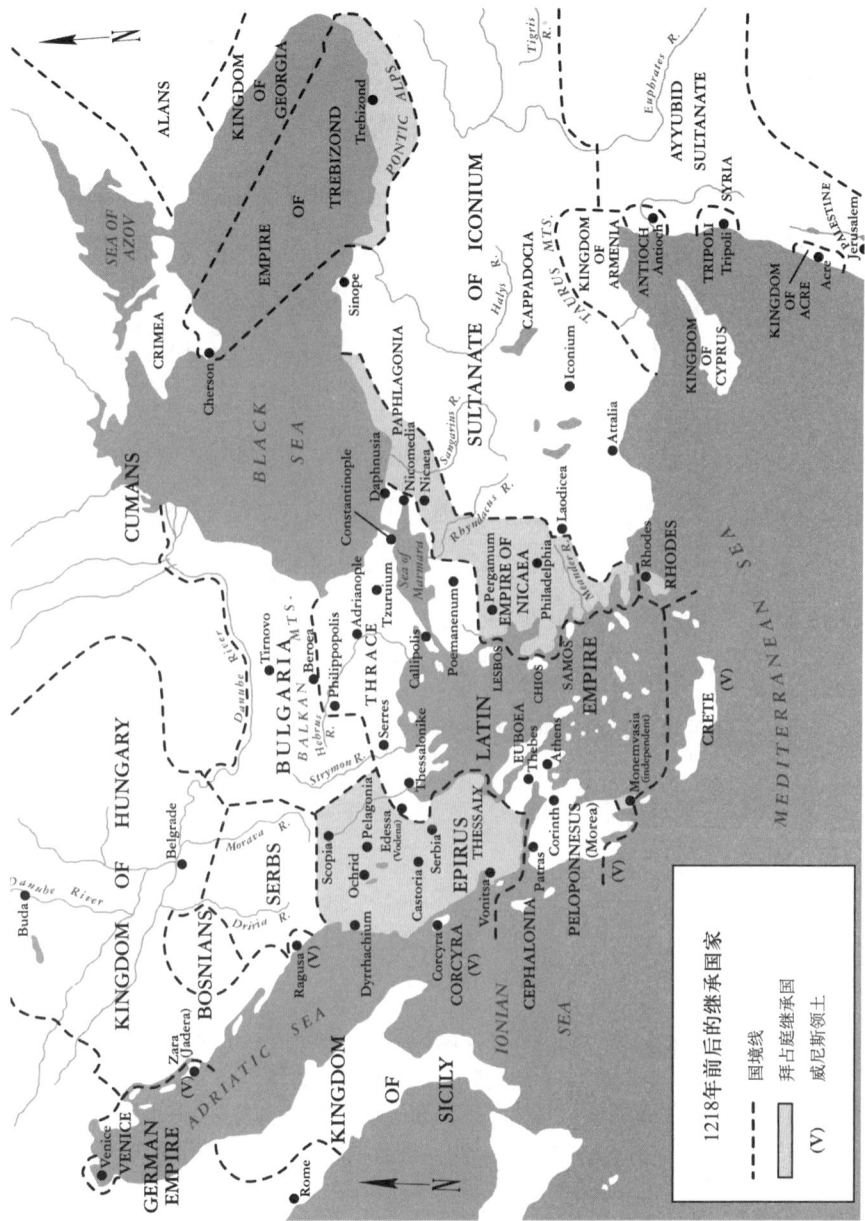

地图 10　1218 年前后的继承国家

图例:

1218年前后的继承国家

- - - -	国境线
▓	拜占庭继承国
(V)	威尼斯领土

Map labels:

ALANS

KINGDOM OF GEORGIA

Trebizond

EMPIRE OF TREBIZOND

PONTIC ALPS

Tigris R.

Euphrates R.

AYYUBID SULTANATE

SYRIA

PALESTINE

Jerusalem

SEA OF AZOV

CRIMEA

Cherson

BLACK SEA

Sinope

PAPHLAGONIA

SULTANATE OF ICONIUM

CAPPADOCIA

TAURUS MTS.

KINGDOM OF ARMENIA

ANTIOCH

Antioch

TRIPOLI

Tripoli

Acre

KINGDOM OF ACRE

Iconium

Halys R.

Sangarius R.

Daphnusia

Nicomedia

Nicaea

Constantinople

Attalia

KINGDOM OF CYPRUS

CUMANS

Rhyndacus R.

Sea of Marmara

Adrianople

Tzurulum

Poemanenum

Pergamum

EMPIRE OF NICAEA

Philadelphia

Maeander R.

Laodicea

Rhodes

RHODES

MEDITERRANEAN SEA

Tirnovo

Danube River

BULGARIA

BALKAN MTS.

Hebrus R.

Philippopolis

Beroea

Adrianople

THRACE

Callipolis

Serres

Strymon R.

Thessalonike

LATIN EMPIRE

LESBOS

CHIOS

SAMOS

EUBOEA

Thebes

Athens

Corinth

Patras

Monemvasia (independent)

CRETE (V)

Morava R.

Belgrade

KINGDOM OF HUNGARY

SERBS

Scopia

Ochrid

Pelagonia

Edessa (Vodena)

Castoria

Serbia

EPIRUS

THESSALY

Vonitsa

PELOPONNESUS (Morea)

Danube River

Buda

BOSNIANS

Drina R.

Drilo R.

Durrachium

Prilep

CORCYRA (V)

CEPHALONIA

IONIAN SEA

Ragusa (V)

ADRIATIC SEA

Zara (Jadera) (V)

Venice

VENICE

GERMAN EMPIRE

Rome

KINGDOM OF SICILY

N

· 057 ·

安全并收复故土。纵然历史曾为复兴提供过机会——例如蒙古人在13世纪中期横扫安纳托利亚的塞尔柱人，抑或1402年其奥斯曼继承人于安卡拉战役[①]被帖木儿（Timurids）重创——拜占庭人也无力矫正其政治上的弱点。到了1453年春，奥斯曼帝国苏丹穆罕默德二世（1444—1446以及1451—1481年在位）[②]率领土耳其军围攻君士坦丁堡，这座曾经让世界敬畏的城市，而今守军只有区区7 000。他们迎战的是80 000以火药、火炮（让城市雄伟的城墙化为瓦砾）武装起来的意志坚定的穆斯林军。5月29日，在哥伦布踏上新世界前约39年，旧世界中最长寿的帝国覆灭了。资源枯竭，军备废弛，拜占庭终究消失于历史长河中，取而代之的是一个最终可与之媲美的穆斯林帝国——其版图从利比亚直至多瑙河，却也似曾相识地陷入了四面受敌的境地。与拜占庭军队和帝国缓缓步入迟暮相比，它延续千年的惊人事实反而不是那么引人瞩目，而这很大程度上是依靠拜占庭战士的坚忍不拔、灵活变通以及职业素养来维系的。

---

① 此役奥斯曼帝国苏丹巴耶济德一世兵败被俘，导致帝国陷入了约10年的所谓"大空位"期，也令拜占庭获得了喘息的机会。译注。

② 1444年，奥斯曼帝国苏丹穆拉德二世在与匈牙利签署和约后，宣布传位于儿子穆罕默德二世。这是穆罕默德二世首次继位。1446年，由于西部战事吃紧，穆拉德二世宣布复位，直到1451年去世。此后穆罕默德二世方第二度继位。译注。

第二章 统　帅　力

在其大部分历史中，拜占庭人并非以名将辈出著称——毕竟，他们也遭受了许多失利（参见第一章）。他们突出的是综合统帅能力，凭此才能蒙受挫败，依旧力挽狂澜。虽然拜占庭并无与西点（West Point）类似的军校（军人们可在此学习军事科学，汲取他人的教训），但和多数邻居不同，拜占庭人会记载战争科学方面的思想。帝国漫长历史中的确存在许多例外，不过指挥官常为具备一定军事素养的职业战士。考虑到托付给他们的人力、物力的高昂价值，他们自然会被高标准严要求。

当一种军事惯例、战争文化发展了超过千年，归纳它就必须谨慎小心。最基本的领导力意味着对战略、战术的领悟，以及权衡利弊得失与勇气的结合。维盖提乌斯（Vegetius，4—5 世纪）的著作①或摩里士皇帝的《战略》（*Strategikon*）均未详细讨论一名将领的品质，不过书中呈现出的那些必要的学识和个性表明了除个人勇武之外，对后勤学的掌握也十分关键。对军队状态、士气的清晰把握十分重要。利奥六世（Leo Ⅵ，886—912 年在位）皇帝《战术》一书中列举的将领特质绝大部分都不会令现代读者感到陌生。一位指挥官应当拥有自制力，庄重，清醒并且清廉。此外，他还应具备聪慧头脑，年龄适中。身体强健及耐受力也是被看重的。他必须能够赢得部下的尊重，是一名优秀的演说家。对当今读者而言，令人更为讶异的则是对其宗教虔诚与子女情况的特别要求：利奥认为拥有子女的男人更有干劲，同时也更青睐出身贵族而非寒门之人。[i]

以上特质被认为是成为"将军"[②]（希腊人称 strategos，复数形式 strategoi）或其他次级指挥官的关键。我们手中的史料很少谈及下层军官和普通士兵在战场上的作用，遑论类似今日军士（NCO）或其他扮演关键角色的低阶人士了。对专业素养和军事操练的强调令战士们具备战术上的才能和灵活性，不过下级军人似乎缺乏主动性。这里并没有拜占庭的"长征"[③]——一支军队失去了领袖仍能杀出血路，亦无拜占庭"士兵战役"——部队脱离指挥仍取得胜利。失去坐镇指挥的将领或皇帝往往意味着战败、溃散。这种印象部分要归于我们手

① 维盖提乌斯为公元 4 世纪后期的罗马作家，著有《论军事》（*De re militari*），详细记载了罗马帝国的军事制度、军事原则、士兵训练、后勤补给、行军打仗等各方面的经验，是欧洲中世纪主要的军事手册之一，甚至在 18—19 世纪依然发挥着一定影响力。此外，维盖提乌斯还有一本关于兽医学的著作存世。译注。

② 文中所用希腊术语"将军"（στρατηγός），字面含义为"军队领导"，在公元前 6 世纪的雅典，这一职务便已经存在。罗马、拜占庭时期，它继续得到沿用，不过拜占庭帝国体系里有时也指军事总督。现代希腊军队中，这一军衔相当于上将。译注。

③ 原文在此使用了希腊历史学家、军事家色诺芬的名著《长征记》（*Anabasis*）一词。公元前 401—前 399 年，色诺芬所在一支约万人的希腊雇佣军卷入了波斯帝国内战。在雇主小居鲁士阵亡后，雇佣军主要领袖被波斯将领提萨斐尼设计诱杀，色诺芬被士兵们推举出来，最终成功领导部队杀出重围，返回了希腊世界。他在晚年将此经历整理成书，对后世影响很大。译注。

中资料的性质——其作者突出了自身所属精英阶层人物的事迹与英雄气概。军队在核心层面依旧保持了专业性（虽然这一点上，黑暗时代的军区部队存在争议），因此，拜占庭军队临阵折将后无力重振旗鼓，便不能归咎于军队的组织。就中世纪而言，拜占庭的军官制度具有相当的深度和先进性（参见第三章）。既然下级军官似乎主要依靠经验、战功来赢得晋升，那么对战场危机看似缺乏应变恐怕是由其他因素导致的。

社会影响清晰地塑造了战士们的态度与反应。人与人并不平等，一名穷苦的新兵——甚或最优秀的低阶战士——也无法和出身名门的将领相比。人的出身、财富、社会地位给予精英的不仅是飞黄腾达的门径，还包括生活上方方面面的优越感。世人皆有角色，尽管并非所有贵族都曾实现丰功伟绩，但这种预期有助于解释在随后失利的混乱中，为何军中低阶战士没有夺过将旗，重整溃兵，反败为胜——即使这番英雄壮举是完全可能的。诚然，部分普通士兵的确也晋升高位，但拜占庭社会依旧是高度阶级固化的。许多早期拜占庭时期的将领都来自精英阶层，而到了拜占庭帝国中后期，大部分高级军官则属于盘根错节的军事贵族。当然，这样的人士不乏亮点。例如，达米安·达拉瑟诺斯（Damian Dalassenos，去世于 998 年）便是许多优秀并且后来子承父业的指挥官之一，可能是因为他们被帝国官场和重臣所熟知，在获取高级指挥权方面有着近水楼台的便利。[ii] 不过，要想赢得皇帝宠信、维持指挥权，战绩与地位同样关键；尽管拜占庭也出现过一批拙劣的将领，其无能导致了灾难，但总体而言，在帝国存续期间，军队得到了妥善的领导。

虽然训练有素、纪律严明，并且正如手册和史实展现的那样，拜占庭士兵通常能够积极支援战友以及执行复杂的战场战术，但没有迹象表明拜占庭人鼓励自下而上的"主观能动性"。从古代到中世纪的战争，下级军官重整军队或取代阵亡的上级指挥的情况极其罕见。帝国在其漫长历史中面对的是咄咄逼人、诡计多端的敌人。游牧的草原勇士，诸如匈人、阿瓦尔人、库曼人（Cumans）以其机动性、战术和武备挑战着这支最老练的军队。弓骑兵集攻击力、射程、机动性于一身，并且融合了古老的草原战争谋略，对拜占庭军队而言，可谓兵凶战危。拜占庭将领深谙胜负只在一线之间；一股显然已经战败的敌人可以迅速重组并对追击中陷于混乱或驻足搜刮尸体上战利品的军队发起反扑。对纪律性的强调以及遵守章程的需求令下层战士的主动性变得显然不合时宜。无论胜败，作为士兵的个人主义会妨碍部队的凝聚力，并让战友身处险境。

当我们了解了对普通军人的期待后，领袖及其部属的角色便更加清晰了。拜占庭人和其他前工业时代的人一样，热衷于预兆。任何努力的最终结果均归于上帝。战役不过体现了上帝的旨意：士兵死战因为职责如此，其勇武和技艺未必对战局产生决定作用。当然这有些简单化，然而，拜占庭文化中的这种宿命论在军事冲突中扮演了重要角色。指挥官可见的才能、虔诚和健康构成了军队士气的主要部分。维盖提乌斯写道，战前远离阵线的将领对军队的信心会造成重创。[iii]917年，利奥·福卡斯无人的坐骑从阵中跑过时，军队误以为主将殒命，引发了恐慌。[iv]大战之前往往会浮现上帝眷顾或不悦的征兆，预示了最终的战果，而将领的英勇事迹则成为重要的精神上的"标记"。

623—624 年间，当希拉克略在萨罗斯河①（Saros River）桥上击倒魁梧的波斯战士时，这激起了军队获胜的信念，并非因为皇帝清空了桥梁，而是因为它在精神层面大大鼓舞了部下的信心。ⅴ

因此，领导力源自高层；将领被认为既是士兵们的上级，又是一名出众的战士，还具备一层精神上的"光环"。通常，他会较绝大多数部下更精通战略、战术。基本上，将军和他的高级军官幕僚团构成了军队的神经中枢。指挥权属于那些严格执行军纪并拥有权威的将帅；在帝国历史中的战役里，这一点尤为关键，因为士兵们易于陷入混乱，而通讯亦不可靠（发送信号仰仗信使、旗帜和乐器）。最优秀的军队也是笨拙的，一旦战端开启，指挥与控制几乎荡然无存。如果一名将领倒下或失去联系，既然他身边的精锐已经阵亡或逃离，指挥、控制的丧失便会很快出现。相反，在那些旷日持久的鏖战中，如果指挥官尚存，拜占庭军队也能表现出自己的韧性，例如 971 年的杜罗斯托鲁姆战役，不过这样的情况并不多见。

确实存在下层中缺乏领导却最终成事的例外，尤其是在早期。低级军官于军事危机中攫取控制权的最佳范例恐怕当属福卡斯②了，据说他只是菲利皮科斯（Philippikos）将军麾下一支塔格玛③（tagma，编制约 300 人）中一名卑微的百夫长④（kentarchos）。面对因欠饷、恶

---

① 今土耳其塞伊汉河（Seyhan River）。译注。
② 即 602—610 年在位的福卡斯皇帝。译注。
③ 塔格玛最初出现于公元 4 世纪的东罗马军队，大体为 300—400 人的步兵营。8—10 世纪成为驻守君士坦丁堡的拜占庭禁卫军的编制，人数有所扩充，兵种也转换为重骑兵。译注。
④ 原文所用的是拜占庭式的称谓（希腊语：κένταρχος），它的传统罗马拉丁语拼写为 centurio。译注。

劣服役条件引发的兵变，菲利皮科斯无力平息士兵的怒火，逃离了军营。出身贫寒的百夫长福卡斯此刻获得了权力，被军队举在一面盾牌上拥立为帝。福卡斯率领叛军挺进君士坦丁堡，最终夺取了城市，杀死了摩里士皇帝。除了军事动乱的特殊时期，上述"以下克上"的夺权几乎是不存在的。

作战领导能力通常依靠经验积累。6世纪历史学家普罗科匹厄斯[①]（Prokopios）记载道，许多领袖都是因为其能力从普通行伍中提拔的。但到了拜占庭帝国早期，很多指挥官都来自军事世家，它们的成员追随着成功前辈的脚步，例如后来反叛的维塔利安（Vitalian，去世于520年）的侄子约翰[②]；抑或出身于为帝国服役的蛮族精英，例如格皮德王子蒙杜斯（Mundus），他在巴尔干和东部边境为查士丁尼效命，忠心耿耿。[vi]

早期（4—7世纪）

直到378年阿德里安堡的灾难发生，皇帝们常常御驾亲征。在出身低微的皇帝中，这种情况更为普遍：戴克里先来自一个名不见经传的家族，通过行伍生涯登上了皇位。君士坦丁一世的父亲君士坦提乌斯·克洛鲁斯（Constantius Chlorus，约250—306）血统亦

---

① 普罗科匹厄斯（约500—565年后）被誉为西方古典时代最后一位伟大的历史学家，曾长期追随查士丁尼一世麾下名将贝利撒留征战，著有《战争史》《秘史》《建筑》等书。译注。
② 约翰为查士丁尼一世统治时期的名将，在意大利半岛的哥特战争中表现突出。译注。

不高贵①，像他那样的男人是通过军事服役而获得了机遇、荣耀以及权力。君士坦提乌斯之子君士坦丁一世与他的侄子尤利安堪称活跃的战士，能够身先士卒。进入 6 世纪，普通军人依然有机会获得高位。到了五六世纪，皇帝不再亲自领兵，而将领的选择似乎更看重忠诚而非才华。不过，功绩依然是关键的考量。普罗科匹厄斯提及的许多指挥官显然家世平平，通过服役而获得了职权。皇宫又一次提供了佳话：目不识丁的农民查士丁离开位于伊利里亚的农庄加入了军队，此后擢升为禁卫军一员，最终披上了紫袍②。

　　在 4 世纪，禁卫军（protectores）由处于执事长官③（magister officiorum）控制下的数量不明的军团组成。其分队的规模、部署未知，由一位伯爵④（comes）统领。多梅斯蒂奇⑤（domestici）如其名

----

① 根据 4 世纪《罗马帝王纪》（*Historia Augusta*），君士坦提乌斯·克洛鲁斯的父亲是一位默西亚行省贵族，母亲则是克劳狄乌斯二世皇帝的侄女克劳狄亚。然而，现代历史学家一般认为这是在君士坦丁一世授意下对历史的篡改，以便增加皇帝继位的血统正当性。译注。

② 这里的紫色指的是源自地中海染料骨螺分泌物的"骨螺紫"，又名"腓尼基紫"（腓尼基人最早使用）、"帝王紫"。"骨螺紫"色泽亮丽，经久耐用，而且产量颇低，历来是身份地位的象征。屋大维时代颁布法令，只有显贵有资格身穿紫袍。进入拜占庭时代，更是仅有皇室成员有资格享用。故而又衍生出"生于紫室""紫衣贵族"等概念。此处的"紫袍"与中国传统文化中的"黄袍"类似。译注。

③ 执事长官为罗马帝国晚期至拜占庭帝国初期的高级行政官职。但在拜占庭时代它逐步成为一种荣衔，最终于 12 世纪退出历史舞台。译注。

④ 此处的拉丁术语 comes 通常翻译为"伯爵"，但和西欧封建制度下的伯爵爵位不同，其字面原意是"伙友"（如亚历山大大帝著名的伙友骑兵）。拜占庭的 comes 是授予官员或军官的头衔，本身并无封地，也不能世袭。译注。

⑤ 该拉丁术语字面的含义为"家臣"，拜占庭式的对应称谓是多梅斯蒂科斯（Domestikos），通常是皇帝最信任的侍卫部队，禁军中的精锐。其最高指挥官称"大多梅斯蒂科斯"，职权一度相当于拜占庭的陆军总司令。译注。

字的含义那样，构成了皇帝的亲卫，除此以外，也有普通的禁卫军。通常那些早年生涯证明其前途无量、忠心耿耿的人才会被选入禁卫军。提拔以资历为基础。普通禁卫军和多梅斯蒂奇都配有参谋——通常作为元帅[①]（magistri militum）们的副手，他们被赋予了许多特殊的任务，例如征兵，监管军需库，视察要塞等。皇帝通过一种效忠仪式亲自任命禁卫军，因此他们为统治者及其统帅部所熟知。忠诚与才华兼备，难怪时常"鲤鱼跳龙门"了。瓦伦提尼安一世皇帝的父亲格拉蒂安（Gratian）便曾是一位专业的摔跤手，后来被提拔成了禁卫军军官。[vii]

在 6 世纪，皇帝的侍卫与高级将领的家丁依旧是军官的重要"温床"。利奥一世皇帝（457—474 年在位）组建的为数 300 的禁卫军（Excubitors），因其忠诚、抱负与战力而输出了许多军官。"部曲军"（Boukellarioi，得名于他们所食用的面包）构成了地方官与豪强的私人卫队。527 年查士丁尼刚一登基为帝，他担任元帅（520—527 年间）时的私兵就被提拔进入统帅部，也就不足为奇了。这些人中就包括贝利撒留（Belisarios）和西塔斯[②]（Sittas）。查士丁尼继位时创建了一支亚美尼亚人执掌的新军，让西塔斯担任其统帅。在历经一段漫

---

① magistri militum 为拉丁术语，字面含义为"士兵之主"，最初由君士坦丁大帝于 4 世纪创立，他在最高统帅皇帝之下，分别设立了一名步兵元帅和一名骑兵元帅。后来的罗马皇帝也在近卫大区（praefectura praetorio）设立这一职务，相当于战区司令官。拜占庭时代，这一职务有时也兼具当地的民政功能，相当于总督。译注。

② 西塔斯还是查士丁尼一世的皇后狄奥多拉的姐夫，在拜占庭对抗萨珊帝国的伊比利亚战争（526—532）中立下了赫赫战功。译注。

长、辉煌而又忠心耿耿的军旅生涯后，539 年西塔斯于亚美尼亚一场战役中阵亡。[viii]

西塔斯的战友贝利撒留在查士丁尼掌权后同样异军突起。至 529 年，贝利撒留已官至东部元帅（Magister militum per Orientem）。其地位允许他招募 7 000 部曲；这位名将本人负责军饷和维护。其中一些是证明自己为堪用战士的普通本地人。部曲常常被派去统领正规军的分遣队或执行特殊任务，像贝利撒留这样的领袖对他们颇为倚重。他在非洲战役期间（533—534），派出了一位名叫戴奥吉尼斯（Diogenes）的亲兵与另外 22 名部曲来到汪达尔人首都迦太基城外侦查。汪达尔人奇袭了这支部队，几乎将其摧毁，戴奥吉尼斯也负了伤。549 年，当贝利撒留准备离开意大利时，他留下了戴奥吉尼斯执掌罗马城的 3 000 守军。[ix]

尽管不如帝国早期那么普遍，有时罗马贵族也能获得指挥权（但很少赋予经验匮乏之人）。502—506 年波斯战争的爆发令阿纳斯塔修斯（Anastasios）皇帝猝不及防，他派出了四位将领，其中包括自己的外甥海帕提乌斯（Hypatios）。后者显然在 490 年代镇压伊苏利亚高地叛乱中汲取了战争经验，然而他缺乏谋略和勇气，最终令失望的皇帝于 503 年将其撤换、召回。

除了本国子弟以外，罗马人也仰仗蛮族血统的军官。帝国四周散布着尚武的"邻居"，他们提供了募兵的沃土，不仅是普通战士，也包括其统帅。4 至 7 世纪，拥有日耳曼、亚美尼亚、波斯血统的指挥官是很普遍的。蒙杜斯是一位格皮德人（居住在伊利里肯行省的日耳曼部落）国王之子，另一位国王之侄。在 520 年代后期他加入罗马军队服役，并成为伊利里肯元帅（Magister militum per Illyricum），表现卓越。531 年，罗马人于卡利尼库姆（Callinicum）[①] 溃败后，蒙杜斯接替了贝利撒留东部大元帅的职位。[x]

黑暗时代，中期与后期（8—15 世纪）

希拉克略复兴了皇帝御驾亲征的惯例。尽管并非全部，但他的许多继任者都将亲率大军进入战场。在阿拉伯人入侵的危机之后，军人控制了王座，皇帝亲征可谓司空见惯。高级军官多来自构成皇帝卫队的剑士（spatharii）。利奥三世（717—741 年在位）皇帝曾为查士丁尼二世皇帝麾下的剑士。国家要求领导人知兵，掌军。711 年，希拉克略王朝末代皇帝查士丁尼二世（685—695，705—711 两度在位）被一位军区统帅、亚美尼亚人菲利皮科斯·巴尔达尼斯发起的军事政变所推翻。狄奥斐卢斯（Theophilos, 828—842 年在位）[②] 在安森战役中和自己的军队陷入了包围，勉强逃出生天。而在 863 年，米海尔三世皇帝领兵进入安纳托利亚以拦截梅利泰内埃米尔的突袭。[xi]

这种"军人皇帝"于 10 世纪迎来了它的顶峰——尼基弗鲁斯二世·福卡斯与约翰·齐米斯基斯亲自领军取得了一场又一场胜利，勾

---

① 531 年 4 月 19 日，贝利撒留领导的拜占庭军在叙利亚城市卡利尼库姆（今拉卡）迎战萨珊帝国将领阿扎雷思，经苦战后拜占庭军被迫撤退，但萨珊帝国也付出了惨重伤亡。此役后，贝利撒留被查士丁尼一世免除了东部最高指挥官职务，并召回君士坦丁堡。但接任的蒙杜斯并未真正远赴亚洲履行职权。532 年他还在首都与贝利撒留共同镇压了尼卡暴动。译注。
② 原文记述狄奥斐卢斯 828 年登基；实际上，他在 821 年被父亲米海尔二世加冕为共治皇帝，829 年 10 月米海尔二世去世后成为帝国唯一的皇帝。译注。

勒出一幅帝王勇武凯旋的图景。到了巴西尔二世（Basil Ⅱ，976—1025 年在位）统治时期，军事精英对权势的攫取令年轻的皇帝忍无可忍，以至于他不仅通过两场残酷、毁灭性的内战从他们手中夺回大权，还将自己塑造为理想化的替代品——英勇无畏、上帝眷顾、无往不胜的"军人皇帝"。巴西尔统治期间，他便时常在老练将领的庇护下亲自从军。^{xii}

巴西尔之后的皇帝们渐渐远离了军营，直到罗曼努斯四世·狄奥吉尼斯（1068—1071 年在位）统治时期，他在曼齐刻尔特被俘受辱并没有终结继任者们身先士卒。阿莱克修斯一世·科穆宁（1081—1118 年在位）作为一名篡位者，亲自领兵，尽管也遭遇过几次败仗，但他在战场获得的功绩依然是辉煌的。其孙曼努埃尔一世·科穆宁依旧追随着父辈的脚步，直到此时，拜占庭伟大军人皇帝的时代才告一段落。虽然巴列奥略王朝（Palaiologan dynasty）时期，皇帝越来越少领军出征，军队规模日益萎缩，直至这一传统消亡，但米海尔八世在 1280—1282 年以 50 多岁的暮年之身依旧领军深入小亚细亚对抗突厥人。^{xiii}

拜占庭帝国中后期的高级指挥官几乎总是豪门出身。9 至 11 世纪是伟大的安纳托利亚军事贵族的时代。在最高阶将领中也有几位突出的异邦人，包括将领、皇帝约翰·齐米斯基斯（其家族具有亚美尼亚血统）以及生于亚美尼亚的梅利亚斯^①（Melias）。来自皇后塞奥法

---

① 梅利亚斯（去世于 934 年）原本是一位亚美尼亚王公，后加入拜占庭军队服役，916 将自己的领地改制为利坎多斯军区（Theme of Lykandos），并在拜占庭名将约翰·库尔库阿斯对抗阿拉伯人的战争中立下了不少功勋。译注。

诺^①（Theophano，狄奥斐卢斯之妻）家族的将领也是亚美尼亚人。波斯人（或库尔德人）塞奥福波斯（Theophobos）在狄奥斐卢斯麾下效力，罗塞尔·德·巴约勒（去世于 1078 年）是诺曼人，第一次十字军东征期间的罗马将军塔第吉欧斯（Tatikios）反而是个突厥人。不过，公元 9 至 10 世纪帝国复兴的全盛期间，大部分高级将领为本土"罗马人"（尽管其中许多是移民的后裔）。诸如阿吉罗伊（Argyroi）、福卡斯、斯科勒鲁斯、马勒诺伊、祖卡斯、第欧根尼这样的家族在安纳托利亚拥有地产，他们从收复此前三百年来陷于穆斯林之手的大片领土中直接获益。以上安纳托利亚家族孕育出了帝国史上最优秀干练的一批将领，尤其是巴尔达斯·福卡斯、尼基弗鲁斯·福卡斯、约翰·齐米斯基斯和乔治·马尼亚克。最终，他们攫取皇权的野心导致了其失势，以及突厥人进犯下东部防御的崩溃。

在帝国中期，高阶军官常常亲自参战。在一场罗曼努斯一世（Romanos Ⅰ）皇帝激励部将作战的宴会后，其中一员萨克提基奥斯^②（Saktikios）在拂晓对扎营于君士坦丁堡外的保加尔人发动了突袭，后来殉国。^{xiv}921 年，保加尔人围攻阿德里安堡期间，守军主将利奥因

---

① 原文如此。狄奥斐卢斯皇帝的皇后一般译为狄奥多拉（Theodora，约 815—867），她在 842—856 年曾长期担任儿子米海尔三世的摄政，期间结束了圣像破坏运动，被东正教会封为圣人。译注。

② 此处指的是 922 年的君士坦丁堡战役。913—927 年间，西美昂一世领导的保加利亚第一帝国一直与拜占庭帝国交战，并多次获胜。922 年 6 月保加利亚大军再度兵临君士坦丁堡下，罗曼努斯一世设宴敦促禁卫军将领出击，萨克提基奥斯领兵奇袭保加尔人大营，先胜后败，最终伤重不治。西美昂一世甚至联络法蒂玛王朝共同出兵，瓜分拜占庭帝国，但由于穆斯林使团半路被拜占庭海军俘获，保加利亚人始终无法攻克君士坦丁堡城防，不得不无功而返。译注。

其鲁莽地亲身出击而获得了"愚人"的绰号。xv 安纳托利亚将领时常与穆斯林交手；953 年，巴尔达斯·福卡斯（约 878—968 年）① 在马拉什（Mar'ash，古代的哲尔曼尼西亚，即现代土耳其东南部的卡赫拉曼马拉什）附近战败后，被赛义夫·道莱 ②（Sayf al-Dawla）的军队围困，还负了伤。xvi 在枪林弹雨令指挥官退居二线的工业战争之前，战争的个人特质与将领的勇武于拜占庭帝国可谓随处可见。

随着 1204 年君士坦丁堡的陷落和帝国的分裂，军队的指挥权仍然由皇帝与贵族将领掌握。像米海尔八世这样的代表躬先士卒，甚至表现出一定的战术、战略才华。约翰六世·坎塔库泽努斯（John VI Kantakouzenos，1347—1354 年在位）的生涯表明，站在意识形态角度，皇帝必须积极抵抗土耳其人。约翰本人是一位称职的军官，不过，在他之后，由于帝国每况愈下，"军人皇帝"的重要性也日益削弱了。xvii

传记

拜占庭帝国将星闪耀，不过其中的多数现代世界鲜有耳闻。他们均显露出于大厦将倾之际力挽狂澜的才能，并呈现了东罗马领袖们看重的关键品质：处变不惊，谨慎对敌，深谙战略、战术、作战与后勤。与周边社会领袖更为笨拙的谋略相比，拜占庭将领更像外科医生

---

① 此巴尔达斯·福卡斯又称老巴尔达斯·福卡斯，乃尼基弗鲁斯二世·福卡斯之父，与前文提到的那位多次叛乱的（小）巴尔达斯·福卡斯系两人。译注。

② 阿拔斯王朝名将，赛义夫·道莱是其绰号（意为"王朝之剑"，本名为 Alī ibn 'Abū l-Hayjā' 'Abdallāh ibn Ḥamdān ibn al-Ḥārith al-Taghlibī）。他创立了阿勒颇埃米尔国，在对拜占庭的战争期间多次获胜，晚年败于尼基弗鲁斯·福卡斯。译注。

而非屠夫，他们精于权衡利弊，掌控军队如同鸣奏乐器般优雅细腻。

贝利撒留

最著名也最被军事史学者熟知的拜占庭将领当属贝利撒留，他忠心耿耿地为查士丁尼皇帝效力，军事生涯漫长而又辉煌。他出生于色雷斯和伊利里亚的边界城市日耳曼尼亚（Germania，即今日保加利亚西南部城市萨帕雷瓦巴尼亚）。帝国西部区域是重要的募兵地，并涌现了许多古典时代晚期将士。尽管我们对其确切的血统尚未有定论，但贝利撒留显然是当地色雷斯或伊利里亚家庭的孩子，很可能家境富裕，因为他有能力负担一支可观的部曲军队。查士丁尼成为舅父查士丁一世（518—527 年在位）的左膀右臂和元帅后，贝利撒留加入他的卫队服役，赢得了为将的声誉。

虽然贝利撒留作为指挥将领之一曾在波斯亚美尼亚[①]（Persian Armenia）败于波斯人之手，但到了 526 年，他已被提拔为美索不达米亚行省总督。"总督"（dux）是地方高级将领，可指挥良莠不齐的职业守军与边防军（limitanei）。因此，他将司令部设于康斯坦丁娜（Constantina，今土耳其南部城市维兰谢希尔）或达拉（Dara，今奥古兹）——两者均为面临波斯的东部边境的关键设防城市。一份 4 世纪末或 5 世纪初的文献《百官志》（Notitia Dignitatum）有助于我们了解总督所拥有的"资产"：它列出了四支精英骑兵部队（显然每个大队约 500 人），均招募于伊利

---

① 亦称"萨珊亚美尼亚"。387 年后，原亚美尼亚王国西部被拜占庭帝国吞并，东部则沦为萨珊波斯帝国势力范围，428 年起波斯废除了亚美尼亚名义上的国王，改派总督统治。阿拉伯人兴起并灭亡波斯后，亚美尼亚由阿拉伯帝国管辖，直至 885 年方恢复独立。译注。

里亚；六支本地骑兵部队（可能每支仅有 100 人，但也可能扩充至 500 人），此外还有两个人数约 1 000 人的步兵军团。[xviii] 边区掌控的总兵力最多可达 7 000 人，不过上述单位数量上常有变化，并且通常是不满编的。

528 年，贝利撒留率领一批上述军队对抗入侵上美索不达米亚的波斯人。罗马人试图在边界建造一座设防城市，而波斯人意欲摧毁之。贝利撒留全权指挥，但这位年轻的将领（当时还不到 30 岁）得到了东部其他总督部队以及阿拉伯盟军的增援。联军在叙利亚北部哈布尔（Khabur）河谷的坦纳里斯 [Tannuris，即泰勒图内伊尼尔（Tell Tuneinir）] 与萨珊人交战。萨珊人布置了隐秘的壕沟和陷坑，轻率冒进的罗马军身陷其中，一位名将库采斯（Coutzes）因此殉国。贝利撒留带领骑兵撤回了达拉，留下的步兵则惨遭覆灭，不过他依然保留了指挥权，因为库采斯承担了罪责。三年后，查士丁尼提拔贝利撒留作为东部军的总指挥官，这成为了他未来辉煌与荣耀的起点。

贝利撒留被任命为东部军指挥官之时，适逢罗马人士气低迷、军备废弛。从戴克里先时代以来，罗马人便仰仗战略纵深和堡垒般的防线抵挡东部邻居们的威胁。502—506 年战争期间，波斯人击垮罗马大军尚殷鉴不远；这场失败虽然战略意涵不大，却暴露出指挥体系的裂痕和罗马军队战术上的孱弱——拜占庭人守住防线更多靠的是鸿运当头，而非运筹帷幄。

502—506 年惨败后，政府采取了断然行动。阿纳斯塔修斯皇帝在一座名叫达拉的村庄兴建了巨大的设防城市。达拉成为了帝国军队的桥头堡、补给站和攻略萨珊国土的跳板。作为美索不达米亚总督，贝利撒留将总部设于此处。达拉位于崎岖的图尔阿布丁（Tur Abdin）

高地脚下，直面通往约 25 公里外波斯要塞尼西比斯的美索不达米亚炎热的平原。在 363 年尤利安惨烈的战役后，尼西比斯被让与了波斯人；它的丢失让罗马防线出现了缝隙并为敌人提供了一个强大的突出部。527 年，当罗马人试图修建另一座设防城市加以反制时，他们在尼西比斯以北的明杜欧斯（Mindouos）蒙受了一场失利。

530 年战端再起时，贝利撒留与赫莫杰尼斯[①]（Hermogenes）率领一支可能数量多达 25 000 人的军队向达拉进发。波斯将领菲鲁兹（Firouz）则指挥着一支数量占优、约 30 000 人的部队。罗马人决定不承受一场围城战，而是在达拉城外部署军队，占据了稳固的防御阵地。他们背靠城防，在阵前挖掘了棋盘状的壕沟，同时留出通道以便本方机动。上述工事掩护了贝利撒留缺乏经验的步兵（插图 2.1）。贝利撒留与他的精英卫队"部曲军"部署在罗马中军步兵主力阵后，左翼为法拉斯（Pharas）率领的赫鲁利（Herul，与哥特人具有亲缘关系的日耳曼人）骑兵及布泽斯（Bouzes）麾下的罗马部队。罗马右翼包括匈人辅助部队和一支规模更大的罗马骑兵。在罗马军阵前壕沟突出部，还有一支匈人骑兵构成的关键力量。历史学家普罗科匹厄斯是一名亲历者，他提供了此战的记载，令我们得以做出确凿的还原。交战首日，波斯人按照标准样式行军布阵——部署了两条稳固的阵线和侧翼军队，他们攻击罗马人左翼，此举令位于罗马军阵要枢的匈人得以突袭门户洞开的萨珊人。萨珊人遭受少量损失后撤退了，随即进行的

---

① 赫莫杰尼斯（约去世于 536 年）为拜占庭政治家、外交官、将领，曾于伊比利亚战争期间担任执事长官，多次出使波斯，并同贝利撒留共同指挥军队。译注。

单挑比武中，罗马英雄安德烈亚斯（Andreas）击败了两名波斯挑战者。鉴于古代战争中"天命"扮演的角色，上述决斗显著提升了罗马人士气，并且向许多新兵证明，萨珊人并非不可战胜。[xix]

第二天，双方均加码了，波斯人获得了来自尼西比斯的援军。这额外的 10 000 波斯人想必是该城的全部守军；其调动表明，基于前一天的试探，菲鲁兹对战果失去了必胜信心。战斗重启（参见插图 2.2），当萨珊人试图以矢石削弱敌人阵线时，罗马人回以箭雨，由于风向占优，其威力更加强劲。菲鲁兹旋即下令发动突击。布泽斯麾下的罗马人左翼又一次后撤，然而当萨珊人推进时，贝利撒留启动了陷阱——法拉斯与 300 赫鲁利人隐藏在附近一座小山后，突然杀向波斯右翼，而匈人则扫荡了波斯左翼。萨珊人被击垮了，蒙受了惨重损失。普罗科匹厄斯记载说，萨珊人在溃散中留下了 3 000 具尸体。

菲鲁兹随后动用了预备队——精锐的"不死军"（[Athanatoi] 得名于他们著名的波斯阿契美尼德王朝前辈）攻击罗马右翼的约翰。贝利撒留与赫莫杰尼斯派出 600 马萨革泰人①（Massagetae，一支伊朗游牧民）增援约翰。约翰的部队在不死军和正规军的猛攻下摇摇欲坠，可壕沟突出部的罗马人再度发起了雷霆一击，将波斯军一分为二——较大的一部位于发动侧翼攻击的罗马军右方，直面约翰后撤的骑兵；眼见敌人乱了阵脚，骑兵们重整旗鼓，绝地反击，包围了波斯

---

① 马萨革泰人是古代伊朗、里海东部的一支游牧民，活动范围大体位于今土库曼斯坦、乌兹别克斯坦、哈萨克斯坦、阿富汗一带。马萨革泰人以骁勇善战著称，据希罗多德记载，公元前 530 年马萨革泰人在托米莉斯女王率领下击败并阵斩了波斯居鲁士大帝。译注。

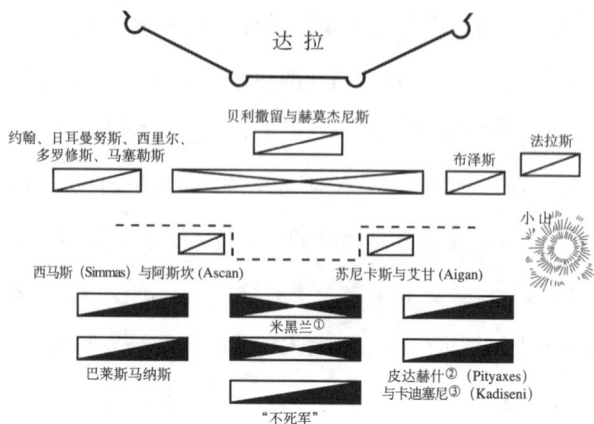

插图2.1 530年达拉的开幕战

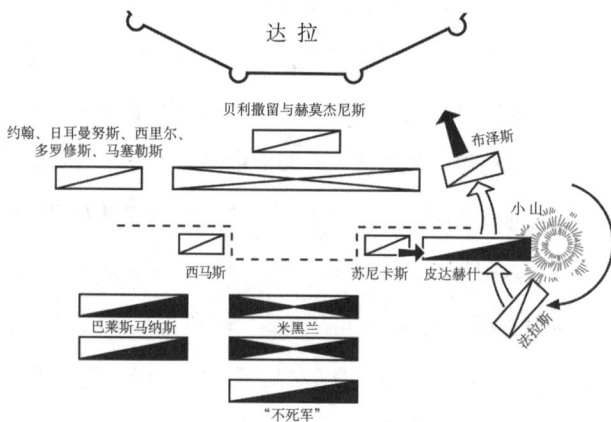

插图2.2 贝利撒留命令法拉斯以小山为掩护运用骑兵对波斯战线后方发动奇袭

---

① 伊朗七大家族之一，在萨珊帝国内拥有巨大影响力。译注。
② 也拼写作Bidaxsh，伊朗世界头衔，字面含义为"国王之眼"、"副国王"，大体相当于西方历史中的"藩侯"。译注。
③ 学界认为可能是嚈哒（白匈奴）中的一支部落。译注。

军大部。菲鲁兹意识到了其突击部队的危险，便将预备队投入了整条战线。罗马人顶住了这次冲锋，而军官苏尼卡斯[①]（Sunicas）斩杀了萨珊副将巴莱斯马纳斯（Baresmanas，参见插图2.3）。波斯人溃不成军，四散奔逃；罗马人包围其主力，歼灭了约5 000敌兵。悲惨的波斯步兵们扔掉盾牌逃亡，却被追击的罗马骑兵收割（参见插图2.4）。对罗马军队而言，这是一名士兵毕生罕见的大胜；对年轻的元帅贝利撒留而言，达拉战役可谓其转折点。罗马人证明了自己能够在野战中对抗并击败强大的对手，而贝利撒留与他的指挥官们展现了杰出的战术、领导能力。

尽管这位罗马将军在531年的卡里尼库姆战役[②]中失利，他还是依靠532年对尼卡暴动的处置而赢得了查士丁尼的充分信任，并被

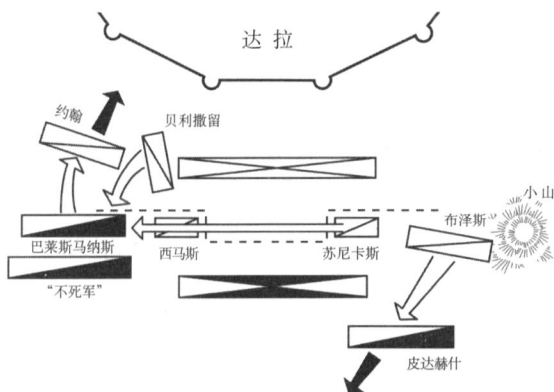

插图2.3　波斯攻打拜占庭左翼被贝利撒留阻挡，波斯右翼逃离了战场

---

① 苏尼卡斯为匈人指挥官。译注。
② 卡里尼库姆战役后的第二年，拜占庭与波斯便缔结了和约。译注。

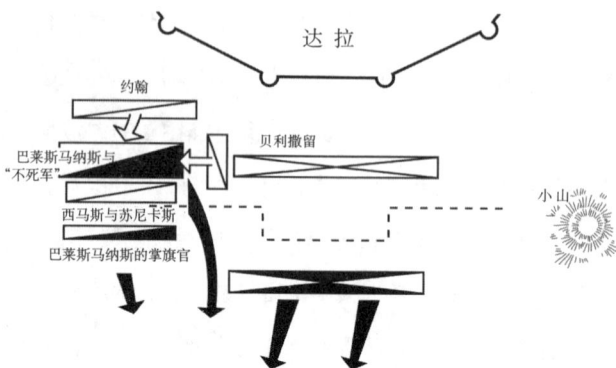

插图 2.4　波斯预备队冲锋失败，波斯步兵溃逃；随后波斯全军溃逃

皇帝授予了远征北非汪达尔王国的高级指挥权。一个世纪前，这一蛮族王国在昔日罗马富饶的阿非利加行省崛起，并重创东西帝国的罗马人。468 年，利奥皇帝派遣大元帅巴西利斯库斯①率领大军讨伐，却惨遭失败，巴西利斯库斯据称变节。贝利撒留带领远征军在今日突尼斯东海岸的卡普瓦达②（Caput Vada）登陆。在 533 年 9 月 13 日的阿德底斯姆（Ad Decimum）战役和同年 12 月 15 日的特里卡马伦（Tricamarum）战役中，贝利撒留摧毁了汪达尔政权（参见第七章）。贝利撒留在汪达尔战争中展现出卓越的才华；他高度依赖匈人、罗马人弓骑兵对抗汪达尔枪骑兵，其远程武器令后者徒呼奈何。他还保持了部队的纪律性，并且深谙维持与当地罗马化非洲人的良好关系对于拜占庭在非洲获取成功的重要性。

① 巴西利斯库斯（Basiliskos）是利奥一世的内兄，尽管兵败，但他并未失势，后来曾短暂地于 475—476 年担任皇帝。译注。
② 即现代的突尼斯海滨小城沙拜（Chebba）。译注。

535 年，深受光复阿非利加之功绩的鼓舞，查士丁尼派遣贝利撒留征讨意大利的东哥特王国（Ostrogothic Kingdom）。罗马人迅速夺取了西西里，随后是那不勒斯和罗马城。哥特人的反攻导致了 537—538 年对罗马残酷的围攻。贝利撒留通过派出一支机动部队北上，于东哥特人首都拉韦纳（Ravenna）附近击败其军队而成功解围，并在 540 年攻占了它。至此，"哥特战争"的第一阶段宣告落幕，贝利撒留为帝国占据了大部分意大利。与波斯爆发的战争需要贝利撒留前往东部，于是他在 6 月启程了。541 年，他再度现身边境地带的达拉，此后一年他不战而屈人之兵——此前的功绩让萨珊人对其谋略心存顾虑。一场针对由于瘟疫而患病的查士丁尼的阴谋牵连了贝利撒留，他失去了职权，直到 544 年才重新起复并回到意大利。549 年，贝利撒留又一次面临着猜忌和人力、物力短缺，他带领着一支仅有 4 000 人的部队在意大利作战。

559 年，当库特里格尔匈人①（Kutriger Huns）的入侵威胁到兵力匮乏的君士坦丁堡时，已近暮年的贝利撒留再度被召唤服役。他征集了村夫和守军，设法终结了此次危机。不过，此前他已丧失兵权长达十年，可见政敌显然诋毁了他。565 年，他和自己的主公查士丁尼同年去世。他戎马一生，几乎将帝国版图扩充了一倍，用兵如神，亦不贪功冒进，证明了他是一名卓越的将领。倘若他被委以更多重任，意大利战争可能会更快结束，帝国的战果可能会更丰硕、稳固。

约翰·齐米斯基斯

在那个将星闪耀的时代，约翰·齐米斯基斯恐怕是其中最引人

---

① 即库特里格斯人（Kutrigurs），是一支突厥语系游牧民族。译注。

瞩目的明星，他见证了拜占庭在东部叙利亚、安纳托利亚复兴的巅峰，并亲自指挥了拜占庭在杜罗斯托鲁姆对基辅罗斯的决定性胜利。一位拜占庭历史学家将齐米斯基斯形容为"强大无比……如此瘦小的躯体内却蕴含着英雄的灵魂，有万夫不当之勇"[xx]。拜占庭史家"辅祭"利奥如此描绘登基前的约翰："胸怀大志，雄姿英发，弓马娴熟"。[xxi]齐米斯基斯身材矮小但极为强健，战场上十分骁勇，甚至到了鲁莽的程度。他是一位精力充沛的战士和领袖，擅长弓箭和标枪，并且骑术高超。他通过谋杀舅父、伟大的战士皇帝尼基弗鲁斯二世（963—969 年在位）而上台，因此也是一名凶手和篡位者。

约翰·齐米斯基斯大约在 925 年出生于安纳托利亚北部，为库尔库阿斯家族后裔——这是一个名声显赫的定居拜占庭国内的亚美尼亚家族，曾诞生过 921 年被主公罗曼努斯一世任命为总司令的约翰·库尔库阿斯将军。约翰·库尔库阿斯在帝国东部边境赢得了辉煌的胜利，包括攻占重要城市梅利泰内（934 年）、埃德萨（944 年），然而随着 948 年[①]罗曼努斯一世被废，这颗将星也随之陨落了。约翰·齐米斯基斯之母为尼基弗鲁斯·福卡斯[②]的姐妹，而其首任妻子玛利亚又是"玛吉斯托斯"[③]（magistros）巴尔达斯·斯科的姐妹。因此，借助血缘和姻亲关系，齐米斯基斯与 10 世纪多数时间掌控安纳托利亚

---

① 原文如此，应为 944 年。当年 12 月，罗曼努斯一世被自己的两个儿子推翻；同年早些时候，库尔库阿斯已在这两位皇子的干预下被解职。译注。
② 即拜占庭皇帝尼基弗鲁斯二世·福卡斯。译注。
③ 8 世纪后，由"执事长官"衍生的拜占庭高级荣衔。译注。

军事机构的豪门产生了关联。

958 年，约翰·齐米斯基斯领导了一场东部边界针对阿勒颇统治者、汉达尼德（Hamdanid）埃米尔赛义夫·道莱（945—967 年在位）的大规模入侵，后者可谓拜占庭在美索不达米亚和叙利亚的劲敌。在阿米德（Amid，即古代的阿米达，现代的迪亚巴克尔）附近，约翰遭遇了彻尔克斯将领纳贾（Naja）率领的汉达尼德王朝万人大军。齐米斯基斯的部队彻底击垮了穆斯林军，杀死了 5 000 人，并抓获 3 000 战俘，俘获了全部辎重。齐米斯基斯在秋天占领了幼发拉底河畔重要、富饶的城市萨莫萨塔 [1]（Samosata）。

尼基弗鲁斯二世通过军事政变上台后，将这位有才华的外甥提拔为禁卫骑兵司令。964 年进攻塔尔苏斯酋长国期间，齐米斯基斯指挥塔尔苏斯城外拜占庭左翼，此役拜占庭人击溃了埃米尔的部队，他们遁入城内才免遭覆灭的命运。然而，到了 965 年，齐米斯基斯出于不明的原因被撤职罢黜了，被迫退休的遭遇令他密谋反对舅父，并于 969 年 12 月谋害了他。继位之初，约翰拥有欧洲和亚洲西南最出类拔萃的军队。他从舅父和先辈那里继承了一支以铁甲重骑兵（即 kataphraktoi，更多详情参见第五章）为核心，饱经战争历练、经验丰富的军事力量。和许多昔日拜占庭军队不同，齐米斯基斯的部属是为了进攻而打造的。

在能够重返东部之前，齐米斯基斯不得不面对基辅罗斯大公斯维亚托斯拉夫（945—972 年在位）。这位罗斯的统治者帮助尼基弗

---

[1] 即现代的土耳其东南部城市萨姆萨特。译注。

鲁斯二世对抗保加利亚的鲍里斯（Boris of Bulgaria，969—971 年在位），在 968 年速战速决，让鲍里斯沦为自己的藩属，因此大幅扩充了领土，尤其在西南方向直达多瑙河。斯维亚托斯拉夫将权力中心从基辅转移至南边 600 公里处的小普雷斯拉夫 ①（Pereyaslavets），驻跸于此，令拜占庭人忧心忡忡，如鲠在喉。970 年的谈判失败后，一支强大的罗斯人、佩切涅格人（突厥草原游牧民）联军入侵了色雷斯。巴尔达斯·斯科莱鲁麾下罗马军队尽管数量处于严重劣势，但他领导了一次佯败，将敌人引入了埋伏，斩杀了成千上万的北人。第二年，罗马人说服佩切涅格人不再支持斯维亚托斯拉夫，皇帝本人则率领一支多达 30 000 人的大军进攻保加尔人首都普雷斯拉夫。经过短促交战，齐米斯基斯攻克了普雷斯拉夫，7 000 名据守皇宫的罗斯与保加尔人大多被歼。

齐米斯基斯随后开拔迎战斯维亚托斯拉夫，后者率领据说多达 60 000 人的罗斯部队等候其到来。两军在保加利亚北部多瑙河畔的杜罗斯托鲁姆交锋（插图 2.5）。战役亲历者"辅祭"利奥描述双方都拼死奋战——罗斯人担心丧失作为无敌勇士的名誉和声望，而罗马人不甘向一群蛮族步兵认输。利奥记载了罗斯人狂乱的冲锋，迎接他们的是有着铁血纪律的罗马人，宛如早年战例的重现。经过数小时鏖战，当天晚些时候，齐米斯基斯命令铁甲重骑兵投入战场，攻击罗斯人左翼。铁甲骑兵突破了对方的步兵阵线，斯维亚托斯拉夫迅速派兵增援，却遭到齐米斯

---

① 位于多瑙河口附近的贸易城市，与保加利亚第一帝国首都大普雷斯拉夫对应，故称小普雷斯拉夫。译注。

基斯亲率"不死军"① (Immortals) 反复突击,最终全员溃败。残兵随即遁入了城墙环绕的杜罗斯托鲁姆。

第二日,罗马人竖起了他们的攻城器械并建设了木栅营地,接下来的一天他们攻打了城市但被击退。第三日清晨,罗斯人发动了奇袭。此后的日子里,罗斯人反复出击对抗罗马人。在一次作战中,罗斯人避开了海军的警戒,逆流而上,杀死了大批为拜占庭人牧马的马夫。6 月或 7 月的一个炎炎夏日,交战达到了顶峰——斯维亚托斯拉夫身先士卒,发起了对罗马人的大规模突击。罗斯军沿着一个狭窄的正面出击,让拜占庭骑兵无从施展——许多战马、士兵被基辅罗斯的弓箭手和标枪射杀。在一天中最热的时分,罗马重步兵口渴难耐,皇帝下令用酒掺水轮番供给前线的部队。当罗马人佯退引诱罗斯人进入开阔地后,僵局被打破了,罗马两翼的骑兵冲破了罗斯盾墙,将他们逐回杜罗斯托鲁姆,但罗斯人的撤退被巴尔达斯·斯科莱鲁率领的东部骑兵截断。罗斯军队在原野四散奔逃,蒙受了惨重的伤亡。据"辅祭"利奥记载,多达 15 000 人阵亡。于是斯维亚托斯拉夫乞求和平,并放弃了所有征服的土地。②

---

① 此处所指并非波斯帝国著名的"不死军",而是一支齐米斯基斯继位后亲手打造的拜占庭精锐禁卫骑兵部队 (希腊语: Ἀθάνατοι),成员均为贵族子弟,身披重甲,并以黄金装饰,作战时部署在皇帝近侧。齐米斯基斯去世后不久这支部队遭到解散,直到米海尔七世 (1071—1078 年在位) 时代方才重建。译注。

② 972 年,斯维亚托斯拉夫在兵败返回基辅途中,可能是由于拜占庭通风报信,遭到佩切涅格人伏击身亡,头颅还被做成了酒杯。其子弗拉基米尔一世统治时期,基辅罗斯转而奉行与拜占庭交好政策,全民改信东正教,弗拉基米尔也因此被封为圣徒。译注。

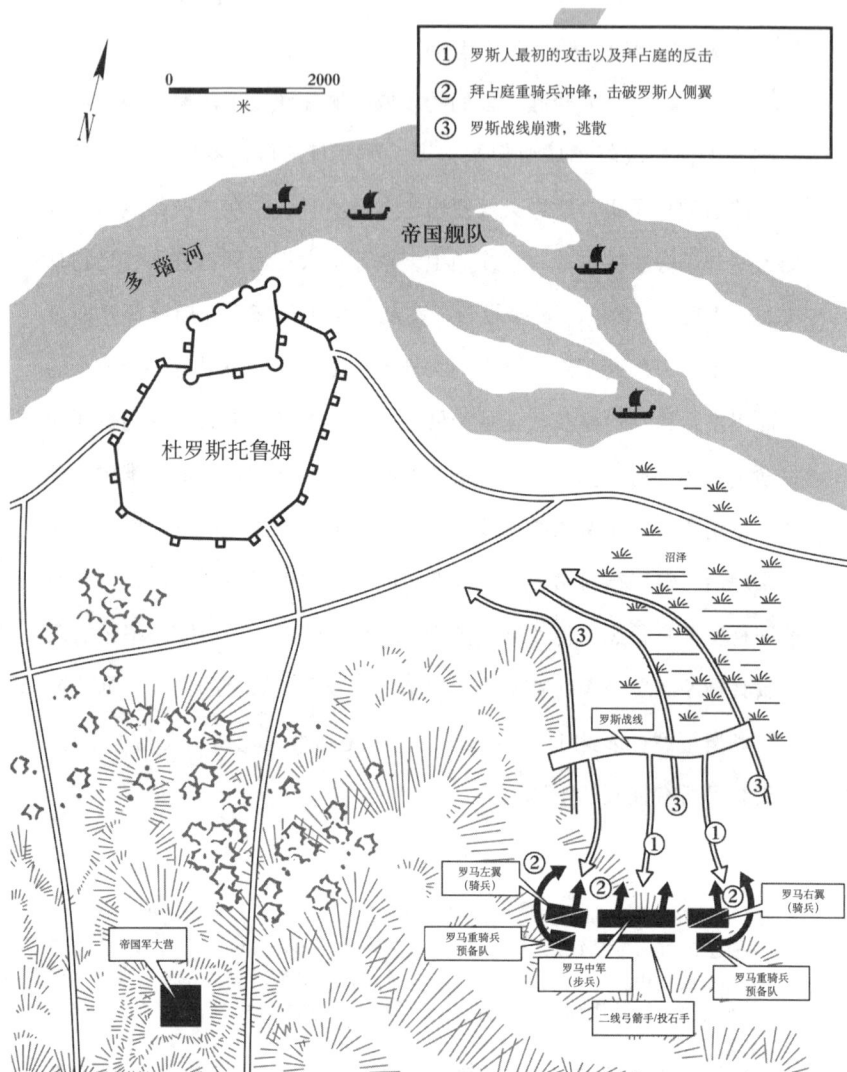

插图 2.5　971 年杜罗斯托鲁姆会战（参考哈尔东，2008）

972 年，齐米斯基斯将兵锋转向东部边境那些衰微中的穆斯林王公。自君士坦丁七世的统治时代以来，罗马的入侵便令汉达尼德政权左支右绌，而齐米斯基斯计划完成最后一击。皇帝挥师进入美索不达米亚北部，烧毁了尼西比斯。974 年，约翰再度东征并接受了阿米德的大笔贡赋。他随后向东挺进 70 公里至安纳托利亚东部迪亚巴克尔地区另一关键的穆斯林要塞迈耶法拉金（Mayyafarakin，古称"殉道者之城"[Martyropolis]）。利奥记载道："这是一座著名、壮丽的城镇，财富、牲畜都超过同地区其他城市。他令它签订了城下之盟，命令市民交出了大量金银和金丝布料作为贡品；随后启程前往尼西比斯。"[xxii] 约翰发觉尼西比斯已被废弃，便决定南下威胁巴格达，然而远征受困于叙利亚沙漠——这也是自古以来罗马军队的宿命。

975 年，数个汉达尼德王朝城镇反叛拜占庭当局，皇帝再度出兵叙利亚，压服了叙利亚海岸城市，进军大马士革并令后者投降。在一封写给亚美尼亚国王阿绍特三世（Ashot III）的信中，约翰自夸将会收复耶路撒冷。巴格达的穆斯林哈里发无疑肝胆俱裂——没有穆斯林军队能够与约翰及其拜占庭大军对阵。976 年 1 月 10 日，约翰在大约知命之年驾崩了——可能是因为疾病或鸩杀。随着他的去世，拜占庭在东方扩张的前景也黯淡了起来。

约翰二世·科穆宁（John II Komnenos）

阿莱克修斯一世·科穆宁之子约翰当之无愧地位居拜占庭最后的杰出军队领袖的行列。尽管多线临敌，加之作为篡位者的统治脆弱性束缚了其拳脚，但阿莱克修斯还是留下了一个度过磨难的稳定帝国。虽然面临贵族叛乱的风险，1119 年约翰仍于小亚细亚启动了战事，攻占了弗里吉亚的老底嘉（Laodicea on the Lycus，位于现代土耳其城市代尼兹利附近）并借此奠定了对该地区的控制权。和父亲阿莱克修斯或儿子、继承人曼努埃尔相比，约翰是一名更加谨慎的指挥官。对弗里吉亚的索佐波利斯（Sozopolis，现代土耳其的乌卢博尔卢）的围攻表明，他接手了一支纪律严明、经验丰富的军队。1120 年，约翰进军小亚细亚对抗塞尔柱突厥人，他们自约 50 年前曼齐刻尔特会战后便一直在开疆拓土。索佐波利斯城防坚固，难以用攻城器械强攻，于是皇帝命令大将帕克塔罗斯（Paktarios）用弓箭袭扰城墙（见插图 2.6）。突厥人出城驱逐拜占庭弓手，后者顺势佯败撤退。尽管突厥人本是这一草原战术的老手，但他们依旧落入了皇帝的陷阱。拜占庭人在城外设伏，切断了守军与城市的联系，予以全歼。索佐波利斯的胜利引人瞩目，因为约翰的战术决策、纪律与协同需要其部下履行他的谋略，而这说明军队远远没有衰颓。[xxiii]

　　1121 年末，佩切涅格人如蝗虫般越过多瑙河前来劫掠。这些突厥游牧民一度是草原上一股主要的势力，如今被钦察（Kipchak）部落驱赶着离开了其位于俄罗斯南部的故土。但佩切涅格人仍不容小觑——在约翰的时代，拜占庭人中间依旧流传着其父祖统治时期，佩切涅格人扫荡色雷斯的故事。1121—1122 年冬，约翰北上抵抗入侵，并通过贿赂敌军为自己赢得了喘息之机。1122 年春，约翰迎击佩切涅格人，后者摆出了车阵——以牛皮大车的环形阵将家眷和牲畜掩护在内。皇帝下令发起拂晓突击，两军惨烈厮杀，难分胜负；战斗期间，一旦游牧民精疲力竭或遭罗马人重创，他们便撤退至车阵屏障内。约翰本人腿部中了一箭，然而关键时刻他下马率领瓦兰吉卫队以

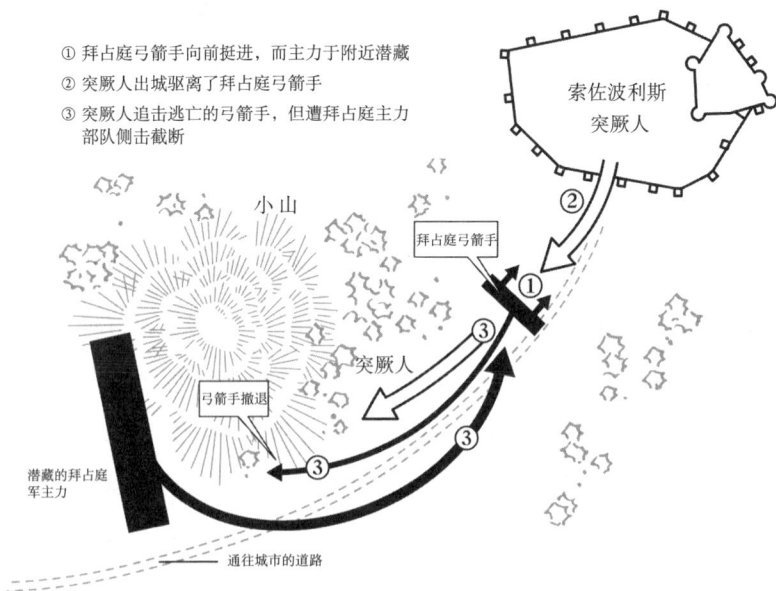

插图 2.6　1120 年约翰·科穆宁对索佐波利斯的进攻

① 拜占庭弓箭手向前挺进，而主力于附近潜藏
② 突厥人出城驱离了拜占庭弓箭手
③ 突厥人追击逃亡的弓箭手，但遭拜占庭主力
　部队侧击截断

索佐波利斯
突厥人

小山

拜占庭弓箭手

突厥人

弓箭手撤退

潜藏的拜占庭
军主力

通往城市的道路

步战冲击车营，其斧兵杀开了血路。将敌人击溃后，皇帝的部众抓获
了成千上万的佩切涅格人俘虏，并将他们安置于拜占庭的巴尔干地
区。佩切涅格人战败后，皇帝又与匈牙利、塞尔维亚爆发了短促激烈
的战事，而后他举兵侵入匈牙利，令后者签署了和约。[xxiv]

　　1122 年，一支由地中海航海强权威尼斯领头的十字军围攻了拜
占庭位于科孚岛[①]（Corfu）的要塞。威尼斯人的目的是逼迫约翰恢复
其贸易特权。约翰不得不向威尼斯人让步，恢复了他们在帝国贸易网
络中的特权地位。帝国与威尼斯之间的龃龉将愈演愈烈，最终引发

———————————

① 即现代希腊爱奥尼亚群岛中的第二大岛克基拉岛。

1204年第四次十字军东征的灾难——这一悲剧科穆宁家族也难辞其咎。该王朝的皇帝们不愿或无力恢复一支强大舰队并认真应对其雄心勃勃的西方对手的海军优势。

与他的前任或后任不同，约翰对东部突厥人的威胁最为关心；由于西部边境归于平静，约翰将目光转向了小亚细亚。从1130年至1137年，皇帝领导了在安纳托利亚北部、东部针对达尼什曼德王朝（Danishmends，土库曼人建立的王朝）的战役。与他们的以哥念①（Ikonion）邻居不同，达尼什曼德王朝热衷于"吉哈德"（圣战）。在拜占庭帝国衰颓造成的安纳托利亚高原权力真空中，另一强大而劫掠成性的酋长国阻碍了许多至少名义上还属于拜占庭控制的沿海地带的再度统一。约翰迫使科穆宁家族此前曾领有的帕夫拉戈尼亚②（Paphlagonian）城镇卡斯塔莫努③（Kastamonou）投降。1135年，皇帝收复了昌克勒（Gangra，现代土耳其名为Çankırı，位于安卡拉以北约140公里）。在小亚细亚其他地方，约翰试图保护并扩张其东南沿海势力，打通一道通往叙利亚北部的稳固桥梁——那里由一个拉丁公国④掌控，拜占庭人尚维持着些许影响。1137年，在奇里乞亚平原的阿纳扎布斯 [Anazarbos，即现代土耳其的阿纳瓦

① 即现代土耳其城市科尼亚（Konya），它曾为罗姆苏丹国首都，也是丝路上重要的商业城市和文化中心。译注。
② 帕夫拉戈尼亚为小亚细亚中北部邻近黑海的地区。译注。
③ 该城曾被巴西尔二世皇帝赠予名将曼努埃尔·厄洛提科斯·科穆宁（科穆宁王朝先祖，伊萨克一世皇帝之父），后者将其改名为"科穆宁城堡"，音译为卡斯塔莫努。译注。
④ 即十字军建立的安条克公国，名义上奉拜占庭帝国为宗主。译注。

尔扎（Anavarza）]，约翰立起了一批重力投石机（counterweight trebuchets），但其中部分被守军发射烧红的铁箭摧毁。拜占庭人通过在投石机周围砌砖弥补了弱点。对于这种新式武器，一些城市并未改进防御，于是投石机攻破了城墙，其市民迅速投降。不久之后，突厥人经过一场艰苦的围攻，再度夺回了阿纳扎布斯。这一挫折凸显了帝国资源的紧张；此外，皇帝的战略聚焦于设防的中心城市，而没有肃清达尼什曼德王朝或定都以哥念的塞尔柱人的乡村地带，也存在固有的缺陷。

1137 年，皇帝再度挥师东进并威胁其十字军邻居。约翰亲率大军前来，令法兰克人不胜惶恐，并迫使普瓦捷的雷蒙[①]（Raymond of Poitiers，1136—1149 年在位）向他效忠。根据协议，倘若约翰能夺取拉丁人控制区以外的领土——即攻占阿勒颇（Aleppo）、夏萨（Shaizar）与霍姆斯，安条克则将被交予皇帝。通过夺取上述要地，约翰希望能够对崛起的摩苏尔、阿勒颇统治者伊马德丁·赞吉[②]（Imad al-Din Zengi，1127—1146 年在位）釜底抽薪，后者正收紧北部十字军国家脖子上的绞索——尤其是乔斯林二世（Joscelin Ⅱ，1131—59）治下的埃德萨伯国。1138 年春，在距离阿勒颇以北一日路程的布扎（Buz'ah，拉丁人称皮扎），约翰的部队与一支

---

① 普瓦捷的雷蒙为法国贵族阿基坦公爵威廉九世次子，1136 年与安条克公国女继承人康斯坦丝结婚后担任安条克亲王，1149 年在与赞吉王朝努尔丁作战时阵亡。译注。

② 赞吉王朝创立者，1128 年后成为摩苏尔和阿勒颇统治者，为十字军劲敌，1144 年攻陷埃德萨伯国首都埃德萨，引发了第二次十字军东征，1146 年被自己的奴隶刺杀身亡。译注。

强大的穆斯林驻军遭遇了。历史学家霍尼亚提斯[①]（Choniates）记载道，守军主动出击，击退了拜占庭先锋，但这很可能是又一次佯败，因为约翰亲率精锐的瓦兰吉卫队登场将穆斯林逐回城内。随着拜占庭投石机将城墙化为瓦砾，城中穆斯林陷入了绝境。皇帝获得了大量战利品，将该城委托于一位名叫托马斯的下属管理。当约翰向阿勒颇进军时，托马斯领兵返回安条克，却陷入赞吉的埋伏，失去了虏获。[xxv]

约翰从阿勒颇撤退，南下占领了塔布村（Kefar Tab）与哈马（Hama）城，随后转向西北。尽管当时他不可能未卜先知，但对于约翰而言，1138 年春他和军队攻打重要的穆斯林要塞夏萨，便迎来了叙利亚的决定时刻。雷蒙和乔斯林对皇帝阳奉阴违，延宕用兵，约翰不得不回师迎战急行军的赞吉。皇帝不愿冒险与强大的阿拉伯对手大规模交战：失利则损失惨重，并且让帝国的东方政策毁于一旦；获胜则解除了东方法兰克人迫在眉睫的穆斯林威胁，而后者恰恰是迫使他们勉强投向帝国怀抱的原因。眼下，安条克表示了臣服，约翰希望能够从北至南为帝国夯实一条可据守的东线。于是，在 1139 年冬季，皇帝再度挥师东进，这次的目标是距离君士坦丁堡约 700 公里的安纳托利亚北部本都（Pontos）地区。他在此投入了一支大军对抗突厥化的达尼什曼德王朝及其大本营新凯撒利亚（Neaocaesarea，即尼克萨尔），后者掌控着一片通往黑海海岸的

---

① 全名为尼基塔斯·霍尼亚提斯（约 1155—1216），拜占庭官员、历史学家，著有《历史》一书，涵盖了拜占庭 1118—1207 年间的历史。译注。

肥沃内陆，该地区原属帝国，现被半独立的君士坦丁·加夫拉斯[①]（Constantine Gabras）统治。受阻于突厥人的顽抗和严寒，皇帝只能满足于夺取较小的城堡及虏获。[xxvi]

当约翰得知安条克的雷蒙举兵反叛时，他征集了一支庞大的军队（同时代的史料很少提供细节），于 1142 年又一次进军叙利亚。第二年，皇帝驾崩，享年 56 岁，死因是狩猎意外或谋杀。他的儿子、继承人曼努埃尔对安纳托利亚并不热衷，拜占庭人的希望破灭了。

约翰作为将领的记载堪称优秀，但还远谈不上杰出，其生涯凸显了帝国面临逐步丧失安纳托利亚高原的难题。荣誉和经济利益驱使他们维持通往叙利亚富庶城市的商路，可这条道路实际上是被阻断了。皇帝是一名百折不挠的军人，精通地理、战略、战术。然而，他没有全心全力地对抗相邻的塞尔柱罗姆苏丹国（它占据了高原的心脏地带），无疑是个错误。失去了小亚细亚中部提供的兵源地及其资源和战略纵深，便削弱了反击可用的力量，而突厥人持续的扩张威胁到了爱琴海富饶的海岸地带。此外，约翰误判了他的拉丁十字军邻居们，因此遭到了雷蒙及其西方盟友的阻挠。约翰体现了拜占庭人的谨慎。与父亲不同，他没有遭受过重大失利，但同样未赢得决定性胜利——因为他本不寻求决战；战败的风险实在是不堪承受。相反，他的目标是削弱敌手，并且通过围城战和展示帝国强大军力，迫使对手合作或

[①] 君士坦丁·加夫拉斯的父亲为拜占庭帝国查尔迪亚行省总督塞奥多尔·加夫拉斯，他继承父亲头衔后，在 1126—1140 间成为该地区实质上的统治者（名义上仍奉拜占庭为宗主），直到被约翰二世降服。他们统治的查尔迪亚地区在拜占庭历史后期演变为独立的特拉布宗帝国。译注。

克制。皇帝的攻城策略某种程度而言是合理的——约翰希望能够拔除突厥人的稳固基地，建立本方永久的桥头堡。因此，其攻城作战总是尽量最大化兵力，尽可能减少风险。他的安纳托利亚攻势瓦解了达尼什曼德王朝，震慑了塞尔柱人，但对于打破其统治根基并无作为。盖棺定论，约翰的统帅力稳固了拜占庭国家；当他撒手人寰时，留下了一个比接手时更强大的帝国。

第三章　组织、招募和训练

在其千年历史中的多数时期，拜占庭人维持了一支职业常备军。从 4 世纪至 7 世纪初的早期，帝国拥有可投入征战的大规模常备军和精英部队。到了中期，军队开始"化整为零"。虽然黑暗时代帝国军队的确切情况混沌不明，但从 7 世纪末至 8 世纪，军区制从派驻各行省的野战军中孕育而生。持续攻势行动于 9 世纪回归，此时帝国拥有一支混合了职业雇佣军和本地军区部队的军事力量。上述军队的部署、招募与军区对其的补给持续到了巴西尔二世统治时代。到了 1025 年他统治的末期，军区部队已经衰落，被驻扎于首都附近的机动部队"靖抚骑兵营"所取代。对帝国军中外国人的日渐依赖以及随之而来的本土军队衰落并非一个简单的问题。拜占庭人一直仰仗外国辅助部队；毫无疑问，从 11 世纪起，他们的重要性显著提升了，但我们不宜武断地贬低其忠诚或素质。罗马本土士兵以各种方式获得酬劳，从广义来说，他们亦是雇佣兵——领薪水的职业军人。为了供养军人，维持部署，实现其保家卫国的使命，国家只能依赖发达的官僚机构和军事体系。

组织

和古今所有军队一样，拜占庭人的军事体制也是分阶层的。各种军事手册描绘了一套继承于古罗马人、高度组织化的体系，它一直延续至帝国的覆灭，军人被清晰地划分为四到五个等级。军队最高总指挥当然是皇帝本人。无一例外，皇帝们被期望精于兵事，即便最爱好和平的皇帝也需粗通训练，掌握骑术，并知晓谋略和军制。很多情况下，皇帝本为军人，拥有战争的阅历。由于没有哪位国家元首能够独自处理防务，即便他亲临战场，也需仰仗老练的将领们。

早期

君士坦丁 [①] 似乎曾进行过激进的军制改革；他取消了行政长官（prefect）的军事指挥权，转其为纯行政职务。他进一步裁撤了边防军（limitanei 或 ripenses），增加了禁卫军（protectores）和野战军（comitatenses）。源于 3 世纪的那些陈腐的军事单位被连根拔起。步兵元帅（magister peditum）与骑兵元帅（magister equitum）独立指挥旗下对应的野战军。我们可将这些不同的"曼吉斯特尔"等同于现代军事术语中在特定战区指挥千军万马的"元帅"（marshal）。君士坦丁之后，帝国再度分裂，由东西二帝统治，一些机动部队迁往了边境，他们成为了当地作战部队的核心，在边防军支援下，是一支活跃、强悍的防御力量。上述地区机动野战部队由一位骑兵元帅统领（他同时指挥步兵和骑兵）。[i]

在君士坦丁之前，戴克里先已经用新的皇家卫队替换掉了老禁卫军（Praetorian Guard），因为后者桀骜不驯、犯上弑君而声名狼藉。君士坦丁进一步扩充了这支新式军团——"学院禁卫军"（Scholae），

---

① 即君士坦丁一世（272—337）。译注。

它共有 12 支部队（每支 500 人），平均分配于帝国东西两部。^① 执事长官（magister officiorum）负责领导他们。直到狄奥多西一世（Theodosius I，379—395 年在位）时代，上述部队依旧是皇帝征战中的精锐护卫，不过到了 5 世纪，其中多数已渐渐退化为公民荣誉卫队。至 6 世纪，是一位"伯爵"负责指挥"学院禁卫军"。ⁱⁱ

在 5 世纪，军队的战略部署以及相应的统帅部设置与查士丁尼统治时期类似（参见插图 3.1）。"御林军元帅"（magister militum praesentalis^②）领导着两支直接归属皇帝个人的帝国军队。上述御林军包含精锐部队和机动野战军，构成了皇家远征军的核心力量。五支区域野战部队（两支御林军、伊利里亚军、色雷斯军和东部军）和支援他们的边防军归于"兵马大元帅"（magister utriusque militiae）统领。他的副将（vicarius）从 5 世纪起见诸史册。在埃及和伊苏利亚（Isauria，位于崎岖多山的小亚细亚南部），由军务伯爵（comes rei militaris）指挥边防部队，而在多瑙河沿岸、东部边境和利比亚（Libya）则是 13 名"公爵"^③。元帅不仅指挥其野战军，对伯爵、公爵们控制的部队也拥有职权。雷加图斯^④（legatus）或

---

① 事实上，铲除老禁卫军的正是君士坦丁一世。内战期间，罗马禁卫军支持君士坦丁的对手马克森提乌斯（306—312 年在位），君士坦丁于米尔维安大桥战役击败马克森提乌斯后，乘势撤销了老禁卫军编制，拆除罗马城内禁卫军军营（Castra Praetoria），并将残存的禁卫军士兵发配帝国各处。从此老禁卫军彻底消失于帝国舞台。译注。

② 拉丁语，字面含义为"御驾士兵元帅"，由于该部队名义上的最高指挥为皇帝本人，他们相当于御林军副帅。译注。

③ 作者原文使用了 dukes 一词，结合历史背景，实际上应为前文提到过的"总督"（dux），不过欧洲的公爵头衔的确源自罗马时代的 dux。译注。

④ 雷加图斯字面含义为"使节"，后来成为罗马军队中的高级军衔。译注。

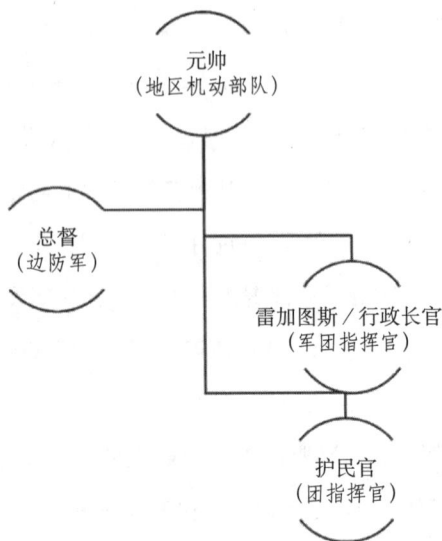

插图 3.1　5 世纪的拜占庭军事架构

行政长官掌控独立的步兵军团。500—600 人的步兵大队（Infantry cohorts）在 4 世纪依然存在，对应的骑兵由多达 500 人的旗队（vexillatio）或翼队（alae）组成。护民官（Tribune）是统帅团级规模部队（无论骑兵或步兵）军官最常见的头衔，但也有行政长官指挥骑兵旗队、翼队以及边防军的情况。[iii]这一时期，副将［后来演变为英语词"教区牧师"（vicar）］的职权增加了。尽管许多军队在组织和部署上承受了巨大的变革，但某些地区，例如埃及，依旧延续了过去的架构和军阶。

军阶的提升取决于服役时间，但有时也依赖行贿。圣哲罗姆（St. Jerome，去世于 420 年）提供了一份清晰的拜占庭早期军人、军士等级制度资料。其列表包含了最低级至最高级：新兵（tiro）；

骑 / 步兵 (eques/pedes)；巡官 ① (circitor)；军士 (biarchus)；百夫长 (centenarius)；中队长 ② (ducenarius)；元老 (senator)；普里梅里乌斯 ③ (primicerius)。

Tiro 即完成训练前的 "新兵"（复数形式：tirones），他不会得到足额军饷和配给。4 世纪晚期的佚名文献《兵事》（*De Rebus Bellicis*）介绍说，步兵大队 ④ 中包含 50 或 100 名新兵，以便战损能得到快速、廉价的补充。ⁱᵛ 战兵分为步兵（pedes）和骑兵（eques）。"老兵" ⑤（semissalis）似乎是一种更高的军阶，但低于我们通常认为的 "军士"。"巡官" 属于那个时代军士阶层的最低阶，他曾经是负责检视警戒的哨兵，除此以外，我们对其职权所知不多。不过，到了 4 世纪，他可能已成为低阶军士，ᵛ 相当于 "班长"，有时被称作 "十夫长"（decanus 或 dekarch，虽然包括自己他仅能指挥 8 人）——他掌控一个班（contubernium⑥），后者由 8—10 人组成，他们住一个帐篷，一起吃饭。到了 4 世纪和 5 世纪，百人队由 10 个班约 80 人组成，归百夫长指挥。既然维盖提乌斯记载说 "中队长" 过去统领 200 人，这就表明该头衔已不再反映昔日的规则，很可能是一种 "高级百夫长"，而

---

① 本指军营中负责巡逻警戒的士兵，后来形成一种固定军阶。译注。
② 字面含义为 "两百夫长"，即管理两个百人队的军官。译注。
③ 拉丁语的字面含义为 "一把手"。译注。
④ 传统罗马大队包含 500 名左右的士兵。译注。
⑤ 罗马帝国晚期军队中的 semissalis 是一类资深士兵，能领取相当于普通士兵 1.5 倍的配给。译注
⑥ 拉丁语字面的含义为 "同住一个帐篷"。这是罗马军队中的最小单位，规模类似现代军队的一个班，但在战场上未必按此统一编制作战。译注。

非管辖两个百人队。正如沃伦·特雷德戈尔德[①]（Warren Treadgold）主张的那样，"元老"同样很可能是一种执行特定任务的高阶军士，例如书记官（adjutor）、军士长（campidoctor，负责训练新老士兵）或军需官（actuarius）。[vi] 每个团配备一名军需官，一位外科医生，两名传令官，两名旗手——"龙旗兵"（draconarii，得名于所执龙头燕尾旗）于4世纪出现，一名斗篷兵（cape bearer），一名号兵和一名鼓手。[vii]

低阶指挥体系大致如插图3.2所示。

五支区域野战军有着广泛的管理工作：通讯、薪酬、后勤以及司法事务。其庞大的参谋团人数可达300，堪称所在行省文官系统的镜像。大元帅、总督或伯爵麾下的军事法庭或多或少是相同的。军队司法人员包括一位"首席法官"（princeps），协助他的还有一位"评议官"（commentariensis），以及一位"助理"（adiutor）和一名"书记"（libellis），后者负责处理诉状。助手（subadiuva）和速记员（exceptores）负责审判记录。另一位"首席法官"领衔的部门审理财政、补给事务，其下属包括一名"主管"（primiscrinius）、两名高级会计师（numerarii）以及为之服务的办事员（scriniarii）们。[viii]

学者们对边防军的角色和发展趋势存在争议，他们往往表现为"静态"的军队甚至"农兵"，其素质在五六世纪便下降了。普罗科匹厄斯不晚于550年的一段评论常被引用，他抨击查士丁尼取消了边防军的薪酬。[ix] 虽然失去军饷可能是千真万确的，但边境驻军在本地军队支撑下依旧在帝国境内某些地区存续着。一个名叫弗莱维厄斯·帕

---

① 沃伦·特雷德戈尔德（1949— ）为美国历史学家，精通拜占庭学。译注。

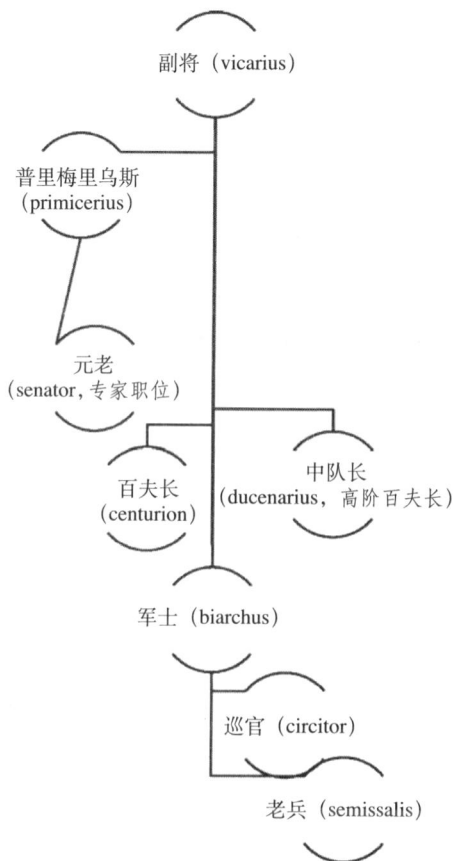

副将（vicarius）

普里梅里乌斯
（primicerius）

元老
（senator，专家职位）

百夫长
（centurion）

中队长
（ducenarius，高阶百夫长）

军士（biarchus）

巡官（circitor）

老兵（semissalis）

插图 3.2　5 世纪拜占庭军阶

泰尔穆西斯（Flavius Patermuthis，自君士坦丁时代起，弗莱维厄斯这个名字就表示一个人加入了帝国"大家庭"，为帝国服务）的埃及人至少从 585 到 613 年于象岛（Elephantine，现代埃及阿斯旺附近）服兵役。帕泰尔穆西斯及其战友出身当地望族，这就表明，在某些地方，边防军更像是本土自卫部队，而非训练有素的职业军人。在别处，情形有所不同。艾萨克 [1] 认为，边防军并非"农兵"，而是行省总督麾下的军队，他们同样为了治安或巡逻任务而出动，运营边防据点，并于战时加入野战军。通过内萨纳 [2] [Nessana，即现代土耳其南部的尼扎纳（Nitzana）] 出土的纸莎草文献，我们得知了骆驼骑士的兵额，他们在加沙附近的沙漠商路上巡视；这些人似乎是出身当地名门的地主，直到 590 年后，该部队或遭解散或移防他处。[x] 此后，其职责很可能转由来自强大的伽珊（Ghassan）联盟的阿拉伯盟军承担。

从 4 世纪至 7 世纪，同盟（foederati）战士在罗马军事体系中依然重要。这些军队依照帝国与部落间的协议在边境服役。戴克里先和君士坦丁时代，同盟军由自己的指挥官统领，并被一次性付清士兵所需的薪酬。他们还会收到"配给"（annona）[3]：以粮草形式支付的报酬。至 6 世纪，一些部落按照上述形式在自身领袖率领下服役，例如护卫从幼发拉底河到红海的帝国边境的伽珊尼德阿拉伯人（Ghassanid Arabs）。其余同盟则加入了正规军——似乎是在罗马军官指挥下罗马人与蛮族混编的部队。[xi] 上述部队平时由同盟伯爵们管理，但在战时出于用兵的考量，则统归元帅指挥。

528 年，依照与波斯的竞争日益集中于亚美尼亚和高加索的战略

---

① 即以色列历史学者、特拉维夫大学教授本杰明·艾萨克（Benjamin Isaac，1945— ），长于罗马军事史研究。译注。
② 公元前 1 世纪由纳巴泰人建立的重要商业城市，后归属罗马帝国，7 世纪阿拉伯征服后逐渐沦为废墟。译注。
③ 字面含义为"口粮"，借用自罗马城对居民进行的粮食配给制度。军队中分配的 annona 不仅包括生活物资，还包括武器装备，故翻译为"配给"。译注。

新形势，查士丁尼拆分了之前"东部大元帅"的指挥权。他在塞奥多西奥波利斯设立了"亚美尼亚大元帅"的司令部，其部队既来自御林军，又包含昔日边区总督和伯爵们的机动兵力。伴随着他们的胜利，阿非利加、意大利、西班牙也设立了自己的区域司令部，令区域兵团的数量达到了 9 支①，不过似乎军队总数并未同等地提升。

到了 6 世纪末、7 世纪初摩里士皇帝《战略》的年代，军队有了巨大的变革。老的皇家卫队——学院禁卫军、多梅斯蒂奇、禁卫军、坎迪达蒂（Candidati，源于学院禁卫军中的精选部队）大部分都平民化了，但尚且完整。边防军地位下降，查士丁尼似乎裁撤了其中部分。xii 军队重回纯粹的十进制体系，主干为十人队和百人队。术语上的变化反映了军事领域中拉丁语的衰落和希腊语的受宠，而由于后者是东地中海多数人民所用的语言，这也是合情合理的。

《战略》第一册列举了 6 世纪末摩里士军队的理想军官体系。将军（现在使用希腊语称谓 strategos）全面负责麾下野战部队的指挥。一位副将（hypostrategos）作为他的副手指挥中军，这表明副将在战术上无疑是重要的，因为他的部队为全军的中流砥柱。手册还记载说，一支中等规模的军队人数为 5 000—12 000，即包括 1—3 个军团②（meroi）。一个"军团"（meros，希腊语原意为"部分"）包含约 5 000 人，由一名"军团长"（merarch）统领。军团下分为数个"莫

---

① 即在原有 5 支区域野战部队的基础上增加了亚美尼亚、阿非利加、意大利、西班牙 4 支。译注。
② 此处摩里士不再使用传统的拉丁术语 legiō（军团），而使用希腊术语 meros（复数形式为 meroi），但由于编制依然与传统罗马军团相近，故译者沿用了"军团"的称谓。译注。

伊拉"(moira)。莫伊拉人数 2 000—3 000，由一名都督（moirarch 或 chiliarch）指挥。取代旧时步兵大队的单位有着不同的名称——塔格玛（不要和拜占庭禁卫军中的编制塔格玛混淆，该术语的希腊语原意为"秩序"或"军阶"）、阿里斯莫斯（arithmos，希腊语原意为"数字"），或"旗"（bandon）。塔格玛及其对应单位人数在 200 至 400 之间，由一位伯爵或护民官率领，他的副手是高于百夫长（希腊术语为 hekacontarch）的"伊拉尔基"（ilarch）。Hekacontarch 是旧时军团百夫长的继承者。最低军阶分别是指挥十人的德卡赫（dekarch，相当于十夫长）、指挥五人的彭塔赫（pentarch）、指挥四人的梯塔赫（tetrarch）——均包含他们自己。

《战略》提供了一支 310 人骑兵塔格玛的行军序列（出于多种原因，部队规模并不固定）。指挥官（护民官或伯爵）麾下有两名百夫长（或伊拉尔基）、27 名德卡赫、29 名彭塔赫、31 名梯塔赫、一位掌旗官、一位斗篷兵、一位号手以及 217 名士兵。特雷德戈尔德假定，书中记载的 200—400 人的战术单位意味着标准的塔格玛或旗为 500 人，其中 100—300 人留在军营内。[xiii] 考虑到部队编制规模似乎基于十进制并且被编入纸面上的千人团（其部署会根据战术情况予以调整），这种解释不无道理。

《战略》提到了机动野战军团——大约 1 000 人的精锐骑兵团（旗），名为"贵人"（Optimates）。此外，精英骑兵单位显然拥有取自昔日罗马军队的名号："旗队"（Vexillations）、"伊利里亚"（Illyriciani）和"同盟"。特雷德戈尔德估计所有机动骑兵军团的兵额为各 5 000 人左右。[xiv] 哈尔东认为仅有三支精锐骑兵部队："贵人军""部曲军"（Boukellarii）和"同盟"，均成形于 575 年后的某个时间。[xv]因为《战略》的作者设想上述三支骑兵部队担任帝国作战部队的前锋，它们很可能取代了往日的御林军，已成为帝国军事力量的核心。

希拉克略的波斯战争持续了超过十年，耗尽了帝国的人力与资源。至 620 年代中期，罗马人已重建军队并取得了胜利，但最后却遭伊斯兰军横扫。拜占庭人竭力重组了破碎的军队，并在帝国最后占有的大片领土——小亚细亚乡间驻扎士兵，从而渡过了难关。从这些屯兵点中孕育出了一种新型军事、行政组织，被称为"军区制"。军区（theme）一词的来源未明，不过可能出自兵册或供给他们的税册。希拉克略的波斯战役期间，该词仅指军队指挥部。[xvi]最早确认的军区似乎可上溯至 7 世纪中期或晚期。包含土地和军队的"军区"，极可能是源于行政官员脑中将军人名录与供养他们的配套土地结合在一起。[xvii]

黑暗时代与中期

从波斯人、阿瓦尔人那里蒙受的失败以及希拉克略领导的内战大大损耗了野战军；尽管这并未摧毁他们，却剥夺了他们位于亚美尼亚、东部行省的许多基地。希拉克略将机动部队归于个人指挥，在他之下是"钦命伯爵"（comes Obsequii）——如今成为整个御林军的指挥官，而不再仅仅是很大程度上沦为荣衔的学院禁卫军或禁卫军的领导人。[xviii]

我们所知道的是，8 世纪出现的军区，其名字源于昔日 6 世纪的军队（参见地图 4）。君士坦丁堡周边区域构成了奥普西金军区（Opsikion theme），它得名于拉丁语词"扈从"（obseqium，相当于御林军）。教皇郭诺（Conon，686—687 年在位）的一封信件提到了色雷斯西亚军区 ①（Thrakesion theme），它包含色雷斯军的余部，如今驻扎于小亚细亚西部。安纳托利亚军区（Anatolikon theme）东至卡帕多西亚，西达吕基亚（Lykia），北部、南部边界分别是哈利斯河 ②（Halys River）和托罗斯山脉。它得名于东部野战军，过去隶属于东部大元帅。考虑到安纳托利亚军区横跨与穆斯林激烈冲突的边境，在诸军区中它被认为排行第一。亚美尼亚军区得名于亚美尼亚军，此前指挥部位于塞奥多西奥堡，七八世纪移至了阿马西亚（Amaseia）。卡拉比西安 ③（Karabision）是一个短暂存在的军区，得名于希腊语"船"（karabos），它形成了一个可能以希俄斯岛为中心的海军指挥部；该军区在遭受反复挫败后被解散，它的落幕演出是 716—717 年的君士坦丁堡之围。[xix]

战略关隘由"关隘守备"（kleisourarches，关隘拼写为 kleisoura，复数形式 kleisourai）护卫。关隘守备是希拉克略及其继任者在 630—640 年代的黑暗岁月为了抵挡阿拉伯突袭军进犯而设立的据点。上述部队几乎都部署在东方从美索不达米亚至叙利亚的那些山区关口，阿拉伯人过去经常由此入侵安纳托利亚高原。它很早便见诸史册；667—668 年间，一位佚名的关隘守备在他位于阿拉比索斯（Arabissos，现代土耳其的阿夫欣）的隘口破获了一起与阿拉伯人共谋的帝国叛乱。[xx]

---

① 注意色雷斯西亚军区不同于日后拜占庭巴尔干地区的色雷斯军区。译注。
② 即现代土耳其的克孜勒河，为小亚细亚第一大河，全长 1 182 公里。译注。
③ 有时也被意译为"海员军区"。译注。

从 4 世纪至 7 世纪初，帝国的经济实力与战略现实令它更偏向于发展骑兵部队，这样才能在多条前线较快地应对游牧民和波斯铁甲骑兵的威胁并予以反击。到了摩里士的时代，精英部队中骑兵、步兵比例高达 2∶1。尽管我们对此后 7—8 世纪军队的确切构成不得而知，但资源的丧失与国家的穷困必然会大大缩减骑兵的规模。由于阿拉伯对东方的征服，640 年代国家损失了岁入的四分之三。尽管军队的状况——它是如何被供给的，它的职业水准如何——充满了争论，但毋庸置疑，军队的质与量都严重下滑了。我们手中拜占庭黑暗时代的零星战报里骑兵依旧引人瞩目，然而，与前辈相比，8 世纪的军队中步兵比例极有可能提高了。特雷德戈尔德认为军区骑兵占兵员总数的五分之一，这一数字是合理的。[xxi]

6 世纪的十进制兵制似乎大体上在军区体系中得到保留；7 世纪晚期和 8 世纪的民间史料提到了"千夫长"（Chiliarch，也拼写为 droungarios/droungar，拉丁化拼写为 drungar）、伯爵（komes，取代了昔日的护民官）、百夫长（hekacontarchs，也拼写为 centarchs、kentarchs）、五十夫长（pentecontarchs）以及十夫长（dekarchs）。新出现的军官职位是 pentecontarchs，如字面含义那样，管辖五十人。尽管资料并不充分，但似乎旧的军团长转变为了"图玛希"[①]（tourmarch），它最早于 8 世纪被提及。[xxii]

---

① 该职务字面含义为图玛指挥官。图玛（Turma）在罗马共和国、帝国时期原本指的是"骑兵中队"，规模不到百人。但在拜占庭时期，图玛的人数可达 5 000 人左右，事实上相当于古罗马的军团。故而不能将此时的该职位翻译为"中队长"，而应对应"军团长"。译注。

军区军队

军队地方指挥官——军区首长,在 7 世纪后被称作"将军"(strategos)或伯爵。这一军职取代了过去古代末期的"元帅"和将领。昔日"伯爵"似乎已从军区背景中消失,表明已没有军官横亘于将军和百夫长之间[①]。8 世纪的某些时候,"百夫长"的部队萎缩至仅有 40 人。840 年,狄奥斐卢斯设立了军区编制"旗"(bandon),以便与行省的编制"塔格玛"相匹配,同时废除了五十夫长军衔,因为现在百夫长麾下也仅有 40 人了。将军的幕僚也体现出罗马的遗迹和变革;"营帐伯爵"(komes tes kortes)很可能承担了首席法官的司法、行政职能。"书记官"(chartoularios)与幕僚们处理文书、财政、供给事务,一名"传令官"[②](mandator)承担专业职能,可能与昔日的"元老"或行省二等禁卫军类似,作为见习军官或参谋人员。[xxiii]

到了 9 世纪,帝国已经从穆斯林造成的损失中略微恢复了元气,并开始重拾部分财富、权势和信心。一份亚尔米(al-Jarmi)基于 837—845 年他作为拜占庭俘虏的经历编撰的同时期拜占庭军事资料让人可以管中窥豹。虽然亚尔米的原作失传了,但他的记述删减后被后世的作家保存,例如伊本·胡尔达兹比赫[③](Ibn Khurradadhbih),其作

---

① 原文的含义是,尽管"伯爵"作为军队头衔并未消失,但过去元帅之下百夫长之上,实际领兵的伯爵军衔不复存在,也就是军区内的指挥层级压缩简化了,故有此说。译注。

② Mandator 一词的基本含义是"信使",故翻译为"传令官",并非该职务只负责通信。译注。

③ 伊本·胡尔达兹比赫(820—913),任职于阿拔斯王朝的波斯著名地理学家。译注。

品成书于 846—870 年间。根据后者的著述，拜占庭军队结构如下：

> "贵族"（patrikios）［赐予高级军官（包括将军）的宫廷头
> 衔］指挥 10 000 人；他麾下的 2 名"军团长"（tourmarch）各统
> 帅 5 000 人；每个军团长下辖 5 名千夫长；千夫长之下有 5 名两
> 百夫长（komites）；每个两百夫长领有 5 名"百夫长"（兵额各
> 40 人）；百夫长之下是 4 名十夫长（dekarchs）。[xxiv]

因此，从 6 世纪至 845 年间的某个时候，百夫长的部属削减到了
40 人，但其他方面，军队组织大体上依然与《战略》相符。8 世纪到
9 世纪，拜占庭人从未放弃攻势作战，不过，从巴西尔一世（Basil I，
867—886 年在位）的统治时代这种反攻方才加速。纯希腊术语继续
替换过去的拉丁语头衔，职业佣兵（既包括本国也包括外籍）越发重
要。军区部队本是为防御打造，自然相形见绌，可能长期未获补强，
最终渐渐沦落至与当年 6 世纪边防军类似的角色，很少被召集参战，
多数时候仅充当预备队或守备队。由于昔日的中央军区遭到肢解，这
一点显得尤其真实。

利奥六世再度调整了军队架构。皇帝记载道，1 个骑兵军区包含
在 1 名将军领导下的 4 000 骑士，下辖 2 名军团长，每个军团（即
"图玛"，tourma）2 000 人。军团之下有 2 位千夫长，分别指挥 1 个
营（droungos）或"千人队"（taxiarchia），每 1 个又包含 5 个"旗"，
每旗由 1 名两百夫长统领。利奥恢复了百夫长领导的百人队，替换了
此前的"四十人队"。这令"五十夫长"也得到恢复——特雷德戈尔

德认为此举与骑兵的扩充相关。^{xxv} 十夫长、五夫长则补完了整个军队序列。虽然很容易据此推测所有军区都普遍增加了骑兵数量，但没有证据证明这点——事实上，某些军区本是骑兵占优的"骑兵军区"，而其他的则是步兵占优。

随着军区指挥权和部队的萎缩，千夫长演变为了战术性的军官。他在军区内统辖千人的角色消失了，"杜克"（douk）取代了他的职能，指挥的是卫戍边境地区规模更小、更灵活、更职业化的塔格玛部队。军区与塔格玛部队编组后为帝国的远征提供了兵力，犹如 949 年收复克里特岛的尝试中^①所见的那样。^{xxvi}

塔格玛

哈尔东指出，6 世纪的御林军（praesental army）演化为了 8 世纪的"塔格玛"（希腊语中的"团"），这种中世纪拜占庭军队的设立是由君士坦丁五世皇帝完成的。^{xxvii} 希拉克略的野战军原本为"钦命伯爵"所领导。7 世纪中，奥普西金军区部队来自野战军及其附属，包括《战略》中提及的"部曲军"和"贵人军"。早在 620 年代（不晚于 680 年代）奥普西金军区部队便已于小亚细亚西部成立，总部位于安卡拉（Ankyra）。正如哈尔东提及的那样，其构成以及部署于邻近首都的小亚细亚说明，它既是"御林军"，亦是拱卫首都的战略预备队。^{xxviii} 奥普西金军区是桀骜不驯的；它处于五次叛乱的中心，并成功推举狄奥多西三世（Theodosios Ⅲ，715—717 年在位）篡位。

---

① 949 年君士坦丁七世发动的克里特岛远征并未成功，但在罗曼努斯二世时代，名将尼基弗鲁斯·福卡斯于 961 年夺回了整个克里特岛，消灭了克里特埃米尔国，他后来成为皇帝，即尼基弗鲁斯二世。译注。

741—743 年间，在君士坦丁五世（741—775 年在位）妹夫阿尔塔瓦兹德的领导下，奥普西金军区发起了一场血腥的暴动反叛皇帝。经过两年的冲突后，君士坦丁将奥普西金军区分割为几个军区。他还招募了新的宫廷卫队守卫首都和皇帝，取代了地方部队。

有两支新的卫队可追溯至他的统治时期——"学院卫队"（Scholai）[①] 和"宫廷侍卫队"（Exkoubitores）。它们均由一位被称作多梅斯蒂科斯（Domestikos）的军官统领，他的副将称为"托波特尔特斯"（Topoteretes），这一军衔源自过去行省公爵们的副官。我们还发现昔日 6 世纪的骑兵旗队的架构被沿用至 10 世纪：两百夫长、百夫长，以及像"龙旗兵"这样的专职军衔。[xxix] 皇家塔格玛明显混编了新式部队与驻扎于首都周围新行省的旧式军队。伊琳娜女皇[②]（780—802 年在位）增加了一支新的塔格玛"维格拉"（Vigla，希腊语含义为"守望"），她的继任者尼基弗鲁斯一世（Nikephoros I，802—811 年在位）创立了"精锐团"（Hikanatoi，希腊语字面含义为"能者"）。虽然特雷德戈尔德主张每个皇家塔格玛人数为 4 000 人，但哈尔东认为在 8 世纪末、9 世纪初，"学院卫队"和"宫廷侍卫队"总数约 1 300 人，而"维格拉"与"精锐团"规模略超过前者的两倍；因此，全员总数 4 000 人应该是个合理的数字。[xxx]

当君士坦丁五世将奥普西金军区拆分为三个正规军区时，他把

---

① 学院卫队是由旧的学院禁卫军改编而来的皇家塔格玛部队。译注。

② 伊琳娜女皇（雅典的伊琳娜，752—803）是欧洲和拜占庭帝国历史上首位女皇，也是伊苏里亚王朝末代皇帝。但严格来说，从 780 年起，她是与儿子君士坦丁六世共治，797 年才开始单独执政，然而她的正式头衔为"男皇"（巴西琉斯）而非阴性的女皇（巴西丽莎）。译注。

"贵人"骑兵团改为了永久性的后勤支援部队。"贵人团"负责伴随作战部队并为之打理坐骑、武器和补给。[xxxi] 除此之外，还需一提的是首都步兵卫队"诺梅里"（Numeroi，字面含义为"数字"）以及"城防军"（Walls regiments）。

整个 9 世纪，皇帝们招募新部队加入了皇家塔格玛，例如尼基弗鲁斯一世与他的"精锐团"、"同盟团"（Federates），后者原本是驻扎于安纳托利亚军区的部队——尼基弗鲁斯一世便是在那里被拥戴为帝的。君士坦丁五世设立了一支"皇家卫队"（the Imperials）。利奥五世据说打造了新的卫队"皇家骑兵"（Hetaireia）——它共分为三部，最初像当年的"同盟军"一样，从蛮族雇佣军中招募。米海尔二世征召了"福捷斯"（Fortiers）团，团员每年服役能领取 40 金币（"诺米斯玛"，nomismata，帝国的纯金币）作为报酬。"皇家骑兵"守卫皇宫，并伴随皇帝出征，由皇家骑兵长统辖；据估计，上述 8—9 世纪的新卫队总数为 1 200 人。[xxxii]

塔格玛骑兵部队无疑已经扩充，而重步兵部队及其他专业部队也不遑多让。与军区部队衰落相呼应的是以现金雇佣外籍军人——塔格玛部队的增加究竟是其起因、结果或根本无关，尚无定论。在新的战略态势下，军区似乎很大程度上变得边缘化了；阿拔斯哈里发国式微，拜占庭人热衷于收复失土，先牛刀小试，再对地方埃米尔大举鲸吞。而听命于中央最高指挥的职业军人更容易达成开疆拓土的任务。

多梅斯蒂科斯统帅塔格玛。其副将每人指挥一个 2 000 人的团，每个团细分为十个两百人旗队（banda），由一名"伯爵"管辖。两百人队再分为两个百人队，由百夫长率领。

军官	军官及部队数量	每名军官麾下部队人数
多梅斯蒂科斯	1 塔格玛	4 000
副将	1 或 2 人	2 000
伯爵	20 两百人队	200
百夫长	40 百人队	100

利奥六世皇帝重建了包含百人的"百人队"。他还设立了 50 人的骑兵队与内辖 10 队、共 500 人的帕拉塔克西斯（parataxis，字面含义为"并列"），并将千夫长（过去为军区军官）统领的千人队引入了塔格玛。[xxxiii]9 世纪晚期至 10 世纪皇权至高的时代，机动部队中的军官体系盛行一时。这里描绘的是管理机构；在守备军和野战军中，这些"纸上体系"必须根据实战作出调整。塔格玛部队日渐驻扎于边境——东方的扩张为驻军带来了新的领土以及对衰颓中的阿拔斯王朝发起攻势的新契机。

对攻势部队的战术需求令塔格玛和军区士兵们整编为新的作战力量。步兵千人队出现在 10 世纪的军事著述里。"千人队"取代了昔日步兵军团的角色，与军区中的"千人团"（chiliarchs）类似。哈尔东写道，军事力量新旧术语之争暗示着军区体系与军官正在自我消解。作战军官，例如东部、西部野战元帅——"军营总管"（stratopedarches），被当作了学院禁卫军统帅（domestikos ton scholon）的替代品。尼基弗鲁斯二世·福卡斯将这一职务授予了自己的兄弟彼得，后者是一名宦官，因此没有担任学院禁卫军统帅的资格。

军区显然已无力提供战兵，其总数在 10 世纪可能下降了。10 世纪后期，规模更小的"旗"（bandon）持续迅速地取代了千人规模的"营"（droungos）成为军区的中坚；尼基弗鲁斯二世·福卡斯提到，标准的骑兵旗（cavalry banda）人数为 50；但其他资料记载某些骑兵旗有 400 人之多。"旗"的编制提供了一支更灵活的军队，其兵员更容易融入野战军中；这或许也反映了某些军区无力提供满员可战的"营"。将 50 人编制的"旗"（大约 840 年前狄奥斐卢斯时期）视为建军基石意味着能够设立守军不到 1 000 人的军区，这也反映了军区在武备上普遍的虚弱和塔格玛部队的崛起。被归于尼基弗鲁斯二世·福卡斯的著作《遭遇战》（*On Skirmishing*）中写道，一支东部闪击战中常见的"大军"仅有 3 000 人［不过书中也讲到了为了反击数量庞大的"圣战士"（ghazi），也存在真正的大军］。书里接下来说：

> 如果你仅率领本军区部队，麾下官兵规模较小，那么你应该谨慎地尾随敌军，保持适当距离，避免被他们发现。只有当他们闯入村庄四散开来时，你才应当发动攻击。[xxxiv]

10 世纪一个军区能够用于反劫掠的部队想必远少于 3 000 人，这一情况说明军区及军区兵力都萎缩了。

随着帝国对北方的保加尔人和东方的阿拉伯人采取攻势，塔格玛部队的崛起部分反映在军队被划分为由学院禁卫军统帅（多梅斯蒂科斯）领导的东西两部，多梅斯蒂科斯的职责从指挥精锐卫队转为了统领帝国全军。这一变革最迟发生于 9 世纪末，我们得知此时卡帕多西亚的福卡斯家族已把持该职位数代人之久。尽管总体上是成功的，但福卡斯家族生有反骨，在 11 世纪上半叶该安纳托利亚巨头起兵叛乱后，这一军事贵族失去了学院禁卫军统帅职位。与多梅斯蒂科斯并列的，还有"军营总管"（stratopedarchai）和"都督"（ethnarches），后者类似于昔日五六世纪负责统领外籍部队的"盟军伯爵"；领兵参战的都督有时自己也是外国人。[xxxv]

新的塔格玛军队还在不断设立。约翰·齐米斯基斯创立了"不死军"，其鎏金的盔甲令同时代人过目难忘。[xxxvi] 战时，"不死军"组成了皇帝的亲卫。他们参与了对抗保加利亚罗斯人获胜的战役，很可能也加入了约翰对叙利亚的远征，不过其存续十分短暂——皇帝于 976 年驾崩后，他们遭到了解散，仅在米海尔七世（Michael Ⅶ，1071—1081 年在位）时代被他的首相尼基弗里齐斯（Nikephoritzes）恢复。[xxxvii] 阿莱克修斯一世·科穆宁统治的头十年中，"不死军"便很可能属于在与诺曼人或佩切涅格人作战中被摧毁的部队之列。[xxxviii] 其他部队，例如"萨台佩"（Satrapai）和梅加蒂莫伊（Megathymoi），极少见诸史册。上述新建佣兵部队证明了这一点：随着 10 世纪至 11 世纪初征服战争的持续，职业、机动化军队越来越取代了军区部队。

10 至 11 世纪的军队是为了远征行动而构建的，其组织被证明有力地支持了在巴尔干和东方广阔地区的征服。随着突厥人于 1060 年代打破了原有秩序，军区部队变得摇摇欲坠；罗曼努斯四世·狄奥吉尼斯（1068—1071 年在位）试图将这些部队重整于自己旗下，但此时已无力回天了。在这些战役及 1071 年曼齐刻尔特会战之后，塔格玛部队延续了下来。当 1081 年阿莱克修斯一世·科穆宁上台时，他继承并稳固了这一体系，不过，在他执政的前 10 年，野战军蒙受了严重的损耗，行伍中越发充斥着外国佣兵。东部、西部多梅斯蒂科斯指挥机动部队的体制持续到了 1204 年第四次十字军东征攻占首都为止。在各行省，突厥人的到来摧毁了旧有的军区组织。军区将军、关隘守备、掌管小"旗"军区的公爵以及作为总督公爵的"督军"（katepans），大部分都消亡了。不过，科穆宁王朝使用最后一种"督军"维持了拜占庭东部安条克附近的残山剩水。[xxxix] 外籍佣兵常常效力于自家指挥官，很少被整合进入拜占庭军事体系；有时，被征服的外国人也会融入，就如阿莱克修斯一世治下的佩切涅格人，但这相当罕见。

晚期

1204 年后，尤其是在拜占庭巴列奥略王朝光复首都和色雷斯以后，出现了在欧洲省份重建某些中央集权的财政、军事机构的尝试。帝国晚期军队看上去类似于棋盘结构。国家恢复了军区体制，但领地通常十分袖珍；它们被称作"督军区"（katepanikion），通过一座"要塞"（kastron）统治。该要塞通常是作为坚固堡垒管制一片不大的地区，但也可能包含村庄、群岛甚至大型市镇。"头人"（kephale）统治要塞。"执政官"（archon）指挥的"连队"（allagion）成为了与昔日"旗"队相似的核心部队。米海尔八世[①]（Michael Ⅷ，1259—1282 年在位）的弟弟君士坦丁统辖了 18 个连队，共 6 000 人。但我们无法

[①] 米海尔·巴列奥略具有拜占庭皇室血统，1258 年尼西亚帝国皇帝约翰四世登基时仅 7 岁，米海尔担任摄政，1259 年加冕为共治皇帝，1261 年，米海尔从拉丁帝国手中光复了君士坦丁堡，将约翰四世刺瞎双眼并流放，独占皇位，开创了巴列奥略王朝。君士坦丁·巴列奥略为米海尔八世同父异母弟。译注。

确定这一编制通常的人数。[xl]"头人"及其部属要负责维持军队，整修城墙，确保要塞安全。他的副手名为"城堡守将"（kastrophylax），这一头衔常常由皇帝作为终身特权授予那些在定居地筑垒的优秀贵族，以示犒赏。"城堡守将"管理着要塞的维护、警戒与安全。一些边境据点和堡垒由被称作"大连队"（megala allagia）的士兵驻守并以其行政首府或军区命名[①]。大连队一般由"大连队长"[tzaousios，源于突厥语"信使"一词（Çavuş）]指挥。[xli]然而，到了 13 世纪末，军队完全丧失了进攻能力，被那些威胁吞并这个衰颓帝国的邻居们所超越。巴列奥略王朝时期（1259—1453），雇佣军元素（不论是本国人或外国人）依旧突出。雇佣军常常以"连队"（syntrophiai）形式组织，由自家指挥官率领，并不听从帝国军官号令。有时，上述连队也会通过赠予金钱、"普罗尼埃"或土地的方式被纳入帝国常备军。[xlii]

招募

早期

4—7 世纪，罗马获取士兵主要通过以下四种方式：本国志愿兵，强制世袭兵，征兵，外国雇佣兵。本国志愿兵是军队的中流砥柱，通常足以满足国家的需求。戴克里先引入了子承父业的兵役制度，它很快便在野战军中被废弃，但边防军予以了保留。戴克里先和君士坦丁的时代，各行省的年度征兵基于帝国官员精确评估的当地资源进行；村寨、农庄要么提供与人口相符的兵员及口粮，要么花钱赎买兵役。

---

① 例如"塞萨洛尼基大连队"（μέγα ἀλλάγιον Θεσσαλονικαῖων）。译注。

奴隶不得参军。在动乱的 5 世纪，当东部军队咽下阿德里安堡①和内战的苦果时，额外的征兵便落在了精英阶层头上——他们被迫提供健壮男丁服役或缴纳 30 索币② （solidi，自 309 年发行的金币，相当于七十二分之一磅黄金）——这可谓代价高昂，因一名劳工一年最多也仅能挣得 12 索币。xliii 难怪征兵是不受欢迎的了，它似乎仅在危难时期方才施行。

边防军队伍是个例外，其服役世袭，征兵通常被弃用。查士丁尼允许奴隶参军而非实施惯常的强制征兵，因为这在精英和平民阶层均不得人心。xliv 直到边防军退出历史舞台前，子承父业的情况一直存续着，双方对守护边防均心有灵犀。对国家而言，即便是远离叙利亚、美索不达米亚甚少参与征战的省份，地方军人作为守军和后勤、治安力量依然可用。军人们依旧得到军饷、补给和税收、社会地位上的某些特权，一定程度弥补了服役的风险，而风险在类似埃及这样的地方并不常见。

尽管查士丁尼的确允许奴隶参军（这想必是临时突发征兵中的替代政策），机动部队和皇家卫队通常还是由志愿者组成。查士丁尼与他的将军贝利撒留堪称典范——两人均通过服役逃离了穷乡僻壤。③福卡斯统治期间，志愿兵继续为军队输送人力，不过摩里士皇帝提供了让阵亡将士子弟顶替加入野战军的机会。这是一项士兵们喜闻乐见

---

① 此处指的是 378 年令东罗马皇帝阵亡的阿德里安堡会战。译注。
② 君士坦丁大帝发行的罗马纯金币，单数形式为索利都斯（Solidus），它一直使用至 11 世纪。其重量为 1/72 罗马磅（326.6 克），约合 4.5 克。译注。
③ 查士丁尼和贝利撒留均出身贫寒，早年参军后才有了飞黄腾达的机会，故有此说。译注。

的特权而非负担——它确保了其家庭的收入和供给。当波斯战争中期希拉克略发现自己饱尝人力短缺之苦时，他恢复了全体军人的世袭兵役，可谓乱世中的壮举。

本土新兵通常来自帝国民风彪悍地区的农村。伊利里库姆[①]（Illyricum，现代的亚得里亚海岸东部及山区）是优良的兵源地。戴克里先时代至 6 世纪，大量军队、军官来自这里和其他多瑙河以南区域。从 5 世纪起，伊苏利亚（安纳托利亚东南山区）涌现了许多军人，皇帝们热衷于在此招募以便抵消军中日耳曼人影响。帕夫拉戈尼亚、卡帕多西亚、本都的崎岖山地也盛产骁勇的男子，他们充实了各个军团。

外国兵员构成了军队的主力。亚美尼亚人为罗马和萨珊波斯双方提供了高质量的骑兵和步兵。5 世纪后，亚美尼亚人在学院禁卫军中占据了主导地位。[xlv]匈人弓骑兵为 6 世纪的拜占庭军队提供了重大战术优势——他们是在一名本土首领麾下被成群招募的，归于罗马人指挥。伊朗游牧民，例如马萨革泰人（他们也被称作"匈人"）和奄蔡人（Alans）[②]构成了另一股雇佣军的来源。他们既作为骑兵，亦充当步兵。来自贝利撒留部曲军的 300 名"匈人"（或马萨革泰人）骑兵于阿德底斯姆会战（533 年 9 月 15 日[③]）的首度交锋中发挥了关键作用，在亚美尼亚副将约翰的指挥下，他们消灭了 2 000 名汪达尔长矛

---

① 此处提及的为罗马行省伊利里库姆，包括伊利亚和潘诺尼亚地区。译注。
② 北高加索游牧民，我国文献中首见于《史记·大宛列传》，游牧于咸海西北、里海北部，称为奄蔡，后世也音译为阿兰人。译注。
③ 原文如此，应为 9 月 13 日。

手并阵斩国王的兄弟阿玛塔斯（Ammatas）。[xlvi] 俘虏的萨珊波斯士兵也被编入拜占庭军服役，一些波斯人或亚美尼亚裔波斯人还在军中晋升高位。

对罗马军队而言，直到 6 世纪，日耳曼语民族亦是出众的战士。阿德里安堡会战后，东日耳曼语支 ① 的哥特人便在东罗马野战军中占据了优势地位，并且在 6 世纪依然可见于罗马军中。在普罗科匹厄斯对贝利撒留征战的描述中，东日耳曼的赫鲁利人十分抢眼；他们经常承担特殊任务，英勇到了近乎莽撞的程度。其东日耳曼邻居格皮德人（Gepids）于 5 世纪在阿提拉的匈人帝国阴影下组建了另一部落联盟 ②，直到被伦巴第人毁灭前也提供着兵员。西日耳曼语支的伦巴第人在意大利提供了重要的兵力，551—554 年纳尔塞斯 ③（Narses）的战役期间，有 5 500 人服役于罗马军中。[xlvii]

7 世纪，巴尔干的大部陷于斯拉夫人之手，阿瓦尔人令罗马人丧失了他们部分最佳的部队。这一兵源主要由安纳托利亚崎岖内陆的希腊语居民替代。亚美尼亚人变得格外重要；7 世纪初，皇帝试图将 30 000 名亚美尼亚军人及其眷属转移至色雷斯。[xlviii]621—622 年间希

---

① 历史上的日耳曼语族可分为东、北、西三支，如今东日耳曼语支已经灭绝。哥特语是东日耳曼语支的代表，借助保存至今的一些圣经抄本，也是唯一拥有较多语料可被部分还原的东日耳曼语种。译注。

② 阿提拉死后，格皮德人国王联合其他日耳曼部落，于 454 年的尼达欧会战击杀了新任匈人王艾拉克，匈人帝国从此一蹶不振。译注。

③ 纳尔塞斯（478—573）原为查士丁尼皇帝宠信的宫廷总管宦官，后成为与贝利撒留齐名的优秀将领，在他的指挥下拜占庭成功灭亡了意大利的东哥特王国。译注。

拉克略重组的军队大部分来自本土罗马部队——既然皇帝在全国范围征借教堂金银器以便熔铸钱币，那么自然没有太多余钱雇佣外国人了。哈尔东认为，正是在此刻，皇帝再度令兵役世袭，并且它显然持续到了该世纪末。^{xlix}

中期和晚期

安纳托利亚堪称帝国中世纪时代的心脏，亦是其最重要的兵源地。如前文所述，从 7 世纪初期、中期幸存的军人构成了军区军队的核心。我们只能揣测，除了他们之外，帝国还召集了安纳托利亚土著——来自加拉提亚（Galatia）、弗里吉亚、卡帕多西亚、伊苏利亚、吕考尼亚^①（Lykaonia）和本都，上述高地养育了大批强悍的壮丁：熟悉当地地形，能够胜任游击战（当局很快便采用此法以延缓阿拉伯人的侵袭）。加入其中的还有阿拉伯变节者——信奉基督教的伽珊尼德阿拉伯人之残部以及其他参加过叙利亚战役的部落。一些波斯人在波斯战役落幕的混乱中被纳入了行伍，而亚美尼亚兵员也稍微弥补了罗马人的损失。

在黑暗时代，政府主要仰仗本土军队和亚美尼亚群体（迁回帝国的或被征集参军的），然而，对蛮族佣兵的使用从未停歇。664—665年间，成千上万的斯拉夫俘虏被君士坦斯^②（Constans）安置于安纳托利亚——其中 5 000 人开小差加入了阿卜杜拉赫曼（Abd al-Rahman）的阿拉伯军队。^l

---

① 位于小亚细亚中部托罗斯山脉以北内陆。译注。
② 即君士坦斯二世（630—668），译注。

插图 3.3　822 年"斯拉夫人"托马斯（Thomas the Slav）及其部队攻打君士坦丁堡（"马德里斯基利泽斯"抄本）

查士丁尼二世（Justinian Ⅱ，685—695 年，705—711 年两度在位）为军队大量引进了斯拉夫人，最臭名昭著的一项计划是俘获许多巴尔干斯拉夫人并将他们作为士兵迁移至东部边境（人数多达 30 000）。[①] 在帝国政策的一次惨痛破产中，这些军队的大部于塞巴斯托波利斯（Sebastopolis，即奇里乞亚的塞巴斯）会战叛逃向了阿拉伯人，导致了拜占庭的溃败。[li]

米海尔二世统治时期（820—829 年在位），安纳托利亚军区的同盟者图玛希（军团）在"斯拉夫人"托马斯（Thomas the Slav）领导下发生了叛乱，据说其麾下部队包含了将近一打的不同民族（插图 3.3）。托马斯本人则在学院禁卫军司令"突厥人"巴尔达涅斯

---

① 查士丁尼二世在 688—689 年大败马其顿地区的保加尔人，因此抓获了可观的俘虏。译注。

(Bardanes Tourkos，他很可能是可萨人 ①）旗下效力。狄奥斐卢斯提升了外国人在塔格玛和宫廷卫队中的分量；840 年后，名为"皇家骑兵"的部队至少一部分兵员为来自俄罗斯草原南部帝国的突厥可萨人雇佣军以及帕加诺伊人（Pharganoi，中亚费尔干纳河谷的伊朗或突厥居民）。[lii] 有时，逃离哈里发政权的外来移民，例如投奔狄奥斐卢斯的波斯人和 10 世纪的阿拉伯哈比卜家族 ②（Banu Habib），为军区和作战临时增加了兵力。不过，黑暗时代及拜占庭帝国中期，最丰饶的征兵地当属亚美尼亚。亚美尼亚人是安纳托利亚行伍的重要组成部分，他们的很多指挥官都晋升军界高位。[liii] 他们与本土罗马人 ③ 共同构成了 7—11 世纪军队的主干。

11 世纪，外籍部队持续增加。988 年巴西尔二世统治时期，基辅派出了 6 000 罗斯人以帮助皇帝平息安纳托利亚军阀福卡斯的严重叛乱——瓦兰吉卫队作为宫廷护卫突然登上了舞台。④ 至 1034 年，瓦兰吉人已组成了固定的宫廷与皇室卫队，取代了前文提及的旧编制。瓦

---

① 可萨人（Khazars），又译哈扎尔人，是一个活动于东南欧和西亚的突厥语半游牧民族，并在 650—969 年间形成了自己的可萨汗国。译注。

② 935 年，哈比卜家族因与当地统治者（属于塔格利卜部落）不和，率领 12 000 部众投奔拜占庭，并受到了拜占庭政府的安抚及重用。之后，哈比卜家族几乎每年都越过边境对穆斯林政权发动袭扰。译注。

③ 注意这里的"罗马人"主要是拜占庭帝国境内说希腊语的居民，而非意大利半岛说拉丁语的居民。译注。

④ 瓦兰吉卫队的早期成员主要是来自基辅罗斯的罗斯人（北欧诺曼人后裔），巴西尔二世之前罗斯人便已经在拜占庭军中服役。988 年改信东正教的基辅大公弗拉基米尔一世根据协议向拜占庭提供了 6 000 名士兵。这批罗斯人忠心耿耿，骁勇善战，获得巴西尔二世重用，从而组建了新的禁卫军——瓦兰吉卫队。译注。

兰吉卫队以对皇帝忠贞不贰著称，也因此获得了丰厚的回报；一位瓦兰吉人"无情者"哈拉尔⑤（Harald Hardrada）很大程度上倚仗在东方效力时积累的战利品买下了挪威王冠，服役拜占庭军队所获之丰可见一斑。虽然瓦兰吉人主要从基辅罗斯征召，但也有许多斯堪的纳维亚人。1066 年以后⑥（尤其是 1080 年后），卫队中也出现了大批盎格鲁－撒克逊人（瓦兰吉卫队）。[liv]

　　11 世纪末，随着突厥人占据了大片安纳托利亚高原，阿莱克修斯一世·科穆宁及其继任者面临失去帝国主要兵源地的局面。科穆宁王朝因此转向帝国的欧洲核心区——色雷斯、马其顿、希腊西部的伊庇鲁斯（Epiros）。然而，对外国人的依赖变得越发明显；阿莱克修斯将许多诺曼人征召入伍——当皇帝向教皇格列高利七世求援时，他魂牵梦绕的正是此类重装的优秀骑兵。这一请求催生了第一次十字军东征（1095—1099 年），诺曼冒险家们作为东征前锋进入了黎凡特。在阿莱克修斯对抗诺曼人与佩切涅格人的战役里，突厥骑兵表现

---

⑤　全名哈拉尔·西古德松（Harald Sigurdsson，约 1015—1066），挪威国王奥拉夫二世为其同母异父兄长。1030 年试图夺回王位的奥拉夫二世与丹麦克努特大帝的支持者作战，兵败身亡，随行的哈拉尔逃至基辅罗斯，投靠大公雅罗斯拉夫，随后又加入了拜占庭瓦兰吉卫队。1045 年，他重返挪威，第二年凭借多年积累的财富和战功，迫使侄子马格努斯一世与之共享王位。1047 年马格努斯死后，哈拉尔·西古德松正式成为挪威国王，1066 年在远征英格兰时阵亡。译注。

⑥　1066 年，来自法国北方的诺曼底公爵威廉于黑斯廷斯战役击杀英格兰国王哈罗德二世，同年加冕为英格兰国王，大量法国贵族、骑士在英格兰获得财富和土地。1086 年威廉一世下令完成了《末日审判书》（Domesday Book），对全英格兰进行了详尽的人口、财产普查，以便征税和重新分配土地，这严重危害了本土盎格鲁－撒克逊人的利益，导致他们大量流亡海外，充当佣兵。译注。

突出。阿莱克修斯的将领塔第吉欧斯是个"土科波"[①]（Turkopole，按希腊语则拼写为 Turkopouloi，意为"突厥之子"），他曾为改信基督教的突厥雇佣兵，后晋升为皇帝的核心圈子成员。1081 年，塔第吉欧斯指挥瓦达瑞泰军团（Vardariotai）在希腊与诺曼人交战。瓦达瑞泰人可能属于马扎尔人，定居于瓦尔达尔河（Vardar River，在现代马其顿西部，邻近塞尔维亚边境），在塞尔维亚人于 13 世纪征服该地前一直提供兵员——此后，瓦达瑞泰军团依旧作为宫廷卫队存在，大概由其他外国人组成。他们是弓骑兵或轻骑兵，身着特色红装并携带马鞭。

1091 年，阿莱克修斯击败突厥佩切涅格人后，便将其安置于帝国内部，并从中征召军队。库曼人（钦察人）联盟在南俄草原、保加利亚取代了佩切涅格人，带来了同样的挑战，可谓亦敌亦友；他们是顶级的骑手和弓手，日后成为了埃及马穆鲁克军团（Mamluk）的主要来源。1241 年，尼西亚帝国（1204 年十字军洗劫君士坦丁堡后崛起的继承政权之一）皇帝约翰八世·瓦塔泽斯（John Ⅷ Vatatzes，1221—1254）[②]在色雷斯安置了 10 000 库曼人；他们堪称既有益又善变的盟友。

巴列奥略王朝时期，帝国连队三分之一的士兵从民族上看来自色雷斯和马其顿。[iv]皇帝们有机会便为本国战士们增补佣兵——例如，

① 土科波作为优秀的骑兵及弓骑兵广泛服役于拜占庭及十字军诸国。医院骑士团、圣殿骑士团甚至将自身雇佣军统帅的官职定为"土科波利尔"（Turcopolier），这一职务在医院骑士团一直保留至马耳他岛时期。译注。
② 原文如此，应为约翰三世·瓦塔泽斯。译注。

安德洛尼卡二世（Andronikos Ⅱ）让 10 000 名阿兰人在色雷斯定居。
"大加泰罗尼亚佣兵团"（Catalan Grand Company）的征募或许最能彰
显拜占庭本国人力、军力的匮乏。1304 年，拜占庭雇佣了 6 000 人的
加泰罗尼亚兵团，在佣兵团长罗歇·德·弗洛（Roger de Flor）率领
下与小亚细亚的突厥人作战。加泰罗尼亚佣兵团事件以灾难收场。帝
国既无金钱犒赏这些无法无天的职业"土匪"，亦无强大军力予以约
束；悲剧以雅典失守告终，加泰罗尼亚人对当地的统治一直延续到
1388 年。

军饷

四帝共治时期，军饷很大程度上以实物发放。这是 3 世纪帝国
恶性通货膨胀的后果。自塞普蒂米乌斯·塞维鲁（Septimius Severus，
193—211 年在位）的时代以来，帝国便征收一种供应军队的实物
税——"军事用品税"（anonna militaris）以及提供牲畜草料的"坎
皮图斯"（capitus）。国家为士兵发放服装、武器、马匹。军饷以"配
给"（annona）计算，每年按照军阶支付。阿纳斯塔修斯（491—518
年在位）之前，每份"配给"价值 4 索币。军官获得多份配给；4—5
世纪军团中的普里梅里乌斯通常得到 5 份配给。戴克里先统治期间，
依然有金钱支付的年饷，但即便客气地说，也谈不上丰厚——大概每
年 7 500 第纳里乌斯[①]（denarii），此外还有赠品以及皇帝登基、皇家

---

① 第纳里乌斯（Denarius，复数形式为 denarii）是一种从公元前 211 年开始发
行的罗马银币，一直使用至 3 世纪末四帝共治时期。最初重量 4.5 克，含
银量在 95% 以上，之后便不断贬值（重量萎缩至 3.4 克）。奥勒良皇帝在
274 年重整了货币，第纳里乌斯重量恢复至 3.9 克，但含银量仅 5%，几乎
蜕变为铜币。因此作者称一年 7 500 第纳里乌斯有些"寒酸"。译注。

节日时额外的犒赏。4 世纪的军饷据估算约相当于 12 索币，另加武器装备。然而到了 5 世纪中期，军饷跌落至仅相当于 9 索币。[lvi] 作为对比参考，同时代埃及的石匠一年大概能挣不到 12 索币。[lvii] 皇帝们在登基和登基周年时，会额外支付一笔"赏钱"[①]（donatives）；尤利安支付了 5 索币外加一磅白银，这是 6 世纪的标准金额。[lviii] 自皇帝继位后，每隔四年发放赏钱，普通士兵每人约 5 索币。然而，时过境迁，通过计算配给中的武器装备我们发现，政府在理论上维持军人战力的情况下，大幅削减了战士们的待遇。既然一名士兵在普通的一年中很难损耗一支长矛或短剑，上述发放的装备的作用令人疑惑；可能这些"补贴"是用来交换食物、饲料的。

在 5 世纪，这套笨拙且容易滥用的以货代款系统被金钱支付取代。4 世纪黄金索币的创立带来的稳定以及帝国经济的复苏，令军饷重新通货化得以实现。阿纳斯塔修斯皇帝似乎将五年一次的"赏钱"扩展至每年发放，并以现金代替武器装备；在他的统治之前，野战军士兵于装备外还能收到约 9 索币。在阿纳斯塔修斯治下，野战军每年获得 20 索币，提升了三分之二；这次加薪可能是为了应对兵员匮乏和军人普遍的潦倒。到了查士丁尼统治之初，野战军军人与一般工人相比，薪酬已经相当优厚了。[lix]

边防军收入要少许多，大约 5 索币外加装备。查士丁尼非洲边防军的薪酬标准留存至今。总督挣得 1 582 索币，骑兵普里梅里乌斯 33 索币，步兵百夫长 20 索币，骑兵队长 16.5 索币，步兵 5 索币，骑兵

---

① 拉丁语拼写为 Donativum，字面含义为"赠品""礼物"。译注。

9 索币。[lx] 甚至如此微薄的军饷最终可能还遭查士丁尼削减，国家只发放边防军装备作为实物配给并为其坐骑提供草料。[lxi] 边境的盟军部队，例如伽珊尼德部落联盟，则收到现金及实物的配给。不过，和机动部队的战友一样，边防军的某些家庭成员享有免税权，可以被豁免徭役（corvée）以及其他一些负担。

为了应对波斯战争带来的财政和军事危机，616 年希拉克略似乎取消了对军服和装备的现金补贴，这相当于减少了一半军饷。政府重新开始为军人发放服装和装备。君士坦斯二世（641—668 年在位）显然再度削减了一半军饷，可能用土地代替失去的薪水，让士兵们得以安身立命。黑暗时代，普通士兵一年的基本收入约为 5 索币。[lxii] 为了对恶劣的薪酬有个了解，我们应该留意，8 世纪的埃及，一名木匠一年可以挣到 16 索币。[lxiii]

至 10 世纪，情况有所改善，以黄金支付的军饷扩大了。9 世纪中期，平均军饷翻倍达到了 10 诺米斯玛塔 ①（nomismata，单数形式为 nomisma，是希腊语对索币的称呼）。一位塔格玛指挥官的薪水为 144 诺米斯玛塔，副将（托波特尔特斯）72 诺米斯玛塔，五十夫长 24 诺米斯玛塔，普通士兵 9 诺米斯玛塔。

10 世纪中期，国家的财政健康状况与诺米斯玛的成色急剧恶化。阿莱克修斯一世用许珀里翁（hyperpon，复数形式许珀皮拉 [hyperpyra]）替代了诺米斯玛，其成色逊于昔日的诺米斯玛和索币。由于此时大部分军人为本国或外国职业佣兵，他们挣的都是现金军

---

① 希腊语原意为"钱"，此处对应索币。译注。

饷和赏钱。有限的资料显示，拜占庭帝国晚期服役的军人报酬丰厚。1272 年，一名小亚细亚的士兵收入达 24—36 许珀皮拉，远高于普通工人，例如厨师、仆役收入为 10 许珀皮拉，医生 16 许珀皮拉。到了 14 世纪，即便通货膨胀更加严重，但付给加泰罗尼亚佣兵的 288 许珀皮拉（纵使他需自购装备）依然令人咋舌。[lxiv]

许多巴列奥略王朝连队的军人服役主要仰仗"普罗尼埃"津贴。这种津贴的起源无从考证，但如同数世纪前将军队安置于军区一样，此举能够将中央政府维持军力的负担转移至各行省。"普罗尼埃"津贴包含从依附的农民获得的税收或租金——这一体系常常被人拿来同西方支撑土地贵族的"封建制"类比。然而，和中世纪西方的安排不同，"普罗尼埃"起初仅归受益人终生享有；至米海尔八世时代它们才变为世袭。和中世纪西方相比，国家依然拥有这些土地并掌控着管理"普罗尼埃"的财政机构。

数百年来，拜占庭人的军队组织持续显现出其罗马军制血脉，但也因帝国面临的战略、战术现实情况而有所改革变通。直到 12 世纪，军队组织结构依然相对保守——倘若 5 个世纪前的摩里士皇帝目睹 11 世纪的军队，他还是能辨别出许多部队及其军官体系。为了应对阿拉伯人给帝国带来的失败，军队的确进行了改革和改编，然而 7 世纪尚未暴露出该体系的彻底破产，因此大部分组织经修修补补后依然延续了下来。通常组织中存在着一种深层指挥体系，军官一直下沉到 4 到 5 名士兵的层级，这无疑保持了军纪，并提供了可观的战术灵活性。

总体而言，国家较好地处理了军人的福祉——服役常常是沉闷、不快和危险的。仅在大厦将倾之际，例如被戴克里先和君士坦丁终止的通货膨胀时代，以及 7 世纪希拉克略面临的军事崩溃，帝国才会紧缩军费。即便势如危卵，现金军饷也从未终止，不过有时它们被用铜币支付或拖欠。既然军事为政府最大的开销，那么它常常也是唯一能节约经费的地方。然而，一旦黑暗时代的危机解除，军饷便爬升至一个远高于多数劳动者的水平。

第四章　装备与后勤

"战争的严酷需求催生了军械师行会（fabricenses），它以一种不朽的方式捍卫着皇帝的旨意。……因为它是武器盔甲和军事装备的行会。

1. 因此，法规要求身怀该技艺之人及其子子孙孙需要鞠躬尽瘁，死而后已。"[i]

上述话语来自狄奥多西二世（Theodosius II，408—450 年在位）编撰的法典[①]，出于许多原因，这行文字令人着迷。引人瞩目的是其赋予了战争以因果力，一种催生了专业匠人行会的创造力。另一个在读者脑海中挥之不去的震撼画面是法令要求工匠操劳到死，并且子承父业。

罗马政权传统上会武装自己的战士并发展出一个广泛的供给网络。和其他古代遗产一样，这些制度演化了数百年，甚至在 7—8 世纪拜占庭的低潮期，供给系统依然运行着（虽然较过去水平有所降低）并且适应了新的防御准则、小规模战斗以及军人驻扎于乡间的新形势。到了 9—10 世纪，拜占庭人寻求更强的进攻力，他们不但实现了这一点，还发展出了将帝国边界向东向北扩张所需的补给能力。

物资的制造和发放

四帝共治时期,"圣库"②（sacrae largitiones）负责发放构成军队基本制服的衬衫、短袍、斗篷。靴子则被当作实物税从本地社区征集。到了 5 世纪战士们通常会拿到一笔现金,用于购买制服,部分原因是皇家亚麻制品始终无法满足衣物订单需求;服装经费的标准似乎是 6 索币。士兵还可选择将其制服经费用在别处,例如 4 世纪埃及军人阿皮翁（Apion）便欣然接受了他所爱的一位阿尔忒弥斯提供的斗篷。ⁱⁱ

国营皇家武器工厂（fabricae）遍布东部,5 世纪记载了 15 座。工厂位于交通要道,邻近原材料资源（例如木材和铁）,并通常毗邻边境。多瑙河防区拥有 6 座工厂:色雷斯的阿德里安堡（今土耳其埃迪尔内）和马西安诺堡是盾牌、武器制造中心。在伊利里库姆辖区有 4 座:奈苏斯（Naissus,现代塞尔维亚西南部城市尼什）、拉蒂亚里亚（Ratiaria,今保加利亚西北部多瑙河畔村庄阿尔恰尔）与塞萨洛尼基拥有兵工厂,而一处盾牌工厂在霍赫姆玛吉③（Horreum Margi,今塞尔维亚中部城镇丘普里亚）。至 539 年君士坦丁堡也建有一座工厂。在小亚细亚西部的亚洲行政区,吕底亚的萨迪斯（Sardis）有一所盔甲盾牌工坊,而本都行政区的尼科美底亚（Nicomedia）有一座

---

① 即著名的《狄奥多西法典》（Codex Theodosianus）。事实上,它是在 429 年由东罗马皇帝狄奥多西二世和西罗马皇帝瓦伦提尼安三世共同下令编撰的,并于 439 年 1 月 1 日正式在东西罗马施行。法典共 16 卷,2 000 多个法条,是公元 4 世纪初罗马基督教化以来的法律集成,具有重大意义。译注。

② 这里的"圣库"相当于罗马帝国晚期的国库,最早出现于君士坦丁大帝统治时代,其部门首领被称作"圣库总管"（Comes sacrarum largitionum）,与之对应的还有"私产总管"（Comes rei privatae）,负责皇家的私库。译注。

③ 拉丁语,字面含义为"摩拉瓦河粮仓"。译注。

综合武器工厂和专为重骑兵生产装备（可能包括马具和马铠）的工厂（clibanaria）。[iii] 卡帕多西亚的凯撒里亚还有一座骑兵装备工厂，此外可能也拥有一处通用军工厂。东部边境地区，伊苏利亚的伊利诺波利斯（Irenopolis，位于今土耳其东南部）有一座长矛工厂（hastaria），而综合军械工厂则位于安条克、埃德萨和大马士革。安条克还拥有一座骑兵装备工厂。从上述模式可以看出，帝国得益于一个经过规划的军备制造网络。令人震惊的是，最初帝国缺乏埃及的兵工厂，不过，由于没有近敌，埃及军队从海路获得安条克或伊利诺波利斯的补给也合情合理。至 6 世纪，亚历山大显然存在武器贸易，查士丁尼的法典中提到此地的非法贸易将遭扼制。国家拥有武器专卖权，若无皇家许可，制造或运输武器都属违法。

执事长官（magister officiorum）监管武器工坊。尽管工匠为平民，他们却被军事化管理。每一组工人由一位护民官或"主管"（praepositus）管理，后者还配备了一名副手。工人收到与士兵一样的配给，常常来自中产阶级。他们被强制持续劳作，大概和军人相同的标准——二十年。晋升基于服务年份，服务满两年能获得"保护者"职衔。每个工人每月需负责完成一定工作量。374 年安条克的条例规定工人每三十天要制造 6 具铜盔并为其他 6 具鎏金。[iv]

虽然诸如拉蒂亚里亚、奈苏斯、霍赫姆玛吉等帝国定居点在公元7 世纪中期遭洗劫后陷落，其他主要中心，如君士坦丁堡、尼科美底亚、塞萨洛尼基，仍未沦没。纵使上述城市于 7 至 8 世纪经历了多次攻击，但无证据表明其武器制造陷于停顿。在首都区，政府以自身的储备供应塔格玛军队的武器和装备。[v]

军区的情形就不容乐观了。616 年希拉克略将军费减半，受此影响，武器装备的配给被撤销；君士坦斯二世于 660 年代再度腰斩军费令形势雪上加霜。[vi] 这种情况下，军队若还想正常运作，国家就必须做出补救。在此之前的 6 世纪，皇家武库以及城市货栈储备着武器，遭受围攻时能向边防军及市民发放或补充战兵的损耗。考虑到证据匮乏，学者们对黑暗时代中央的武器、军服供给问题分歧严重。一方面，亨迪（Hendy）和特雷德戈尔德认为一套可能基于仓储（apotheke）系统的改良后的发放机制依然于军区存在，通过铅印得知，它由"关税专员"（kommerkiarioi，该职务过去与皇家丝绸专卖有关）掌管。士兵们被分配武器或作为替代的铜币，7 世纪中期后则是其名下土地出产的农作物。他们或者在皇家仓库与私人织工、铁匠交易，或者购买皇家武器工厂的库存。另一方面，哈尔东相信国家恢复了戴克里先时期的方法，以税收的方式从乡民中征集武器和衣物，随后在仓库中分发。[vii]

拜占庭时代中期，主要的军工厂位于君士坦丁堡，大概由一名"执政官"（archon）负责武器和"希腊火"的制造，不过，我们对上述工厂的规模、能力、组织一无所知。摩里士在君士坦丁堡毗邻玛格瑙拉宫（Magnaura palace）处兴建了一座皇家兵工厂（armamenta）。君士坦丁五世皇帝被控将一座教堂改建为了武器库或军工厂[①]。科穆宁时代，执政官负责掌握中央财政，武器和其他"禁品"依旧保持国家专卖；政府维持着一定水准的武器制造与分配管控。[viii]

----

① 平心而论，君士坦丁五世是一位有为的皇帝。但由于他任内大力支持圣像破坏运动，和教会矛盾尖锐，后世的拜占庭历史学家对他颇有微词，甚至起绰号"粪名"（Κοπρώνυμος），他的一些正确的政策也遭到了污名化。译注。

兵工厂的情况如何？似乎（虽然并不确定）某种国家供给于各行省依然延续着。没有明确迹象表明主要的武器制造城市（如卡帕多西亚的凯撒里亚）在持续运作。7世纪的改革之后，卡帕多西亚大部分属于安纳托利亚军区，部分由过去摩里士时代精锐的骑兵"同盟团"驻守。他们想必拥有一些随军铁匠以保障维修马蹄铁及装具。安纳托利亚军区冶铁业发达，即便在最衰弱的时期，国家也竭力试图保住这一珍贵资产。守军的需求、可用的原材料以及卡帕多西亚相关制造的历史令其延续不绝的想法更为可信。10世纪文献提到了凯撒里亚的军械工匠，这或许说明在艰难的7、8世纪兵工厂仍在运营。[ix]

到了840年代，军人的现金薪酬恢复至6世纪水准，军队大概再度开始从市场或政府购买装备。在塔格玛驻扎的地区——小亚细亚西部、色雷斯、马其顿，使用城市市场和获取特殊制品不成问题。然而，征用依旧是补给系统的一部分，尤其是对于重大战役而言。塞萨洛尼基可能通过其尚能运作的国家军工厂或从私人手中购买来补给库存，不过，哈尔东倾向于认为军区的补给系统基于国家征用，虽说在某些特定情况下，还是会求助于私人采购，例如萨摩斯①（Samos）的将军用现金紧急支付以支撑其远征。[x]

在10—11世纪，士兵们在军饷以外还会收到一份用于食物、个人装备、坐骑粮草的津贴。这让我们再度回想到昔日戴克里先时代的配给制度，和其祖辈一样，它也被滥用了。13世纪拜占庭历史学家尼基

---

① 萨摩斯是位于爱琴海上的岛屿，邻近小亚细亚西海岸，面积478平方公里，现属于希腊。译注。

塔斯·霍尼亚提斯凭借第四次十字军东征浩劫带来的后见之明，抱怨曼努埃尔一世·科穆宁允许士兵们压榨地方民众：

"他并不知道，将大量钱财倾入那个无底洞实际上削弱了军队并导致罗马行省管理不善。勇士失去了面临危险挺身而出的兴趣，驱动他们的不再是建功立业，而是发家致富。行省居民过去不得不应付帝国税吏，如今又要遭受如狼似虎的军队带来的浩劫，他们不仅被夺走了银钱，被剥下仅剩的短袍，有时还要面对挚爱被掳走。"[xi]

战事打响便会出现大量苛捐杂税，帝国官吏从乡间搜刮新兵、牛车和粮草。1153年，曼努埃尔一世要求其准备攻打匈牙利的军队为皇家营地供应车辆、食物，以便援军抵达时补给能准备就绪；上述储备无疑是通过攫取民脂民膏获得的。[xii] 第二次十字军东征时代，当德意志的康拉德①的军队心怀叵测地兵临首都城下时，曼努埃尔命令皇家骑兵集结于君士坦丁堡，他们在此收到了锁子甲、马匹和现金。[xiii] 因此，我们可以认为，武器的制造和供给在不同时期有着不同变化，不过，即便在繁荣和中央集权的时代，皇帝供应战士的手段都不是单一的，而是私人采购、国家征用和配给的混合。

运输和供给

补给给帝国带来的挑战，即使温和地说，也是重大的。边境远离中枢——东部的阿拉伯边界远在600—800公里之外，到了马其顿王朝皇帝开启的扩张期结束时又将近翻倍，而西部边界上抵多瑙河，

---

① 即罗马人民的国王康拉德三世（Konrad Ⅲ，1093—1152）。译注。

延伸 600 公里。^{xiv} 罗马 6 世纪的后勤组织在禁卫军长官（Praetorian prefect）的执掌下设法维持了一支大规模常备军及守军，他们散布在从崎岖的巴尔干、多雪的亚美尼亚到阿拉伯、西奈荒漠广袤的东地中海新月地带上。装备、供应、保持一支超过 50 万人的军队绝非易事。到了黑暗时代，可用的资源以及帝国的战略现实让补给更加本地化，坐骑和武器通过私人或国家渠道从部队周边区域获取。根据利奥六世皇帝的记载，因为大雪封山数月，那些驻守在亚美尼亚和安纳托利亚山区的部队难以于冬季领取补给。当地军队必须在温暖月份储备大量物资并常常处于孤立状态，静候与上级恢复联系。^{xv}

自始至终，帝国维持了一张将首都与各行省串联起来的道路网。西部的主动脉是埃格纳提亚大道（Via Egnatia，参见地图 1）。该路线从帝国第二大城市塞萨洛尼基经马其顿的培拉（Pella）、埃泽萨（Edessa）、赫拉克雷亚－林恩克斯蒂斯（Heraclea Lyncestis）、奥赫里德（Ohrid）抵达两个终点——都拉基乌姆和阿波罗尼亚（Apollonia）。直到中世纪末期，这条路线仍在持续使用并因此获得了维护。北部干线是建于 1 世纪的米利塔里斯大道（Via Militaris），它途经阿德里安堡、腓力波波利斯 ①（Philippopolis）、塞迪卡 ②（Serdica）、奈苏斯抵达多瑙河畔位于今塞尔维亚东部的费米拉孔 ③（Viminacium），让君士坦丁堡与多瑙河西部相连。最近的考古工作

---

① 今保加利亚第二大城市普罗夫迪夫（Plovdiv），是色雷斯地区历史极为悠久的名城，其希腊语名源于亚历山大大帝之父、马其顿国王腓力二世。译注。
② 即现代的保加利亚首都索菲亚。译注。
③ 费米拉孔为罗马上默西亚行省首府。译注。

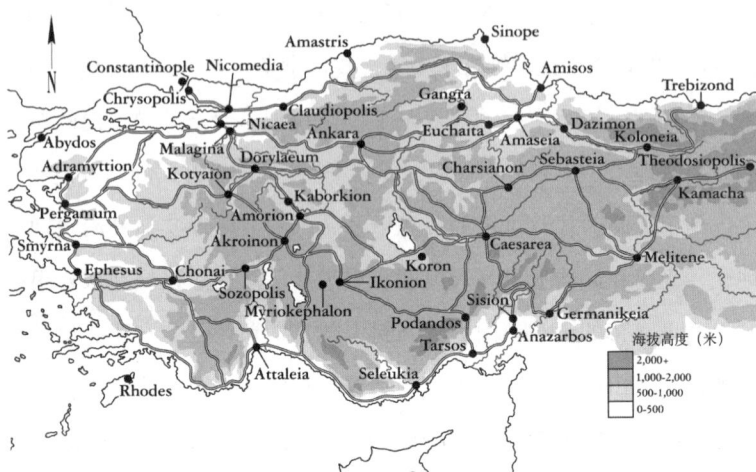

地图 11　安纳托利亚道路网

显示米利塔里斯大道由硕大、经过精心打磨的石块建造，道路宽达
8 米（26 英尺）。第三条路线紧邻海岸，它从君士坦丁堡出发，沿
黑海经安希亚洛斯、墨森布里亚（Mesembria，今保加利亚内塞伯
尔）、奥德索斯（Odessos，今保加利亚瓦尔纳），最终到达多瑙河畔
的诺维奥杜努姆（Noviodunum，今罗马尼亚伊萨克恰）。

　　东部交通线（参见地图 11、6）由一系列发自首都对岸的路线构
成。阿拜多斯①（Abydos）是一座关键的运输枢纽和海关停航点，流
向首都的货物在此管理、征税，它还是东征军队集结的中途站。从小

――――――――――――

① 位于今土耳其城市恰纳卡莱东北约 2 公里处，历史上曾是达达尼尔海峡亚
　洲一侧最优良的港口。公元前 480 年波斯国王薛西斯一世曾在此搭建浮桥
　入侵希腊，而亚历山大大帝东征时也曾象征性地朝阿拜多斯掷出一根标枪，
　表明亚洲从此属于自己。译注。

亚细亚西端阿拜多斯发出的路线连通了沿海平原的富庶城市如帕加马（Pergamum）和以弗所（Ephesus）。从克里索波利斯[①]（Chrysopolis）还延伸出一条主干道，它穿越小亚细亚的平原、山地，通过尼科美底亚进入高原，直抵安卡拉。在安卡拉道路分为两支——北线穿越高地丘陵经加拉提亚、卡帕多西亚、塞巴斯蒂亚（Sebasteia，即锡瓦斯）至塞奥多西奥波利斯；此处，一条由北向南的路线将幼发拉底河畔的梅利泰内与其他边境驻防城市以及叙利亚的安条克连接在一起。发自安卡拉的安纳托利亚南线主干道则穿过高原来到卡帕多西亚的凯撒里亚，随后向南分叉，借古老的奇里乞亚山口（Cilician Gates）穿过托罗斯山脉来到奇里乞亚平原，最终抵达安条克。帝国早期，以及拜占庭在 10 世纪重新掌控叙利亚之际，安条克一度是交通枢纽，连接两条主要的南北向军事路线——马里斯大道（Via Maris）以及通往红海的沙漠路线。其中的马里斯大道遵循了过去非利士人沿着地中海海岸的道路，将繁荣、重要的腓尼基海港和加沙相连，最终穿越西奈半岛和尼罗河三角洲来到亚历山大（Alexandria）。更东边的一条路线从安条克出发，往南经拉法尼亚[②]（Raphanea）通向阿拉伯边境的荒漠草原城市布斯拉（Bostra），再经过深陷的裂谷来到红海边的艾拉[③]（Aila）。从布斯拉至幼发拉底河，有一条外线军路——戴克里先大道（Strata Diocletiana，地图 4），它沿着叙利亚沙漠的边缘经大马士革通往巴尔

---

① 今土耳其伊斯坦布尔的于斯屈达尔（Üsküdar），位于博斯普鲁斯海峡的安纳托利亚一侧，正对欧洲一侧的艾米诺努区。译注。
② 拉法尼亚为罗马叙利亚行省西部城市，历史上曾为第三"高卢"军团总部所在地。译注。
③ 即现代约旦唯一的港口亚喀巴（Aqaba）。译注。

米拉（Palmyra）。上述主要道路之外，还有许多大小路线，后者通常并不适合运送军队和补给。根据法律，小型公共道路在旷野中必须宽至 8 英尺，复杂地形下需宽达 16 英尺；以上宽度要求即便得到遵守，对于大军开拔依旧作用有限。

要粗略了解主要军用道路沿线配置情况，一个范本便是四帝共治时代勒琼①（el-Lejjun）的军团驻地，它毗邻"图拉真新路"（Via Traiana Nova，这一军用大路后来被纳入了戴克里先大道）。勒琼是一座长 240 米、宽 190 米、占地 4 公顷的堡垒。它大约建于戴克里先统治时期，十分雄伟，俨然是沙漠中皇权的象征，不过也扮演着前哨、基地和后勤节点的角色。[xvi] 尽管帝国为这些位于勒琼和附近乌德鲁（Udhruh）的大型要塞倾注了心血，但它们驻守的时间均不长——4 世纪末便遭到放弃，很可能是一场破坏性地震的后果。查士丁尼统治时代帝国在叙利亚大兴土木，包括新建、修缮界墙②（limes）的堡垒，例如安德罗纳（Androna，现代叙利亚的安达林）的要塞（kastron），那里至今还保留着一处根据铭文建于 558 年的城寨。安德罗纳要塞每边长约 80 米，以打磨过的大块玄武岩构筑。它护卫着一座大型村庄及沙漠边缘的农业区。望楼（类似于我们在塔鲁提亚－恩佩罗 [Taroutia Emperon] 皇庄和补给点附近的克勒廷 [Kerratin] 看到的那座）边长不超过 10 米，但由精良的玄武岩方石建造并具有坚固的斜

---

① 位于约旦西部，其罗马名为 Betthorus，历史上曾是第四马提雅军团的驻地。译注。

② 罗马人沿边界修筑的防御工事，亦称"罗马长城"，最著名的代表为英国北部的哈德良长城。译注。

面，这表明它绝非普通、私人的瞭望塔。[xvii]

皇家邮递系统支撑着帝国的通联，包含快速的命令传达和慢速的人员、物资输送。君士坦丁之后，邮递系统（dromos）被分为了针对官员和紧急商务的"快件"和针对重型货物的"标准件"，后者主要是以牛车运送大宗的实物税、金银、国家订购的初级产品和成品。沿着主要路线帝国维持着诸多驿站（拉丁语 mansiones，希腊语 stathmoi），"快件"换马，"标准件"换驮兽与牛车。尽管穆斯林入侵及军队重新部署后常规邮递的命运不甚明朗，但邮政机构无疑得到了延续，养护道路与为驿站供应粮草（有时还包括牲畜）的徭役也继续保留。至 11 世纪末期，由于大部分支撑皇家馆舍（mitata，单数形式 mitaton）、马场、地产的土地陷入突厥人之手，邮递系统遭受重创。然而，科穆宁王朝必然继续仰仗着残存的邮递系统，抑或至少延续了行之有年的征税的做法，以便能够在小亚细亚各地运输其大型的攻城器械车队。约翰二世至曼努埃尔一世统治期间，拜占庭人尤其依赖重型武器，当时硕大笨重的重力投石机为拜占庭军械库的重要组成部分，而攻城战又是帝国战略战术的基石。

斯塔瑟穆[①]（stathmoi）邮递系统通常以一日或半日脚程划分间隔。一位 4 世纪前往圣地的朝圣者伊格莉娅（Egeria）留下了关于其旅程的记载。据她讲述，罗马军队沿着从红海海滨的克莱斯马（Clysma）至西奈半岛内陆的路线一站一站地伴随着朝圣者车队。除了堡垒，这

---

① 希腊语的拉丁字母拼写，单数形式为 stathmos，字面含义是"一日的行军"。译注。

些路线还拥有馆舍，在某些方面它的服务类似于商业客栈，但其他方面又是军事设施。帝国马拉吉纳（Malagina）马场的设施也被提到用作馆舍，在拜占庭历史中期和晚期，这一术语也用来指代为战士提供住宿的职责，表明它无疑具备军事、后勤功能。虽然我们不知道馆舍典型的样貌（如果存在典型设计的话），但我们可以想象这是马厩、营房和仓库的集合体。在阿拉伯征服前的叙利亚，有几处馆舍通过碑铭被记录下来，例如重要城市阿帕梅亚（Apamea）城外的戴尔－索莱布（Deir Soleib），以及伊庇法尼亚（Epiphaneia，即哈马）南部的拉法尼亚——第三"高卢"军团（Legio III Gallica）4 世纪（或许之后）驻扎于此。^{xviii}

到了黑暗时代，国家仓库或仓储（apotheke）的功能是收集实物税，其中部分用于供给军队。它们很可能与馆舍或邮递系统共用路边的场站或位于皇庄（那里可进行生产劳动）内。早在 5 世纪，术语"仓储"便可能在小亚细亚用于指代地区军事仓库；弗里吉亚有一块早期的碑铭出现了"仓储官"（apothekarios）一词。^{xix}"仓储"是一套会计系统和实物仓库网络，除了其他货物，它也用于管理军事储备。此外，还有被称作 aplekton（复数形式 aplekta）的行军营分布于军队开拔的主干道沿线，为他们提供补给。其中最负盛名的当属位于富饶的萨卡里亚河^①（Sangarios River）河谷的马拉吉纳的皇家马场和仓库。马拉吉纳是当地皇庄的中心，饲养着大量御马、军马和邮政马

---

① 萨卡里亚河位于小亚细亚，贯穿弗里吉亚地区向北注入黑海，全长 824 公里，是当代土耳其第三长的河流。译注。

匹。至少从 8 世纪起，马拉吉纳便充当着安纳托利亚军区、色雷斯西亚军区、奥普西金军区的集结点。[xx]

我们只有一支纯后勤部队奥普提马顿①（Optimatoi）军团的详细资料，它负责为帝国征战及部队开赴前线提供补给支援。6 世纪时，该部队为精锐的骑兵军团，由哥特人或其后裔组成，但它沦为了君士坦丁五世拆分奥普西金军区的牺牲品，被改制成步兵护卫及支援部队。该后勤部队总部设于君士坦丁堡对岸小亚细亚的尼科美底亚。其 4 000 士兵装备骡子和其他驮兽以便运输军用补给。关于奥普提马顿军团的运力和部署，我们可通过君士坦丁七世关于远征的著作管中窥豹——他记载道，仅运送皇家辎重便需 1 086 头骡子，外加作为贡品（或来自皇家马场）的 30 匹带鞍骏马。[xxi]奥普提马顿还要在作战期间为塔格玛部队运送辎重。到了 10 世纪，重步兵军团每两名战士被分配一头骡子用于驮运其盾牌、长矛和口粮。[xxii]即便携带了上述物资，辎重队及其参与远征军的大量人员每天还需寻觅合适地点宿营，这拖慢了行军速度。10 世纪一支部队每天急行军最多 16 英里（25.7 公里），每天 12 英里恐怕更为常见；不过，扔下辎重或步兵的军队，其进军速度显然能够翻倍。[xxiii]

当皇帝的军队准备出征时，皇帝及其心腹决定开拔路线、作战目标和规模，随后在部队集结前向各地人民发布命令。这让官员们得以购买军队所需的粮食、装备并存放于预定路线的沿途仓库，或向本地

---

① 该部队成立于提比略二世（574—582 年在位）统治时代，8 世纪改制后成立了相应的奥普提马顿军区。译注。

人征集物资。军队所需常常从地方财政储备实物税的货栈中调取。保存至今的 10 世纪库存清单让我们得知，帝国远征规划涉及了多个国家部门，不仅使用大量金银储备，还要求内陆军区土地提供粮草以及诸如制帆、制衣的原料。[xxiv] 哈尔东已经展示了 10 世纪远征军的需求有多么惊人：他估计 15 000 人的军队行军两周（或最多三周），仅满足士兵口粮便要 634 500 磅（约 288 400 公斤）谷物，这一数字不包括饮水、葡萄酒、其他食物（例如油脂）以及马匹的草料。[xxv] 一旦深入敌境，上述需求至少可部分通过因粮于敌或商购（商人们常常供给军队）得到满足，但纵使如此，任何大型军事行动对国家、国民的负担都是沉重的。

装备

服装

士兵的基本服饰为一种山羊毛、粗羊毛或亚麻织成的束腰短袍（tunic）。从西西里的皮亚扎-阿尔梅里纳（Piazza Armerina）罗马晚期别墅 [①] 的马赛克画及其他图画证据（例如狩猎场景），我们得知上述短袍在肩部、胸部常常刺绣着圆形"奖章"一样的纹饰。至 6 世纪末，这种哥特风格短袍成为罗马标准军服的一部分；它长于传统罗马版本，直达膝盖。到了罗马时代晚期，半长裤（breeches）似乎变得司空见惯了。羊毛绑腿（通常系带）也成了常规穿着。士兵们的鞋子

---

① 即卡萨尔的古罗马别墅（Villa Romana del Casale），位于皮亚扎-阿尔梅里纳郊外 5 公里处，保留了大量珍贵壁画，1997 年被列入世界文化遗产。译注。

（kampagia，源自拉丁语 campagus）是一种高帮露趾系带凉鞋。在帝国历史中，高帮黑皮靴（krepides/hyopdemata）变得越来越普遍，而高级官员更青睐白皮长靴。[xxvi] 羊毛或亚麻绑腿对小腿提供了一定保护，其装饰图案常常模仿萨珊丝绸的样式。装备最重型铠甲之人的腿部覆盖了护胫套和鳞甲、链甲的绑腿。为了应对恶劣天气，士兵们被要求穿上及膝的重型斗篷（sagum 或 gouna），它宽大到足以容下全甲全武装的骑兵（包括他的弓箭）。[xxvii] 这些重型斗篷能为战士提供伪装——它们通常是灰色的，并且根据《战略》记载，提供了对箭矢的额外防护。同一记载还指出，许多步兵参战时并无盔甲防护（仅精英部队能够拥有），然而他们依旧以重步兵密集方阵队形战斗。

至拜占庭中期，克雷马斯玛塔（kremasmata）——一种絮棉加衬穿于盔下的"裙子"——成为了常规服饰。这类服装位于腰下，骑马时可保护骑手的双腿。还有一种名为卡巴迪翁（kabadion）的类似服装，它源于伊朗，长款，正面系扣。卡巴迪翁为在腰部有一条开缝的裙子，可以保护骑手腿部以及马背。[xxviii]

《战略》记载，骑兵拥有马鞍和厚厚的马鞍布，马鞍袋足以容纳 4 天口粮。马鞍可能前方高耸，后部则有凸起的鞍桥（鞍尾）以提供稳定性。骑兵部队携带一根套索，这源于草原民族，从 4 世纪起他们对罗马武备的影响与日俱增。[xxix]

手册也谈到了作为军队一分子的辎重队。《战略》的作者指示，每辆轻型牛车应携带一台手磨，斧头、小斧、锛子若干，两把鹤嘴锄，一把锤子，一把长柄镰刀，铲子、篮子和蒺藜若干。每个阿里斯莫斯的武器由独立的货车装载。[xxx] 驮马也是标准辎重队的一部分，它们可从主要补给车队中分离出来，伴随高机动部队，大概为每个班携带 8—10 天口粮。手册强调补给车队要携带备用军备，例如替每次战役准备额外的弓弦和弓箭；尼基弗鲁斯·乌拉诺斯[①]（Nikephoros Ouranos，约 950—1011）规定骡马要为每个师携带 15 000 支箭，而每场战役准备的总数为 100 000—200 000。[xxxi]

盔甲

依据其用途，罗马部队使用的装备可谓五花八门。由于没有那个年代的考古实物证据，肌肉型胸甲是否沿用至 7 世纪已不得而知。4 世纪及之后的军团有多少重甲、重装备，多大程度上制式统一，存在颇多争议。不同于共和国与元首制时代的军团，4—6 世纪的军队见证了其甲胄的降级。哈尔东认为军中只有打头阵的士兵装备了全套护具。[xxxii]。5 世纪作家维盖提乌斯[②]记载说，罗马对抗蛮族失利的原因之一为他们不再身披重甲了：

"虽然幸亏哥特人、阿兰人、匈人的言传身教令骑兵武器有所精进，但众所周知，步兵却不披甲了……我方战士头、胸失去了防护，因此常在交战中被哥特人大量的弓箭手所摧毁。即便经历了如此多挫折，即便如此多的城市遭受洗劫，然而无人殚精竭虑地去为步兵恢复鳞甲或头盔。"[xxxiii]

这仅仅部分属实。当每个军团士兵均拥有环片甲（lorica segmentata,

---

① 尼基弗鲁斯·乌拉诺斯为巴西尔二世时期的宠臣和高级将领，撰有兵书《战术》（*Taktika*）存世。译注。

② 原文如此。维盖提乌斯的确切生卒年已不可考，但一般认为其代表作《论军事》完成于 4 世纪末。译注。

这也是好莱坞电影中著名的胸甲）的时代于 3 世纪终结后，机动野战军似乎拥有超越许多对手的重甲与重武装。[xxxiv] 不过确实存在步兵防护的下降，尤其是阿德里安堡的灾难之后，当地损失的海量装备是难以弥补的。最昂贵、最不易补充的装备是精英步兵及禁卫军的链甲衣，因为这种"外套"需要技艺精湛的铁匠和许多工时。许多装备的丧失仅仅源于退役年限而非战损，强调骑兵战术也损害了步兵的武备。

《战略》能让我们对 6 世纪末、7 世纪初军官、精英步兵、骑兵的装备一窥究竟：

"他们应该装备到达脚踝、拥有兜帽的链甲衣，以皮带、皮环打包装箱；顶端装饰羽毛的头盔，适合个人力量的弓箭……备用弓弦装入鞍袋；箭袋内有 30 或 40 支箭矢；肩带上挂着小锉刀和锥子；阿瓦尔样式带三角旗的长矛，矛杆中部有皮带；剑，以及阿瓦尔样式的护颈，外面为亚麻流苏，内侧为羊毛。"[xxxv]

大部分普通步兵似乎身披一件重型毛毡软甲（thoracomachus，加内衬的外套）。[xxxvi]《兵事》（一部 4 世纪就军事向皇帝提供建议的著作）的作者指出，毛毡软甲应覆盖一层做工精良的非洲皮革，以便在雨天让战士们不至于沦为"落汤鸡"。[xxxvii] 既然链甲的重量主要由肩部承受，那么毛毡软甲就能让使用者免受链甲带来的擦伤，同时对于剑和箭矢的冲击、穿刺以及锤矛、棍棒的钝击可提供较之链甲更充分的防护。

加衬芯的外套"卡巴迪翁"源自波斯长袍（kaftan）。它在大腿根部分衩至膝，是中期最常见的基本防护样式。卡巴迪翁是一种牢固加衬的衣服，其袖子在腋窝处开缝；不需要时，袖子可扣在背部。重型卡巴迪翁被用作重甲军队的内衣或轻甲士兵的唯一防护衣。当它以粗罗（coarse silk）制成时，可提供一定保护（尤其对弓箭）。

链甲

《战略》一书写道，步兵部队装备逊于骑兵，只有头两列步卒拥有全套盔甲，堪称装备完善的重步兵。4—6 世纪的重步兵身着链甲衣（cataphracta，希腊语 zaba），它发展自旧式的哈马塔盔甲（lorica hamata）——一种由铁丝和铆接铁环（或以铁片冲压的铁环）复合构成的链甲衫。链甲可单独使用，亦可混合其他护甲如板甲、鳞甲等，对于护腿和长袖而言因其柔韧性是更好的选择。科伊夫帽[①]（coif）对颈部提供保护，类似萨珊人的面具也被装备最精良的拜占庭军队采用。（插图 4.1）6 世纪历史学家阿加提阿斯（Agathias，约去世于 594 年）描述了前排士兵的链甲直达脚部，同一时期艺术作品中也展现了长至脚踝的链甲。[xxxviii] 到了 6 世纪末，《战略》提到的甲衣通常为一种到脚踝的链甲外套。链甲对于刀剑类劈砍武器的防护是最有效的，虽然它也能吸收一些来自长矛或弓箭的穿刺伤害。现代实验证明，链甲能够成功抵御多支箭矢的攻击——就算甲衣被穿透，铁环破损，披甲者也未必会受到伤害；即便这只是有限的实验，上述结果依然显示，某些加内衬的链甲对中世纪的破甲箭（bodkin-piercing arrows）具备充足的抵御力。[xxxix]

实验考古学还揭示，链甲制造所需的技艺更接近于珠宝工匠而

---

① 科伊夫帽是从 10 世纪起在欧洲流行的一种包裹头顶、头后、侧面的帽子，男女通用，十分流行，一般为亚麻材质。但本文所说军人使用的科伊夫帽应为链甲制成，是盔甲的一部分。译注。

非铁匠的手法，因为铁环的直径通常约为 12 毫米，最小的仅 3 毫米。现存样本体现出一种高度的精准和标准化。优良品质的链甲需将铁环微微锤平以提升其硬度，随后将它们按照间距铆接在一起形成"织物"。一件链甲胸衣至少包含 12 000 枚铆接的铁环，制造一流的链甲衣需要大约 4 800 个工时（工作 1.3 年）。摩里士的 20 支塔格玛构成了 6 000 人的军队，其中大概拥有 1 240 名重甲士兵，虽然未必所有重甲兵都披链甲，可倘若如此，两排阵线就需要 1 240 件链甲衣。制造这些盔甲差不多要耗费 1 600 个人工年。即使数量减半，链甲衣的生产依然是费时和昂贵的。尽管生产链甲似乎较最顶级的札甲（lamellar，下文讨论）便宜，但依旧价值不菲。生产一流护甲需要集中大量资源，随着国家资源的衰颓也必然走向没落。

装备、维持重装骑兵、步兵所需的基础设施、熟练工储备以及原材料容易受到经济、军事崩溃带来的伤害。艰难时期的军事损失、损耗和熟练工减少意味着可用盔甲立竿见影的衰颓，尤其在"黑暗时代"（7—9 世纪）。尽管如此，在整个帝国历史中，链甲似乎一直在通用。链甲适应炎热气候的优点，相对简单的制造（只要持续投入时间）以及对拜占庭敌人常见的投射武器、轻武器良好的抵御效力使它成为了一种合理的护具。

插图 4.1　7 世纪身穿链甲衣的拜占庭步兵（大都会艺术博物馆）

鳞甲与札甲

在罗马政权出现之前，鳞甲（scale armor）在东方已有漫长的使用历史，并为早期帝国提供了环片甲以外的另一选择。鳞甲是由依附在织物底衬上铜、皮革或铁制的小鳞片重叠而成的（插图 4.2）。奥勒良皇帝（270—275 年在位）的钱币清晰地展现了这种盔甲。鳞甲残片主要在西罗马出土，显示其装备的广泛。阿米阿努斯·马尔切利努斯留下了一份关于 363 年一场战役的生动记录，当时波斯重骑兵正身

插图 4.2 《亚历山大罗曼史》（*Alexander Romance*）抄本细节中展现的拜占庭中期军队的鳞甲（前排最左侧）和札甲（前排左 2）（威尼斯，拜占庭及后拜占庭希腊研究学会）

披上述铠甲：

"此外，所有的骑兵皆披挂覆盖全身的厚鳞甲，连四肢关节部分都相当合身；面具形状也工艺精湛地贴合头部，由于全身披甲，射向他们的弓箭只有通过眼部的小缝才有机会命中。"[xl]

这些劲敌显然给人留下了恐怖的印象，并且从其记述看来，似乎阿米阿努斯过去在罗马军中并未见过这样的士兵。然而，接下来的数百年间，尤其是与北方草原民族（如萨尔马提亚人）接触后，罗马人招募、发展了越来越多的此类骑兵。此类重装骑兵在图拉真柱①（公元 113 年）便已出现，他们披挂全身鳞甲，坐骑也不例外（插图 4.3）。2 世纪克里米亚刻赤（Kerch）的墓穴画描绘了萨尔马提亚人，其中两位步兵便身穿鳞甲衣。《圣日耳曼努斯生平》（*Life of St.Germanus*）中记载了阿兰-萨尔马提亚骑兵，称其为"铁甲骑兵"，并指出他们的全身甲胄影响了罗马人的装

插图 4.3　一份手抄本细节展示的身穿及踝鳞甲的骑兵（威尼斯，拜占庭及后拜占庭希腊研究学会）

---

① 图拉真柱位于罗马图拉真广场，高 38 米，罗马皇帝图拉真为纪念成功征服达契亚而建立。柱身有着大量精美浮雕。译注。

备和战术。[xli]5、6世纪埃及挂毯、木雕也再现了穿着鳞甲的士兵，意味着在同时代艺术家心目中，上述甲胄是司空见惯的标准制式。与链甲、札甲类似，看上去鳞甲在整个帝国历史中都有使用。

到了7世纪，受经常兵戎相见的草原民族影响，罗马人引入了札甲，一种以皮革、骨头或金属薄片（lamellae，复数形式 lamella）缝合制成的盔甲（插图4.4）。鳞甲和札甲在材料和制造技术上十分相似。札甲倾向于用更大块的金属片（主要材质为铁，与之对应的鳞甲则常用铜）打造；尽管有人认为金属片是彼此缝合在一起的，但道森指出这一制造样式不切实际；相反，札甲首先缝制在一块底衬上，以便弯曲身体时不至于折断其连接处。附着在底衬上后，甲片按照圆端在上方端在下成行排列。这种将较大型的金属片（出土于比尔卡[①][Birka]的突厥

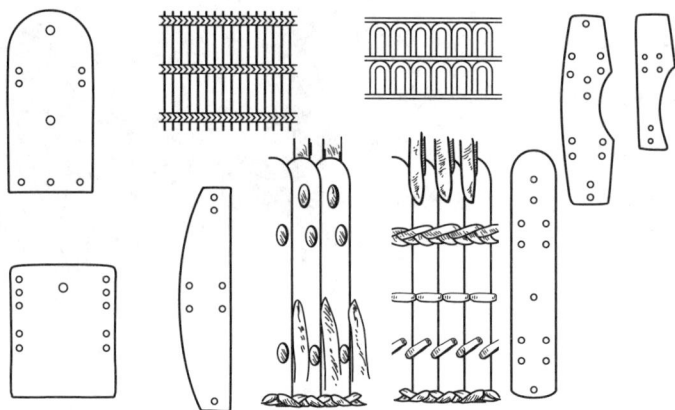

插图 4.4　札甲的零件与结构

---

① 比尔卡位于瑞典比约克岛上，中世纪时期曾经是维京人最重要的商业城市，与东方的拜占庭帝国、阿拉伯帝国都存在贸易往来。译注。

或拜占庭长甲衣的札甲片尺寸在 27 毫米至 100 毫米间［即 1—4 英寸]）固定在厚皮革上的技术产生了一种重型甲衣。重叠的札甲片有效地将防护厚度加倍，而皮革则提供了额外防护。1081 年 10 月，阿莱克修斯一世皇帝在都拉基乌姆遭到诺曼人两面夹攻的时刻展现了这种盔甲的防御性能。骑兵的长矛将皇帝挑落马下，但并未刺穿其盔甲；阿莱克修斯能够砍断长矛，逃出生天，说明矛尖卡在了盔甲内。通过此事，弓箭和其他轻型投射武器无法穿透最顶级的札甲可谓显而易见了。^{xlii}

札甲胸衣（插图 4.5）重量可达 5—6 公斤（11—13 磅），提供了卓越的防护力。拜占庭人发展了一种倒置鳞甲片的技术，肩部甲片圆端在下以便保护肢体。这在一幅阿索斯山圣乔治修道院的滑石画像上有着清晰展现。^{xliii} 以这种样式打造的札甲为骑兵抵御来自下方的攻击（通常是来自步兵矛、剑呈尖锐角度的突刺）提供了改良的防护。和实心板甲片不同，札甲的"复合"性质意味着打击的能量更加均匀地分摊在盔甲表面，有助于减轻对甲胄和甲士的伤害。单片札甲失效也无大碍，即使甲片彼此脱散，它们依旧附着在底衬上，反之亦然。这增强了防御，并降低了频繁修补的需求。札甲科伊夫帽、护腿可能在 6 世纪前后摩里士改革期间广泛流行，当时阿瓦尔人对拜占庭军队有着巨大影响。

插图 4.5　10 世纪末或 11 世纪初俄西俄斯罗卡斯修道院（希腊）壁画中描绘的札甲衣和条板上臂甲

从 10 世纪起，札甲似乎成为了拜占庭军队中最常见的类型。它在同时代艺术作品里屡见不鲜。不过，尽管道森发现普罗科匹厄斯与摩里士均未提及札甲，认为这一明显"缺席"表明 6—10 世纪它没有被罗马军队采用，哈尔东却主张 6 世纪以来它一直存在于帝国历史中。[xliv] 然而，到了帝国晚期，1204 年君士坦丁堡之劫后，士兵们的盔甲越发受到西方影响，札甲恐怕已显颓势。晚期通行的甲衣显然是短链甲衫（Hauberk, hauberjon），长度只到腰部以下，短袖或长袖。一种链颈甲（gorget, gorgeré）保护头颈部。这种短链甲衫有时会穿在突厥-蒙古样式的链甲或札甲胸衣之下。[xlv]

条板甲（splint armor）被用于保护四肢。希腊俄西俄斯罗卡斯修道院（Hosios Loukas monastery）中 10 或 11 世纪的湿壁画展现了一名战士身着可能由硬化皮革铆接而成的条板上臂甲（插图 4.5）的情景。《战略》记载了装备臂甲（cheiromanika）的重骑兵，这大概便是一类木材、骨头或金属制作的条板甲。古典希腊与罗马基于同波斯人、草原游牧民（尤其是阿瓦尔人）交往的经验产生了自己的制式盔甲，而该装备恐怕便反映了其演变。6—7 世纪的纳克森密克罗什宝藏（Treasure of Nagyszentmiklós）包含大批受拜占庭、伊朗和草原影响的金器，其中描绘了一名阿瓦尔或保加尔武士身穿条板前臂甲、条板护胫甲和至膝的链甲衣（插图 4.6）。约翰·斯基利泽斯 [①]（John

---

[①] 约翰·斯基利泽斯为 11 世纪后期拜占庭历史学家，著有《历史大纲》（*Synopsis of Histories*）一书，包含从尼基弗鲁斯一世至米海尔六世之间的历史。本书中提到的插图应来自 12 世纪制作于西西里的版本（即"马德里斯基利泽斯"抄本），包含 500 多幅彩色插图，是相当罕见的中世纪拜占庭史料。译注。

Skylitzes）的 12 世纪历史手抄本插图也刻画了腿甲（可能为札甲或鳞甲）。这些甲胄大约还原了 6、7 世纪拜占庭受阿瓦尔人影响发展而来的骑兵护甲。

《战略》的作者指明护胫甲需穿戴在布绑腿上，并且要尽可能光滑，以便有效偏转投射武器及针对腿部的攻击。它们不宜过分沉重，以免妨碍运动或令士兵精疲力竭，但需足

插图 4.6　纳克森密克罗什宝藏中展现的阿瓦尔或保加尔武士，身穿链甲衣、条板前臂甲、条板护胫甲（布达佩斯博物馆）

够坚固，以抵御战场的伤害。木质护胫甲亦有记载。[xlvi] 对护胫尽量光滑的建议并没有排除条板护胫甲的可能性，但这或许表明，在古典时代较为普遍的模铸金属腿甲（出现在 250 年左右杜拉欧罗普斯[①][Dura-Euopos] 的"穿越红海"[②]壁画上）可能一直沿用至 7 世纪初。在东罗马行省内并未考古发现条板护胫甲，不过在 6 世纪文德尔时期（Vendel Period）瑞典乌普萨拉（Uppsala）加姆拉（Gamla）附近

---

① 杜拉欧罗普斯位于今叙利亚境内幼发拉底河河畔，公元前 300 年左右由塞琉古一世建立，先后被塞琉古帝国、帕提亚帝国和罗马帝国统治。257 年被萨珊帝国攻占后遭废弃，逐渐掩埋于黄沙之下。20 世纪 20—30 年代对它展开考古挖掘后，因遗址保存相对完好，出土了大量文物，被誉为"东方庞贝"。译注。
② 即《圣经·出埃及记》中摩西带领以色列人穿越红海躲过埃及法老追兵的故事。译注。

的瓦尔斯嘉德 ① （Valsgärde）8 号墓葬出土的此类甲胄被认为源自罗马构型。^{xlvii} 到了 10 世纪，大部分士兵身着图比亚（toubia）———一种以羊毛、毛毡或粗罗制成的绑腿。^{xlviii} 腿甲（Chausses）通常为链甲，装备于巴列奥略王朝时期，有时穿戴在护胫和大腿甲（cuisses）之下。法兰克人的影响再度一览无余。

自古典时代末期到中世纪，头盔设计有了相当明显的进化。和拥有倾斜的颈部护甲、由整块铁片或铜片打造的高卢式头盔不同，晚期罗马样式的制造走了捷径。此类头盔（希腊语称 kassis）的典型设计受帝国东部、北部邻居（尤其是萨尔马提亚人和萨珊人）的影响。使用的几种样式包括脊盔（ridge helmet）与分段式头盔（spangenhelm）。^{xlix} 小型的卡西斯式头盔通过死海地区出土文物而为人所知。分段式头盔（插图 4.7）借助金属箍将 4 至 6 块金属片聚拢至头盔中部，通常还带有突出的护颊及繁复的装饰。脊盔由两瓣金属聚合而成，中线的金属脊常常还会插入冠羽（插图 4.8）。这些头盔常常具有高帽檐。上述变化体现了帝国在努力适应与装备精良的邻居们交战，其技术可和罗马匹敌，甚至超越了罗马；此外还有四帝共治时代军队扩编对工业产能提升的需求。多片拼接的头盔对技巧、时间要求较低，且依旧能提供足够的防护力。一个头盔演进的有趣样本来自 8 世纪约旦河谷的阿拉伯庄园希尔拜玛菲亚尔 ②（Khirbat al-Mafjar），那

---

① 1920 年代在瑞典瓦尔斯嘉德农场发掘出土了大批文德尔时代（550—793）的贵族墓葬（多为船墓），其中包括许多工艺精湛的武器盔甲。译注。
② 该考古遗址又被称作沙姆宫（Hisham's Palace），由宫殿区、公共浴池和农庄三部分组成，译注。

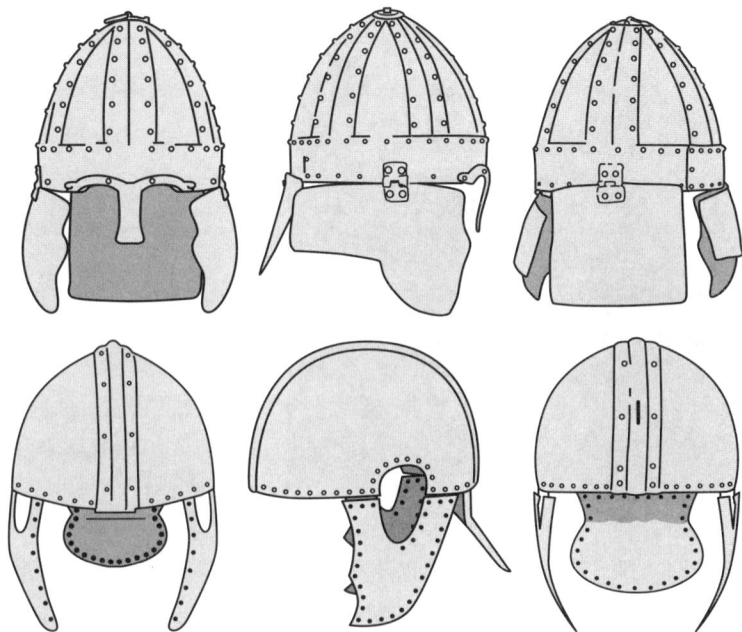

插图 4.7　（上方）分段式头盔样式，源自詹姆士（1965）
插图 4.8　（下方），脊盔样式，源自詹姆士（1965）

里描绘了一名拜占庭弓手佩戴着锅状铁盔（kettle-type helmet）——具有圆锥形盔顶和宽阔的帽檐（插图 4.9）。[1] 至 12 世纪，锅状铁盔普遍加装了链甲头巾。锅状铁盔拥有平坦或带角度的帽檐，通常还有头罩（aventail，皮革或链甲制成，悬挂于头盔后部用于保护颈部）。

盾牌（skouta）为战士最重要的身体护具。和头盔一道，它构成了轻装

插图 4.9　锅状铁盔样式，与希尔拜玛菲亚尔展出的类似

插图 4.10　西西里皮亚扎–阿尔梅里纳中 4 世纪马赛克画展现的蛋形盾

部队基本的防护。盾牌中凸，以木板制作，覆盖着彩色标识（插图 4.10）。背面固定着绳柄，并有一条肩带让手臂得以通过。盾牌典型尺寸为 0.75—0.9 米（2.5—3 英尺）宽，0.9—1.1 米（35—43 英寸）长，而弓骑兵使用更小型的盾牌（类似于后来的小圆盾）。[li] 拜占庭人发展出了常见的水滴形盾牌（上圆下尖），它更易于在马上使用，因为对骑兵而言，尖底较圆底或卵形底部更容易靠在左侧。[lii] 在此后的数百年里，或许是由于法兰克人的影响，他们采用了平顶帆形盾牌，不过各式水滴形盾牌依然最为常见。

武器

近战武器

在帝国历史中，两支主要的武装——步兵和骑兵，均装备了各式各样的武器。个人装备部分取决于其角色是轻步兵、重步兵抑或轻骑兵、重骑兵；不过，基本装备有相当部分是重合的，矛与剑构成了战阵的标准武器。它们获得了一些次武器、第三武器的补充。将古典时代晚期东帝国步兵视为纯剑士恐怕并不妥当。晚期罗马军团的主武器已改为了长矛（hasta，希腊语 kontarion），它长 2.5 米（正好超过 8 英尺），由铁质矛尖、木矛杆和枪尾钉（butt spike）组成。矛杆和骑枪杆通常以欧洲山茱萸（cornelian cherry，这也是因亚历山大大帝征战闻名的古代马其顿萨里沙（sarissa）长矛所用材质）、桃金娘、榉树、榛树、柳树、杨树或其他耐久强韧的树木的幼树车削而成。在努比亚卡斯尔伊布里姆（Qasr Ibrim）出土的一支长矛由当地柽柳（tamarisk）制成，这说明士兵们无法仰仗帝国的配给而不得不就地取材。[liii] 矛尖为嵌入式，通常呈三角形，宽头而截面狭窄。科林斯出土的中世纪早期矛尖有几种构型，典型的长 11—14 厘米，通常横截面为正方形，至顶端逐渐收窄。其他的为宽阔三角形，逐渐变细（呈树叶状）或带倒钩。[liv] 骑枪是这种长矛的加长版，长度约 3—4 米（11.5—13 英尺）。至 10 世纪，步兵长矛也多采用此长度，这与马其顿时代步兵普遍更重型的武器不谋而合。

　　帝国中期著作中描述了使用重型长矛"梅诺利翁"（menaulion）的部队（被称作 menaulatoi）。 该武器长约 3.5 米，其嵌入的金属矛尖长 35—45 厘米（约 12—18 英寸），可能近似于古代马其顿的萨里沙长矛。与萨里沙长矛类似，梅诺利翁由一整根经打磨适配矛尖的小树干制成。梅诺利翁大概也拥有枪尾钉，它可在矛尖折断的情况下充当备用突刺；更重要的是，它让武器能扎入地面，从而令使用者得以承受骑兵的冲击力。不过，阿纳斯塔夏季斯（Anastasiadis）对该武器提出了另一种解说，他认为这是一种更短的重型长矛，用于为抗击骑兵提供战术支持——尤其是在敌方战马突破了主要重步兵墙的情况下。[lv] 即使在帝国暮日，拜占庭人似乎依然回避使用长柄武器① （pole arms），但这还没有获得充分的研究。

《战略》中要求在林地步兵应扔下骑枪而以标准步兵长矛代替，可见某些情形下，步兵也会使用长骑枪（lance）。更短的长矛似乎基于"斯拉夫样式"。到了《战略》的时代，缺乏训练的士兵装备"斯拉夫"长矛，和标准长矛相比，这种武器短至近乎标枪，但在短兵相接时颇为有效（尤其在空间局促的林地）。[lvi]

从4世纪至5世纪，罗马帝国晚期的单手直剑斯帕达② （spatha）享有盛誉，并被步兵、骑兵双方采用。其剑刃是模焊③ （pattern welded）的，此技法将不同金属焊接在一起并形成特定纹饰，是一种简易、经久不衰且用途广泛的锻造工艺，它能让武器锋利的同时又具备更柔韧的铁芯。柔韧性和硬度需要兼顾，前者令剑身不易折断，后者令剑身在战斗中不易弯曲并保持锋利。典型的斯帕达剑根据不同形制长度在65—80厘米（25—31英寸）之间，宽度为4.5—7.5厘米（1.7—3英寸），顶端尖细，双面开刃（插图4.11）。其剑格略微凹陷，

---

① 此处指的应该是长矛以外的其他长柄武器，例如在西方较为流行的长戟（Halberd）等。译注。
② 该武器最初主要是凯尔特人同盟军使用，故亦称"凯尔特长剑"。译注。
③ 模焊有时被错误地认为是所谓大马士革钢标志性的铸造技法，其实它的历史相当悠久，公元前的凯尔特人铁剑便拥有了此项技术，由于它将不同成分、不同硬度、韧度的金属片打造在一起，因此能够兼顾武器的锋利和柔韧。而大马士革钢的准确制作手法已经失传，不能肯定它也采用了模焊技术。译注。

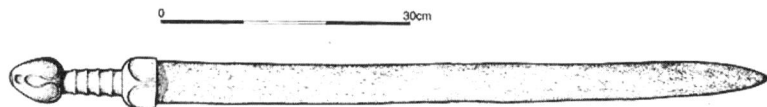

插图 4.11　斯帕达（spatha）（T. C. Jacobsen）

相当狭窄，仅稍稍超出剑身的宽度。剑柄节（Pommel）通常与剑格平行，并且是扁平的。这型剑的典范来自罗马边界外的南日德兰尼达姆摩斯 [①]（Nydam Mose，250—550 年），当地出土的剑身体现了上述特点，甚至可能为罗马铁匠打造。[lvii] 到了 6 世纪，斯帕达构型被所谓的"赫鲁利"剑（spatha Heruliska）所取代，它得名于查士丁尼时代的日耳曼蛮族雇佣盟军 [②]。尽管该武器的确切形制已不可考，但它或许可归入那些在中欧、东南欧墓葬中发现的似乎平平无奇的日耳曼剑大家族的行列。赫鲁利剑的新颖之处兴许并非是形态上的差异，而是其金属质量。赫鲁利剑身有可能运用了德意志高碳钢技术而非环地中海传统制铁工艺打造，这类高品质剑身在德国北部希登（Heeten，该地区接近推测中的赫鲁利人故土）出土。[lviii]

安纳托利亚发现的一把剑显示 6 世纪晚期至 7 世纪初期，拜占庭剑极可能受到阿瓦尔人和萨珊人的影响。小亚细亚阿佛洛狄西亚（Aphrodisias）出土的该武器拥有狭长（1.8 米，约 6 英尺）、双刃的剑身，剑尖尖锐。这把长剑对于骑兵的实用性是显而易见的，其穿刺

---

① 尼达姆摩斯沼泽是古北欧人的宗教圣地，当地人将战争中获得的敌方装备投入沼泽祭神，因此保留了大量文物，包括第一次发掘中出土的 4 世纪 23 米长的橡木舟，第二次发掘则出土了大批武器，包括罗马制式斯帕达剑。译注。

② 即起源于斯堪的纳维亚半岛的赫鲁利人。译注。

特性被设计用于突破重甲。[lix]

　　到了 10 世纪，弯曲的军刀（saber）变得常见。在一幅著名的插图中，尼基弗鲁斯二世·福卡斯皇帝携带了一把"帕拉梅恩"[①]（paramerion），其刀身长而薄，略微向刀尖弯曲。这种"帕拉梅恩"军刀拥有比前文所说古典时代晚期刀剑更宽的刀格，非常适合铁甲重骑兵（kataphraktoi）主导的劈砍作战方式，后者在尼基弗鲁斯时代构成了军队的攻击主力。双刃直剑继续得到使用，尼基弗鲁斯要求铁甲重骑兵携带它们，因为帕拉梅恩军刀在酣战时容易断裂。[lx] 希腊达

插图 4.12　手持斯帕达的圣巴克斯，11 世纪

夫尼修道院（Daphne Monastery）的 11 世纪壁画（插图 4.12）描绘了军队殉道者圣巴克斯（St.Bakchos），他手持一把宽剑格、直刃、刀鞘带装饰的斯帕达剑，与环地中海地区剑的形制类似。[lxi] 在帝国之后的岁月里，狄奥多·巴列奥略[②]（Theodore Palaiologos，1355—1407）描述了装备"格莱夫"（glaive）的士兵，这兴许为一种法兰克式长剑（而非西欧中

---

① 帕拉梅恩字面含义为"贴着大腿"，说明这种弯刀是悬挂在腰带下的，而传统的拜占庭直剑通常佩在肩带上。它单面开刃。通常认为这种拜占庭军刀是受中东邻国或草原游牧民族（如佩切涅格人）的影响。译注。
② 拜占庭皇帝约翰五世第三子，后成为摩里亚（Morea，位于希腊南部的拜占庭属国）专制君主，继位后发动多次战役成功拓展了疆土。译注。

世纪晚期的那种长柄武器）①，因为他提到这可以取代剑（espee）。或者，这也可能是"克拉瓦"（clava）的误写，从 10 世纪以来这种锤矛（mace）就是士兵的常用武器。[lxii]

锤矛在古代地中海区域有着漫长的使用历史②——它在《伊利亚特》（*Iliad*）中便有提及，这样一种简单的武器可能流传广泛，因为锤矛仅仅是战棍简易添加了一枚对称的金属头。后者常常加上突刺以便破甲、骨或撕开软组织。帝国早期的罗马人似乎并不使用它，或许因为他们甚少面对重甲的敌手。萨珊人特别钟爱锤矛，尤其在重骑兵手中虎虎生威；罗马人可能是在与波斯人的交战中接纳了它。一份 7 世纪资料提到，摩里士皇帝的侍卫携带了锤矛。9 世纪的皇帝巴西尔一世精通锤矛，据说他通过精准一击打断了跃起的鹿的腿，并对一匹狼再现了此壮举。战棍（rabdion）亦为传说中的英雄"边区的狄吉尼斯"③（Digenis Akrites，拜占庭中世纪史诗中的一位混血边区领主）最爱的武器，他凭此战胜了敌对的阿拉伯埃米尔。9 世纪后期至 11 世纪初期，利奥六世、尼基弗鲁斯二世、尼基弗鲁斯·乌拉诺斯的军事手册表明，纯铁制锤矛已成为步骑兵标准武器之一，有时作为主武

---

① "格莱夫"在西方通常指一种单边开刃的长刀，类似于我国的关刀，但在此处显然并非长柄武器。译注。

② 锤矛的历史可上溯至公元前 31 世纪的古埃及著名文物"那尔迈调色板"，浮雕中统一上下埃及的第一王朝首任法老那尔迈手中所持的礼仪武器正是一把锤矛。译注。

③ 《边区的狄吉尼斯》是中世纪拜占庭边境诗歌中最著名的一首，主人公名叫巴西尔，狄吉尼斯为其绰号（即混血儿，诗中他的父亲是阿拉伯人，母亲是希腊人）。长诗分上下两部分，上部讲述狄吉尼斯父母的故事，下部介绍狄吉尼斯的丰功伟绩。译注。

器，有时作为矛、剑以外的副武器。巴尔干出土的大量球形锤矛头证实到了帝国中期和晚期，它的使用变得相当普遍。

另一种受欢迎的武器是战斧。自荷马时代以来，该武器便为希腊人熟知，不过罗马人在共和国及帝国早期并未使用。罗马人接触到的日耳曼人使用战斧，主要为单刃近战或投掷的样式，例如法兰克的"弗朗奇斯卡"（Francisca），其优雅的 S 形斧刃会在击中地面时翻转，从而跳起刺入目标的腿部及下身。普罗科匹尼斯描述弗朗奇斯卡能够粉碎盾牌并杀死背后的士兵。[lxiii] 尼基弗鲁斯二世的《论军事》[①]（*Praecepta militaria*）证实步兵携带战斧（tzikourion）作为主要武器。拜占庭战斧为单手单刃步兵武器，斧刃后是铁锤或突刺。它们是阵线中的主武器；手册显示从战术而言，军队是由装备"最佳武器"的战士们组成的，即武器需最适合其训练、经验和体格。[lxiv] 10—11 世纪，斧兵出现于军中或许还可表明许多斯堪的纳维亚雇佣军在为帝国效力。偏爱斧子的维京人及其罗斯后裔于瓦兰吉卫队地位突出。他们以使用双手双刃斧（pelekys）而在地中海世界令人闻风丧胆。

投射武器

在整个帝国历史中，标枪是轻步兵的一种主要武器。维盖提乌斯描述了两种形制，重型的为"斯皮库卢姆"（speculum），它取代了旧式的"罗马重标枪"（pilum），长 1.7 米（约 5.5 英尺），拥有 22 厘米（9 英寸）的枪尖。另一轻型版本长度仅超过 1 米（3.5 英尺），枪头长

---

① 尼基弗鲁斯二世完成于 965 年左右的著作，包含《步兵》《重步兵》《铁甲重骑兵》《骑兵的部署条例》《宿营》和《侦察》六章，是 10 世纪拜占庭收复失地时代重要的军事文献。译注。

12.7 厘米（5 英寸）；这一武器被称作"韦里库卢姆"（vericulum）、"维鲁图姆"（verutum）或"贝雷塔"（beretta）。[lxv] 在 6、7 世纪，显然部队携带了各式标枪，包含短的"摩尔人"变种。装备此类投射武器的为轻步兵，有时还包括无法娴熟运用弓箭的部队。到了 10 世纪，标枪演进为更长、更轻的武器，长度超过 2 米，拥有嵌入的枪头。罗斯人据说尤其擅长标枪，这似乎是他们的主要投射兵器。

镖枪（martzobarboula）的枪杆有着羽饰和投索，是另一种副武器。维盖提乌斯记载，戴克里先统治下的巴勒斯坦军团尤其精通镖枪；他们在盾牌上插入五支。"倘若士兵能在恰当时机发射它们，那么似乎盾兵也能扮演与弓箭手相当的角色。"至于其射程，他表示和标枪类似。[lxvi]根据《战略》，第一线重装方阵兵和更轻型的突击部队均使用镖枪。

投石索（sling）从维盖提乌斯时代至帝国末日一直频频被提及，是一件重要而又遭忽视的武器。投石索造价便宜，仅由一条皮带外加中间的兜囊组成，兜囊中安放一枚光滑的石头或铅块，重量在 50—75 克（1.8—2.6 盎司）间。投石索是一种卑微的武器，其用法通常为牧羊人或其他乡民所掌握，因此可谓"穷人的武器"。投石索的射程相当出色——现代投石者可投出超过 400 米，这一距离和弓箭手相当甚至胜出。有趣的是，《战略》的作者推荐重步兵和轻步兵均携带投石索，这展现了 6 世纪末、7 世纪初摩里士的"新式军队"盛行的"复合式武备"①的某种手段。这也可能表现了延续或复兴旧军团训练的努力，维盖提乌斯曾提到新兵需练习使用投石索。10 世纪

---

① 即士兵同时装备近战武器和投射武器，兼有传统两类兵种特点。译注。

兵书《战术总集》(*Sylloge Tacticorum*) 提及了对长 1.4 米（约 4.5 英尺）的投石棒（sphendone/ sphendobola）的运用。[lxvii] 这种武器是在木杖末端附加一个兜囊用于发射石块或其他投射物，维盖提乌斯给它的拉丁语名为富斯蒂巴卢斯（fustibalus）。[lxviii] 其长度约 1.25 米（约 4 英尺）。[lxix] 投石棒让使用者可以投射更重的弹丸，施展所需空间也更小，在攻城战或水战中颇为实用。

大量例证表明，查士丁尼时代的战术体现了箭术在战争中的卓越地位。贝利撒留高度依赖罗马本土或外国盟友的弓骑兵。自 5 世纪匈人到来后，罗马人明显变得重用骑射部队，他们既训练自己人也招募雇佣兵。并不是匈人将复合弓引入了地中海与近东，也不仅仅是因为匈人擅长该武器而令对手焦头烂额。对拜占庭、萨珊波斯这类定居帝国造成挑战的战术与战略是匈人精通集群骑射；马匹的机动性与复合弓带来的弓箭射速与威力对地中海和近东的军队而言不啻一场梦魇。

6 世纪罗马人所用战弓为匈人制式复合弓，拥有弓弰（ears），以木片黏合腱、角而成。[①]（插图 4.13）这些弓的拉力各不相同，不过由于制作工艺精湛，其拉力可控——对复合骑弓而言，80 磅（36 公斤）是一个较好的估值。虽然箭矢的最大飞行距离可达 300 米，但对披甲目标的有效射程在 100 米内。[lxx] 拜占庭人似乎更青睐蒙古式射

---

① 复合弓由木、角、腱三部分组成。通常用水牛角或山羊角加强弓臂，以动物的腿后腱黏合在木制弓背加快箭速，匈奴人还发明了弓臂末端的弓弰，可增强弓弦蓄势并省力。译注。

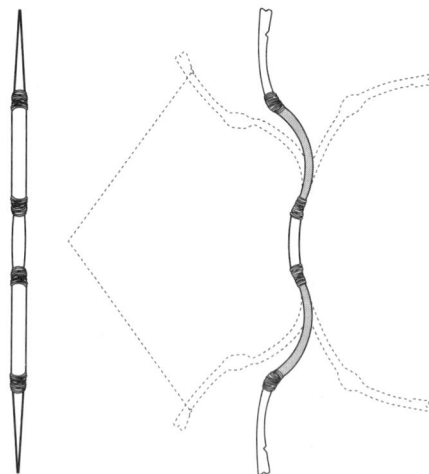

插图 4.13　拜占庭复合弓，木质，以筋腱和动物角加固；源自 Ricz（1983）

法 [1]，即以带扳指的拇指与食指、中指勾弦开弓。6 世纪，拜占庭人将弓弦拉至弓梢，从而积蓄了可观的力量，在射程上超越了波斯同类武器。这种弓箭直到帝国覆灭都几乎没什么变化。希尔拜玛菲亚尔遗址中 8 世纪对拜占庭弓手的描绘可谓范本。[lxxi] 拜占庭中期的扩张严重依赖弓箭手——轻装弓骑兵和铁甲骑兵均有装备，而步兵中的四分之一是弓兵。弓和箭因此堪称最重要的投射武器，并且和矛、剑一道成为了帝国军队胜利的关键。

尽管十字弓为罗马人所熟知，但似乎使用不广并在东部逐渐销声匿迹；只有在第四次十字军东征之后，法兰克人对拜占庭武备产生了

---

[1]　传统弓箭射法主要分蒙古式和地中海式两种。蒙古式通行于东亚、中亚（包括我国），以拇指勾弦（常戴扳指，而食指中指压住拇指），箭杆位于弓右侧（若为右撇子）；地中海式则以食指、中指、无名指三指勾弦，箭杆位于弓左侧。文中提及拜占庭人竟然偏爱蒙古式，可能是受到了来自东方的游牧民族影响，蒙古式射法较地中海式更适合骑射。译注。

重大影响，十字弓才再度出现在拜占庭军中。[lxxii]虽然希腊语词"索伦纳里翁"（solenarion）或许指的是十字弓，但它更可能是一种"管矢"，用于发射短而重的镖箭，其射程超过了常规弓箭。[lxxiii]"索伦纳里翁"可能是摩里士时代前后拜占庭的发明——在《战略》和10世纪的手册中均有提及。

砲兵武器[①]（Artillery）

罗马人在攻防中使用各式各样的投射器械，其中世纪的继承人继续运用一些不同的投射装置。查士丁尼法典中的一段指出罗马人经常利用"砲兵武器"保卫城市：

"我们也要求投射机兵（ballistarii）以及驻扎在不同城市的官方武器工匠妥善维护、布置政府存放于各城镇公共军械库的装备。各地的武器工匠需将产品交予投射机兵，与公共军械一道部署，而禁止他们以任何形式售予他人。"[lxxiv]

顾名思义，投射机兵即操作"投射机"（ballista，它可能指代各式投射器械）之人。上述文字说明，皇帝关切的不仅是投射器械的制造，城市通常还拥有储备于公共军械库的此类重武器并训练相关操作人员。投射机（插图4.14）是一种扭力弩炮和投石器，就像一支具备垂直"发条"（每端由扭紧的纤维构成）的巨型十字弓，操作者以绞盘和棘轮拉开弓臂。它们有着不同种类和尺寸，可发射77厘米（2.5英尺）长、箭头重200克的弩箭或2.5—40公斤（5.5—88磅）的石弹，其最

---

① 原文使用 artillery 一词，除了常见的"火炮"之意，也指抛石机等大型投射武器，类似于我国古代的"砲"，故在此翻译为"砲兵武器"，以示区别。译注。

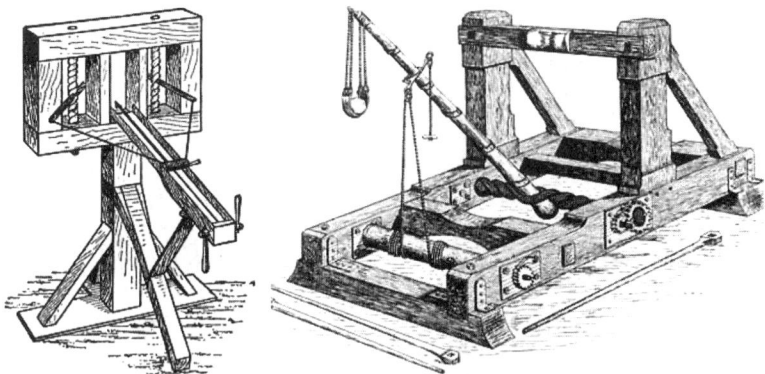

插图 4.14 （左）投射机　插图 4.15 （右）扭力投石机

佳射程在 100—170 米间，不过最大射程可达 450 米。[lxxv] 罗马晚期的铁框架投射机自 2 世纪初以来为人所知，贝利撒留的部下在哥特战役期间便使用了这种投射机。[lxxvi] 小型扭力弩（cheiroballistra）是罗马人使用的一种手持扭力弓弩或投石器，不过在阿拉伯征服之后它是否还被持续装备是存疑的。罗马人似乎在 6 世纪后便放弃了扭力武器。

　　在 4 世纪，阿米阿努斯·马尔切利努斯描述了具备垂直力臂以绞盘拉拽的扭力投石机 ① （onager，插图 4.15）。它很难制造、维护并在战场上使用，不过，倘若以熟练的人员正确操作，便能发射平均重量 32 公斤（约 70 磅）的弹药。[lxxvii] 扭力投石机在拜占庭军械库中被牵引投石机（traction trebuchet，插图 4.16）所取代。这种器械有一个倒 V 形木框架，顶部有横梁；其水平轴也位于顶部，连接着一根木杆，

---

① 这种投石机发射时的动作好像驴踢腿，因此得名"野驴"。译注。

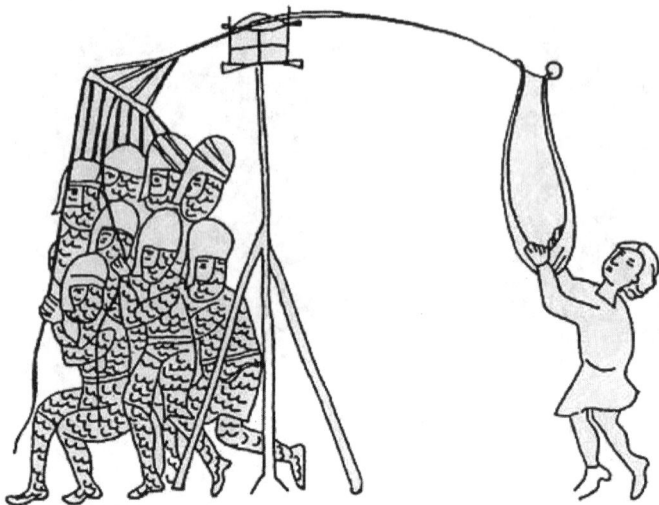

插图 4.16　中世纪插图中的牵引投石机。

其未固定的末端配上了投索。一组人拉起附在中轴上的皮带推出力臂，投石索便掷出弹药。这些简单的牵引投石机易于制造和维护。它们在效能上与古代扭力投石机相当，甚至超出。7 世纪的《圣德米特里的奇迹》（*Miracles of St. Demetrios*）记载了 597 年阿瓦尔人围攻城市^①时组装了 50 台投石机的细节：

　　"这些投石机拥有四边形的［架构］，下宽上窄。这些器械上有着厚实的轴，尾端钉铁，就像大宅中的房梁。木头的后端挂着投索，前端则是结实的绳子，通过拉下绳子释放投索，伴随一声巨响，他们将石头高高抛出。他们射出了如此多的巨石，以至于大地和建筑都无法

<hr />

① 　即塞萨洛尼基，圣德米特里在此殉道。译注。

承受这样的冲击。"^{lxxviii}

拜占庭人也发展出了重力投石机，我们将在第七章进一步讨论。

此前对拜占庭后勤的简介表现了军官们在补给、维持驻扎或征战中的部队时所面临的挑战，不过在数百年间几乎无休止的战争中，无论是军队的调动、上阵，还是攻防战役，罗马后勤人员都取得了不俗的成绩。重大的补给失败并未真正出现在史料中，考虑到这一文化似乎乐于从失败汲取教训，倘若这样的事情司空见惯，那么一定是会见诸史端的。一直以来，政府和私人都在努力供给和装备军队，哪一方占据主导地位取决于时代和士兵的地位与地理位置。政府发放或士兵自购的装备与现代的制服截然不同——从外观来看，任何时期的拜占庭军队都显得五花八门，行伍中的服装、盔甲、头盔、武器存在诸多差异。这部分是权宜之计——政府要想时刻保持补给的充裕和库存的统一，一定是会不堪重负的；部分仅仅是向现实妥协——士兵们可以在没有标准制式武器的情况下展开训练。

更有趣的是在摩里士时代，尤其是 9—10 世纪收复失土的时期，尽管部队中重骑兵、枪骑兵、轻步兵或重步兵的分野是清晰的，其战术角色却极为灵活。骑兵可能被要求下马步战，步兵则既承担防守也肩负进攻使命。这种灵活与背后所需的训练可谓拜占庭军队获得胜利的一个主要因素。

第五章　战略与战术

战略

《牛津英语词典》如此定义"战略"：a. 总司令的技艺；规划、指挥大规模军事调动即作战行动的技艺；b. 上述的例证或类别。[i]

利奥六世皇帝说：战术是战争中运动的科学……战术是关乎战斗阵型、军备和部队调动的技艺……战略在于优秀的指挥官如何将军事训练运用实践，他们对谋略的掌握，以及对克敌之术的统筹。[ii]

对利奥而言，战略即战事危急时理论和实践的综合应用。希腊语词 strategia（战略）源于"将军"（strategos），意味着军事技巧和智慧——即战争艺术。在拜占庭军事策划者看来，其意涵包罗万象，涵盖了现代构想中的谋略、作战、战术、后勤、地理。我们不能因此将战略、战术截然分开，也不必指望拜占庭人能让地理学和战争组织分别形成独立学科。这种按照当下措辞的区分属于 19 世纪以来现代总体战实践后的时代。

诚如哈尔东所言，千百年来，拜占庭军事学说有两个支柱（尽管从未直白地表述）——帝国意识形态与实际作战。[iii]皇帝首先是基督教人民的保护者，尽管声称统治寰宇（希腊语词 oikumene，大致相当于有人居住的世界），但这一观念仅限于帝国鼎盛时期[①]（the high empire）的罗马世界，即便以其最野心勃勃的范围来看，也仅指基督教世界。当君士坦丁声称自己为波斯的基督徒保护者时，他正力主这种新宗教的优势地位并给予其追随者更多国家优待。上述宏大的声索并非要追寻传统罗马直接政治掌控之外的土地——例如，罗马人并没有发动战争征服波斯，以将全体基督徒置于统治下。不过，皇帝们的确热衷于在基督教西方和伊斯兰东方光复昔日属于罗马的领土，并自视为世界唯一的天选统治者。所有的战争皆是防御性的。甚至进攻战役也被诠释为防御性，其目标是收复帝国原本理应拥有的失土，这种"前进防御"或"主动防御"的观念可能被罗马人传给了穆斯林的"吉哈德"[②]理论家们。即便查理曼在公元 800 年圣诞被加冕为"皇帝"，拜占庭人依旧保持着真正的罗马皇帝需居于君士坦丁堡的信念；法兰克人或其他新来者均为"外人"，在文化、政治上低人一等。然而，所有这些帝国的自命不凡都有所节制，因为帝国对自身实际的军事能力心知肚明。拜占庭的军事家很少过度开疆拓土或将防区延伸到巴尔干及安纳托利亚的核心区域外。

　　680 至 690 年代间，查士丁尼二世对东部的攻势可谓两大精神支柱（收复失土和皇帝作为基督徒的角色）的明证。查士丁尼对巴尔干斯拉夫人取得的成功部分支持了其挥师东进，成千上万的斯拉夫人被

---

① 帝国鼎盛时期或"大帝国时期"通常指奥古斯都继位至戴克里先皇帝的时代；与之对应，戴克里先之后至西罗马帝国覆灭的阶段，则称为"帝国衰退时期"（the low empire）。译注。
② 需注意的是，伊斯兰教中的"圣战"包含用心、舌、手、剑四种方式，只有最后一种方式才是凭借武力的"圣战"。译注。

他拉入了军队。不过，皇帝更多地是被影响了大批帝国内外基督徒的一种"天启"情绪所熏染——哈里发国推行的新税收和阿拉伯化令其基督教臣民格外困扰，激发了这种情绪。查士丁尼抓住时机，将耶稣的形象印在作为贡金的硬币正面，期待其在穆斯林帝国流通的过程中激怒哈里发阿卜杜勒－马利克（685—705 年在位）。皇帝甚至相信自己贵为"天子"，与其先祖希拉克略对抗萨珊人如出一辙。无论细节如何，他所采取的行动有着强有力的精神、物质和战略上的理由，尽管以后见之明看来，这些行动导致了一系列崩坏并最终令查士丁尼付出了皇位的代价。[①]

拜占庭人经常竭力避免武装冲突。尽管许多帝国都十分仰仗非军事手段并将其作为推进自身利益的主要工具，历史上的拜占庭外交可能最精于此道。这至少部分归于一个事实：在其存续的大部分时间中，拜占庭人并未拥有可支配的庞大资源，这就使得外交行动成为合理的第一反应，和罗马意识形态推崇的持续胜利及压倒性军力（这两点很少实现）形成了鲜明对比。

拜占庭外交的目标众多；通过互派使节，皇帝缔交联盟、收集情报、遥控附属国，或试图商谈和平。449 年，拜占庭派往匈人的使团成员之一、朝臣普利斯库斯[②]（Priscus）怀揣着更凶险的目的：刺杀阿

---

① 695 年，查士丁尼二世被麾下希腊军区总督利昂提奥斯举兵废黜，惨遭劓鼻。他在 705 年奇迹般地复辟，但 6 年后又被第二次政变推翻，他本人和家人均被杀害，希拉克略王朝就此终结。译注。

② 即帕尼翁的普利斯库斯（Priscus of Panium），5 世纪东罗马外交官、历史学家，448 或 449 年曾作为狄奥多西二世皇帝派往匈人帝国的使团成员与阿提拉会晤并共进晚餐。他还著有《拜占庭史》一书。译注。

提拉。^{iv} 不过，拜占庭外交更多是采用利诱——贵重的丝绸、银器、贵金属餐具、刺绣服饰，赐予帝国头衔（包含勋章及薪酬）。上述利诱体现了皇帝的财富，让许多外国人为之效力并令其他人保持中立。不断追寻潜在盟友以威胁眼下敌人的侧翼、后方贯彻了那古老的格言"敌人的敌人便是朋友"。希拉克略与西突厥人结盟令萨珊人在 620 年代的战争中就范，而在 9—10 世纪拜占庭人雇佣罗斯人和佩切涅格人对抗威胁帝国的马扎尔人与保加尔人。

使节们也收集情报并为皇帝收买人心。9 世纪，利奥六世的左膀右臂、阿拉伯人萨门纳斯（Samonas）利用安插于哈里发国的线人毁掉了皇位觊觎者安德罗尼科斯·祖卡斯。而在另一个案例中，在君士坦丁七世年幼的摄政时期，一位潜伏在哈里发国国库的拜占庭特工——希腊"变节者"尼古拉（Nicholas）——告知君士坦丁堡，安德罗尼科斯·祖卡斯之子君士坦丁计划谋反，但因阿拉伯当局不支持而难以成事。^v

这种帝国老成的外交和防御姿态与马其顿王朝时代（867—1056 年）引人瞩目的军事扩张形成了对比。但是，将马其顿王朝的行动与它前后的努力割裂来看将会误入歧途；即便在 7 世纪的晦暗岁月，皇帝们依旧发动了大量战役收复失土，或摧毁敌军边境沿线的战力。科穆宁王朝尽管常常因未能从突厥人手中保住或收复小亚细亚土地而遭现代学者批评，但他们也于当地投入了可观的资源并频频作战。到了 11 世纪，哈尔东口中的拜占庭信条"保护与生存"固化为保存构成帝国中心的最富饶省份（君士坦丁堡及巴尔干内陆）免遭敌人蹂躏或征服的需求。^{vi} 帝国的意图从未改变，然而它开拓或维持领土的能力却在变化。

诚然，帝国始终存在官僚体制和机构并影响了政治与行政，但我们知道不存在常设的中央司令部负责长期战略规划。倒不如说，皇帝个人及其指挥官、官僚们亲力亲为去处理出现的军事情势。任何对帝国总体战略的讨论都属于一种苛求；罗马人自身从未明确展现一种全面、长期的战争计划，也从未预想过特定方案与应对手段以便保家卫国（或者即便他们如此做过，我们也已无从得知了）。上述行动更多是自发性和条件反射性的，而 4 世纪以后，其实践无疑便可被称作"战略"了。罗马人贯彻了一些基本信条，我们可通过数百年来的军事手册、历史与皇帝们的著作管中窥豹。所有试图勾勒超过千年的历史画卷的学术研究，都势必抹平特定历史时刻的棱角，令它"面目全非"。不过，如同勒特韦克（Luttwak）最近所言，将上述基本原则归纳起来，便能构成某种我们如今称为"大战略"（Grand Strategy）的东西；它们深深镌刻在领袖代代相传的理论和实践中，甚少改变。

那么，拜占庭备战与作战的基本原则究竟为何？

汝欲和平，必先备战

维盖提乌斯 5 世纪的这句格言贯穿了帝国历史始终。[1]《战略》敦促领袖们时刻备战，数百年后利奥六世重提了这种看法：

"永远对与敌交手心存警惕。切勿刀枪入库，马放南山。不要因和平达成而疏忽大意。始终防范敌人的阴谋诡计。当心他们背信弃

---

[1] 拉丁语原文为 Si vis pacem, para bellum。出自《论军事》第三卷，原始版本为"因此让渴望和平的人备战"（Igitur qui desiderat pacem, praeparet bellum）。译注。

义。木已成舟，则悔之晚矣。"[vii]

手册强调持续训练，不允许士兵们懈怠，严格执行军纪，打理补给库，细心关注胜利所需的部队情绪及装备。《战略》的作者和利奥六世均建议每户人家应该拥有 1 张弓和至少 40 支箭以便其男丁一年中能够练习箭术备战，不过我们不知道上述要求多大程度上反映了现实。

从 4 世纪起，外族攻击帝国的频率惊人地增加了。国家负担了巨额军费；预算的大部都投入到了维持、训练、装备军队上。因此，可以毫不夸张地认为，拜占庭社会是以守卫疆土为第一要务的。经验教导皇帝，和平时期转瞬即逝；620 年代末至 630 年代的历史事件可谓发人深省，当时希拉克略战胜了波斯人，以其怀揣千禧庆典的心情凯旋进入耶路撒冷为标志，帝国处于国势的巅峰。然而月盈则亏，不到十年，阿拉伯军队夺取了整个黎凡特。这样的插曲，以及无数其他事例，令拜占庭精英深信敌人连绵不绝，前仆后继。因此国家不仅维持着常备军，还试图保持、控制武器及原料的生产储备。帝国官僚机构吸取了数百年来军人物资需求和战役补给的经验。尽管今天的我们将书面知识视为理所当然，但首都档案馆内浩如烟海的资料给予了当年的拜占庭人相较其多数邻居的一项重大优势。详细的情报记录、战场报告和数世纪以来积累的帝国远征文献为当局面临的大多数军事挑战提供了资讯。

许多古代军事作家的著作被收集纳入了 7—8 世纪的军事文集，这体现了读写能力对维系帝国防务的重要性。此外，除了将军队理所当然地视为一种机构之外，上述手册还展现了对标准化和汲取军事经验的关注。它们也流露出对战争代价和拜占庭资源局限的自知之明。因此，诚如手册建议的那样，拜占庭军队始终在为随时爆发的冲突训练、操练和备战。

战争不仅是物质层面的，亦是精神和心理层面的

拜占庭人将自己视为一个基督教帝国的继承人，得到了上帝和圣徒们的庇护，其国家注定国祚永续，直至末日。从君士坦丁一世时代起，罗马人便认为寰宇皆依照基督教的秩序运行，世界是对一种无形乾坤的映照：一位上帝，一种信仰，一个皇帝，一个帝国。对于帝国在世界的地位以及个人行为的认知，基督教扮演了关键角色。战争是一个罪恶的领域；通常被认为是渎神的行为，比如欺骗，在战争中则是可容忍之恶。不过战争并不能让诸如侵略、背信合理化，士兵们也依然被要求保持虔诚，时刻祈祷，以便上帝能够谅解罗马人。如《战术》指导的那样，指挥官于战前需洗涤自身，保持虔诚：

"始终敬神是必需的。当将军你准备步入战争的危险时尤其如此。倘若彼时你诚心敬神，那么危机来临时，你方能像朋友一样向祂祈祷，并有把握获得拯救。"[viii]

特别是在与波斯人、阿拉伯人的冲突中，当希拉克略将自己塑造为圣经中的大卫（占据道德制高点的弱小牧童对抗体格占优的异教徒歌利亚）时，作战心理便与基督教正义战争的观念及其美德联结起来了。教士伴随着军队，圣像被当作战旗，7世纪后"求主怜悯"[①]

---

① 来自基督教礼拜仪式中的《垂怜经》（Kyrie），全文共三句："求主怜悯，求基督怜悯，求主怜悯。"译注。

（kyrie eleison）成为了部队的战咏。^{ix}

拜占庭人深谙心理战并以之掌控军队、扰乱敌人，手册中的案例不胜枚举："战场上牺牲的战士遗体是神圣的，尤其是那些为了基督徒英勇奋战之人。必须尽可能令他们死得其所，予以厚葬并永远铭记。"^x

对遵守这一教诲的人而言，祭奠阵亡者唤起了强健的集体纽带与身份认同，并促成生死与共之举。正如同帝国早期圣徒死于异教徒之手，对抗蛮族的战士被视作帝国基督徒的英模。若欲保持士气，便需提供充足的粮秣、装备，指挥官尤其要悉心掌握士兵们的需求。利奥指出："当你无法供应部队所需补给和食物时，便已经未战先败了。"^{xi}葬礼要隆重，但需在夜间进行，如此战士们因其牺牲获得了尊崇，同时令敌人无从得知阵亡数字。伤者要得到照顾，指挥官需探访他们并关心其福祉与士气。亲朋好友要被编入营地和战线的同一单位，以便让其情感纽带战胜其恐惧，激起保护欲^{xii}。审慎的指挥官会留意恐慌的迹象，为了保持、提升士气需忽略恶兆或将其诠释为吉兆。上述引人注目的手段显示他们对战争的精神、情感伤害以及士气低迷的危险了然于胸。

较之当面交锋，诡计、贿赂和假情报作为兵不血刃的方式始终更受推崇。军事手册教导，只要可能，便贿赂敌军将领。边境战役打响前，尼基弗鲁斯·乌拉诺斯下令向国界沿线埃米尔们赠送礼物，以便信使收集情报，同时兴许能劝降对手或至少令其在随后的冲突袖手旁观。对被围攻的守城军民挑拨离间是一种标准战术：

你须告知要塞："其中所有的马甲力太（Magaritai，可能指的是阿拉伯'迁士'，相当于流亡者）、亚美尼亚人（基督徒）和叙利亚人（雅各教派信徒[①]）若在城破前未向我投诚，则会被斩首。"你应第一时间对要塞广而告之，因为这能诱发内部龃龉和争斗。[xiii]

尽管帝国官员将战争视为堕落者罪状理所当然的一部分，但他们依然竭力避战。此外，他们热衷于外交斡旋，例如在 6 世纪向波斯人、阿瓦尔人支付成千上万磅黄金以确保罗马人不会受到进犯。尽管常常徒劳无功，但鉴于拜占庭相较于许多邻居财富上的优势以及其边境多数群体的好战性，皇帝们依然频频贿赂或资助异邦人，令他们鞬橐干戈。馈赠对于帝王声望至关重要，它能彰显帝国的强盛，并拉拢外来者。

正如摩里士《战略》所说，战争必须师出有名。[xiv]战争仅仅被界定为防御性的。至于那些现代人看来拜占庭人发动攻势战争的情况，他们的观点为，这实乃合法收复帝国失土或惩戒敌人，使之无力进犯。先例包括查士丁尼在非洲、意大利的西部战役以及 9—10 世纪帝国边境在保加利亚、叙利亚-美索不达米亚和亚美尼亚的扩张。一个后来的范例（尽管功败垂成）是曼努埃尔一世·科穆宁 1155—1158 年的意大利征战，尽管他恢复了对一小片前拜占庭土地的宗主权，但其主要目的还是对西西里人 1147 年袭击巴尔干施以惩戒。[xv]在帝国

---

① 即安提阿的叙利亚东方正统教会信徒。译注。

早期对抗波斯人的一系列冲突中，战争目标始终限于赢得有利的和约。例如，578年，作为对波斯人入侵美索不达米亚的回应，当时的东部元帅摩里士领导了一场拜占庭的报复性突袭，但意图实为巩固随后和谈中的罗马地位。之后，马其顿王朝的皇帝们接受了东部边境沿线阿拉伯、高加索王公们的臣服而非予以征伐。科穆宁王朝，尤其是约翰二世，认真对待了他们作为拉丁十字军国家安条克之宗主的条约义务，尽管后者常常阳奉阴违。纵观帝国整部历史，当敌人希望和谈时，拜占庭人将迅速令其如愿："上帝赐予你胜利后，对手求和，勿要心如铁石，而应和善地倾听，化干戈为玉帛。请谨记战争多变，时运无常。"ˣᵛⁱ

战时结盟，化敌为友

拜占庭人一再借助冲突伊始中立或友善的邻居们对抗入侵军。查士丁尼时代，除征募草原弓手和蛮族骑兵、步兵参战之外，拜占庭人还打造了一套让边境人民于战时提供额外人力和专业军队的网络。伽珊尼德阿拉伯人是东部地区最重要的藩属之一，而在西部，穆斯林对非洲的征服战争显示，自查士丁尼时代以来的罗马-柏柏尔联盟依然有效；帝国头衔、黄金和武器流向柏柏尔盟友，后者则为防卫北非行省提供兵力。希拉克略与西突厥汗国相约攻击萨珊人，此举让力量的天平有利于帝国，并迫使波斯人面临多线作战的可能，那是其脆弱的政治架构无法承担的。在717年的围攻中对阵阿拉伯人时 [1]，保加尔

---

[1] 即717—718年阿拉伯帝国（倭马亚王朝）对拜占庭首都君士坦丁堡发动的第二次大规模围攻。在保加尔人援助下，拜占庭取得了决定性胜利，令阿拉伯人事实上放弃了彻底灭亡拜占庭的念头。译注。

人为了帝国而介入战局，居功至伟，保加尔军不断袭扰穆斯林营地，并加剧了漫长的冬季围城的痛苦。拜占庭人也求助于南俄草原的可萨汗国，从北方对穆斯林施加压力，而随着查士丁尼二世和君士坦丁五世迎娶了可萨公主并同可汗缔结了私人纽带，该缓冲国在 7 至 8 世纪带来了可观的裨益。

曾入侵帝国随后战败并定居于此的北方人可谓不胜枚举。其中的哥特人于 4 世纪渡过多瑙河，被授予了土地；他们有些保持了独特民族团体并在此后数世纪中入伍从军。在整个黑暗时代，斯拉夫族群于巴尔干落败后，被召入了军队或安置到安纳托利亚。阿莱克修斯一世击败佩切涅格人后将其安置于色雷斯并令其提供兵员，之后的库曼人亦是如此。接踵而至的第一次十字军东征，阿莱克修斯也曾试图通过丰厚的礼物和黄金将桀骜不驯的埃德萨领主、诺曼人坦克雷德驯化为封臣，但未获成功。^{xvii} 这种对难民的安置（例如来自北方草原的阿兰人和来自前领土的难民）以及招募其适任男子的政策持续至巴列奥略王朝时代。^{xviii}

直到帝国崩溃，为弥补力量劣势而寻求盟友的努力依然持续着；1282 年，米海尔八世展现了拜占庭最后的绝妙外交手腕，他促使阿拉贡国王佩德罗三世^①（Pedro Ⅲ, 1276—1285 年在位）介入西西里对抗法兰西，后者如同其诺曼前辈那样威胁要入侵帝国。米海尔八世还

---

① 1282 年，西西里晚祷事件发生后，来自法国安茹王室的西西里国王查理一世遭到推翻，在拜占庭帝国支持下，阿拉贡国王佩德罗三世曾于1282—1285 年短暂兼任西西里国王。译注。

将女儿嫁给了金帐汗国的那海可汗①（Nogai khan），那海在 1282 年为皇帝攻打塞尔维亚提供了 4 000 名蒙古士兵。ˣⁱˣ

消耗战

在 6 世纪，没有任何与帝国相邻的政治势力拥有职业常备军。波斯以外，甚至没有哪个邻国能够宣称自己具有成熟的官僚机构或其他统治机关。除了极少数特例，直到拜占庭覆灭，周边王国或政治势力一直缺乏常备军。不幸的是，由于拜占庭军队难以追求攻势打法，这仅仅让邻国的威胁略微降低。在它的历史中，只有在大约50 年的短暂时间里——从尼基弗鲁斯二世·福卡斯继位至巴西尔二世驾崩——帝国同时具备财富、干练的指挥官与老练的部队以对强敌发动正面攻击：尼基弗鲁斯·福卡斯及其直接继承人在叙利亚的突击打破了一些过往谨小慎微的战略。到了 9 世纪，首都及其附近与军区驻扎的常备军令快速应对外来威胁并通过袭扰和灵活运用地形削弱敌军成为可能。在历史和兵书中，战争的信条一再被铭记和实践；上述惯例与拜占庭兵法息息相关，虽然它们并未被同时代人视作大战略的一部分。

到了 6 世纪后期，战略现实迫使帝国转入防御态势。查士丁尼死后 20 年，其征服的广袤领土遭受了多方围攻——日耳曼族群威胁着他们散布于西班牙、意大利的领地，阿瓦尔人逼迫着巴尔干前线，波

---

① 那海为成吉思汗长子术赤曾孙，严格来说，他并非金帐汗国可汗，但对可汗具有拥立之功，曾长期掌控朝政，被西方人普遍视为金帐汗国实质上的君主。1282 年米海尔八世将私生女尤弗罗西尼·巴列奥略嫁给了那海以便结盟。译注。

斯人则对亚美尼亚和叙利亚边境发动战争。虽然投入了可观的财富和人力，但罗马人缺乏足以应对每个威胁的资源，随之而来的损失渐增。610年代，波斯攻击下东部界墙的损毁破坏了东部边境防御的完整性，导致小亚细亚和首都门户大开。7世纪后，维持稳固的边境已不可能，拜占庭人明白依照战争的天性，他们需要灵活应对，其中包括对军力匮乏的了解，了解自身实力很难经受全面战争的考验；《战略》一书的作者说："要深谙自身弱点，我们的动力完全源自爱国之心。"[xx] 在意识到军力的结构性局限后，一位对喋喋不休的警告心怀厌倦的佚名拜占庭评论者写道："他具有一种特殊的防守心态，对敌人可能如何下手了然于胸，却无暇考虑他能如何处置敌人。"[xxi] 和多数人不同，拜占庭人是为战败未雨绸缪；人非圣贤孰能无过，即便对那些有条不紊、审慎备战的指挥官而言亦是如此。这种谨慎、防御性的论调仅在10世纪有所变化，被归于尼基弗鲁斯二世·福卡斯的著作《遭遇战》表现出正面痛击敌人的巨大自信。这位久经沙场的指挥官在其有生之年见证了拜占庭于东方的军事复兴。

《遭遇战》不仅是拜占庭史上最引人入胜的著作之一，也堪称有史以来最有趣的游击战术著作之一。它体现了对小规模战争的适应，其中突袭战、遭遇战和追击战应有尽有。《遭遇战》描述了一种几代人形成的战争模式——阿拉伯袭击者每年渗入小亚细亚高地劫掠人口和城堡。拜占庭军区将领召集军队，据守通路，撤离居民，追踪敌军。夜袭、伏击、突击营地和攻其不备被详尽记载下来。在许多例子中，军区士兵攻打了那些劫掠完毕，满载战利品返回叙利亚的突袭部队。这些疲惫、蹒跚的部队令加齐（穆斯林圣战士）们易于受到执行

"打了就跑"战术的军区轻骑兵的伤害。此种防御是吃一堑长一智的结果；其运用意味着承认帝国的实力不足以御敌于国门之外。不过，《遭遇战》中的战法已趋于极致。最终，随着哈里发国的分裂①，军区的袭扰部队转守为攻，将小规模战争变换为对边境埃米尔的全面攻击。《遭遇战》作者设想了一场在叙利亚与强敌的对抗，描述了一支分遣队前锋如何在日暮时分攻击穆斯林阵线的情景：

> "随后，向他们发起冲锋，在基督的庇护下你将会击败他们。但倘若敌军指挥官兵力雄厚，他们或许能够坚守不退并试图反败为胜，然而这是不可能的，因为夜幕已经降临，你将安然无虞。假设你如此行事，敌人将会惊惧，他们不敢在没有粮草的情形下出击。最终，粮草的匮乏将迫使其撤回本国。"xxii

防御纵深

自戴克里先和君士坦丁改组军队的时代以来，帝国的战略立足点显示，政府熟知自身防御、后勤的挑战以及敌方入侵面临的障碍。尽管我们未必能见到如现代大规模线性防御工事那样的一条中央规划的完整防线，但从4世纪至6世纪，边境地带密布拥有可观驻军的城堡或要塞化城市，战略要道得到驻守，诸多仓库为边境附近军队提供了补给。显然，罗马人领悟了战略地理学；伴随着对阿非利加的征服，查士丁尼的测量员和军事建筑师构想了一系列沿着未开发的奥雷斯山

---

① 909年，什叶派伊斯玛仪派伊玛目阿布达拉·马赫迪在北非的马赫迪耶自立为哈里发，建立了法蒂玛王朝；929年，属于倭马亚王朝后裔的伊比利亚半岛科尔多瓦酋长国埃米尔阿卜杜拉赫曼三世也自立为哈里发；加之定都巴格达的阿拔斯王朝哈里发，伊斯兰世界一度出现了三个对立哈里发政权（即我国史书中记载的白衣大食、黑衣大食、绿衣大食）。译注。

脉（Aurès Mountains）山脚富饶粮食产地布置的据点及设防城市，这里是不服王化且尚武的柏柏尔人之家园；结果是，一条设防的军道得以诞生，既可用于商业贸易，亦可用于巡逻和防御。希拉克略将其指挥部设在卡帕多西亚的要地凯撒里亚，后者掌控着安纳托利亚高原东、南向的道路，并且为他对抗波斯人的奋战提供了许多珍稀的资源。黑暗时代，巴尔干与安纳托利亚的景象是望楼、驻军城堡密布，还有供百姓遭受攻击时藏身的庇护所。很久以后，约翰二世·科穆宁在逐步收复小亚细亚土地时所追求的策略为稳扎稳打，一个个拔取哨所，该策略虽然最终失败，但彰显了对战略地理学的认知以及拜占庭军事计划中设防城市的角色。直到 1204 年前，帝国广袤的疆域仍令其敌人面临风险；在北方，多瑙河被用于将部队输送到敌后，而安纳托利亚山隘提供了天然屏障以及攻击东部敌人的伏击点。

小型战争

大规模交战甚少对帝国有利，即便帝国军队在数量和武器上占优，战局依然存在变数。在 7 世纪前数十年抵抗穆斯林溃败后，帝国越来越回避投入野战军、毕其功于一役的想法。相反，小规模区域战争、围堵和袭掠更受偏爱，帝国以此惩罚敌人并使之自顾不暇。管理战区十分重要；拜占庭人不得不一次又一次地于一条战线上拖住、迟滞入侵者，同时和其他入侵者媾和或迅速终战，以便腾出有效作战所需的资源。由于深谙自身重大缺陷以及对手的强劲，拜占庭人展现了史上各国罕见的战争实用主义和耐心。这部分缘于其易受攻击的地理位置与国家资源的局限，部分也是因为汲取了 4 至 5 世纪惨败的教训。378 年的阿德里安堡会战、443 年罗马军队败于阿提拉之手，以及 468 年汪达尔人带来的灾祸——这些惨痛的鲜血和财富的代价促使政府相信，即便是沉重的贡金，例如狄奥多西二世的宫廷总管、宦官克瑞撒非 [①]（Chrysaphius）主政下付给匈人的贡赋，尽管不受欢迎，但通常仍是好过兵戎相见的选择。希拉克略避免大规模决战的策略持续了下来——636 年雅尔穆克战役是一场战术上的失败，而非战略错误。上述损失愈发强化了战争最好限制规模的观念；除非危及民众且别无他法，帝国不能将野战军置于风险当中。得益于 670 年代和 717 年成功守住首都，尽管国力相对虚弱，拜占庭人仍不断与哈里发国签署长期停战协定。虽然在君士坦斯二世时代，由于阿拉伯人入侵边境，帝国也发动过惩罚性突袭，他的继承人们并没有持续对哈里发国动武，但他们向本地居民展现了帝国有意且有力抵抗。

在 7 世纪中、后期令人瞠目的失败后，拜占庭战略便延续了早前总体回避决战的哲学。由于帝国失去了大量税源，并且军队因战损和资金匮乏而日益衰颓，拜占庭人被迫采取守势。穆斯林叙利亚总督穆阿维叶（640—661 年为叙利亚总督，661—680 年为哈里发）创建的阿拉伯舰队对拜占庭治下已遭穆斯林攻打的塞浦路斯和爱琴海构成了致命威胁，并威迫君士坦丁堡。君士坦斯被迫进行大规模的海战，在

---

① 克瑞撒非从 443 年起担任狄奥多西二世的宫廷总管，至 450 年皇帝去世前对帝国政治拥有巨大影响力。他主张对阿提拉的匈人帝国采取绥靖政策，以重金赎买和平，但又曾轻率地试图刺杀阿提拉，败露后帝国不得不支付巨额赔偿金，数额甚至超过了军费。同时克瑞撒非也大肆贪污索贿，因此在拜占庭史籍中臭名昭著。译注。

凤凰城之战 [①]（Battle of Phoenix，655 年）中失利。当哈里发国爆发内战时 [②]，拜占庭人得到了一段喘息之机，君士坦斯大概得以解决面临的财政和军事危机——通过让军队定居各行省土地，他打造了军区制的雏形。[xxiii] 君士坦斯于 663 或 664 年前往西方是为了稳定阿非利加和西西里局势。他的移驾或许表明安纳托利亚的军区已经在 650 年代某个时间成立（可能正是处于 655—661 年停战期间，当时穆斯林忙于内战）。

首批大军区的创立和军队的屯垦削弱了其攻击能力，但增强了拜占庭人对小型战争的信心。围堵、袭扰和劫掠支配着 7 至 9 世纪的战争。《遭遇战》描绘了一个充满劫掠与反劫掠的世界，与穆斯林超过两个世纪的边境冲突缔造了游击部队与隐秘战术。保存实力和反击敌人的能力（哪怕仅仅是象征性）是至关重要的。当拜占庭人被迫集结重兵防御不可丢失的要地（君士坦丁堡或军区首府以及弗里吉亚的阿莫里乌姆这样的重要军事基地）时，其战绩喜忧参半。成功抵挡了穆阿维叶军队 674—678 年和欧麦尔二世 717 年对首都的围攻，这凸显了拜占庭的实力：固若金汤的首都，717 年对于盟友的巧妙使用，以及大帝国（虽然疆域已巨幅缩小）的防御纵深——这一切皆令他们受

---

① 海战爆发于小亚细亚西南部港口凤凰城（今名菲尼凯）附近，亦称"船桅之战"（Battle of the Masts）。拜占庭皇帝君士坦斯二世亲率约 500 艘舰只的海军主力与穆阿维叶率领的约 200 艘船的阿拉伯舰队鏖战，最终，大部分拜占庭海军被摧毁，皇帝狼狈逃回君士坦丁堡。阿拉伯舰队也蒙受了惨重损失，放弃了追击。此役彻底打破了拜占庭的地中海制海权。原文标注战役时间为 655 年，实际应为 654 年。译注。

② 即第四任哈里发阿里与穆阿维叶之间爆发的内战。译注。

益。而在 838 年阿拉伯人灾难性的入侵中，拜占庭军队则蒙受惨败，关键城市阿莫里乌姆陷入穆斯林之手。不过，在许多其他例子中，当帝国军迫不得已与阿拉伯人、罗斯人、诺曼人、佩切涅格人、库曼人、马扎尔人（匈牙利人）大规模交战时，他们成功守住了战线或取得了胜利，并得以实现长期和平。

尼基弗鲁斯二世·福卡斯皇帝的告诫尽管是在关于战术的文本中提出的，但也适用于战略：

"倘若敌人数量（无论骑兵、步兵）均远超于我，需避免一般交战或近战，应努力通过计谋、埋伏消耗敌人。承蒙上帝保佑，当敌人再三逃遁，恐慌虚弱之时，求战的时机便来临了。……不仅敌军实力占优时应该避战，即便实力相当时也应如此。"[xxiv]

各个击破

挑拨离间，从内部瓦解敌人是拜占庭的标准策略。无论和平或战争时期，拜占庭外交都竭力从潜在的敌人间寻觅盟友并招募他们成为间谍或加入军队。战争间隙被用于展开谈判，通常以物质犒赏诱惑那些意志不坚之人。在希拉克略和萨珊人痛苦冲突的高潮，皇帝一直与波斯高阶官员们暗通款曲，最终他们发动政变推翻了库斯老二世。战争爆发后，许多杰出的萨珊指挥官及其家族都为罗马效命。狄奥斐卢斯皇帝曾与反叛阿拔斯王朝的胡拉米特（Khurramites）波斯人谈判从军事宜，一度增强了皇帝的军事能力。[xxv] 他对阿拔斯王朝内部事务的干预暂时提升了皇帝的权势并削弱了其最危险的敌人。之后的岁月，科穆宁王朝金钱、土地、官职的贿赂（以及它们带来的威望和薪酬）让那些变节的罗马人"迷途知返"；阿莱克修斯在与诺曼人的战争中

最终获胜的关键之一便是招安了叛徒布林尼乌斯① (Bryennios)。^{xxvi}
1122 年，约翰二世在对抗佩切涅格人的战役中，利用战争冬歇期贿赂这些游牧民，将其中一部分拉入了本方阵营，从而大幅削弱了敌军。随后在贝里亚（Berroia，今希腊马其顿韦里亚）的交锋中，拜占庭军碾压了其残部。^{xxvii}

　　这种巧妙的各个击破策略（或许在本例中更适合称作"分化瓦解"）在帝国后期米海尔八世统治时代取得了瞩目的成就，其特工在西西里岛安茹的查理（1266—1285 年在位）国王的臣民中挑起了叛乱，后者本计划对拜占庭发动大规模远征。1266 年，查理通过武力攫取了西西里王国，其进一步扩张得到了教皇支持。查理的胜利是以西西里的曼弗雷迪（Manfred，1258—1266 年在位，霍亨斯陶芬王朝最后的西西里国王）的牺牲为代价的。② 曼弗雷迪之女康斯坦丝（Constance，1302 年去世）嫁给了佩德罗三世（1285 年去世）。因此米海尔八世将佩德罗视为天然盟友。随着拜占庭在岛上广撒黄金，1282 年 3 月 30日，在巴勒莫（Palermo）爆发了起义。数周后，一支强大的阿拉贡舰队出现在西西里西岸，它本宣称其目标为突尼斯的穆斯林。"西西里晚祷"（得名于星期一复活节的晚祷）事件令阿拉贡和法国爆发了持续

---

① 此处指的应为小尼基弗鲁斯·布林尼乌斯（10062—1137）。他的父亲曾发动叛乱，被未来的皇帝阿莱克修斯镇压。但小尼基弗鲁斯·布林尼乌斯归顺后深得阿莱克修斯信任，安排他迎娶了公主安娜·科穆宁娜，成为驸马。布林尼乌斯在阿莱克修斯时代留下了赫赫战功。译注。
② 曼弗雷迪（1232—1266）为神圣罗马帝国皇帝腓特烈二世的私生子，1258年加冕为西西里国王，但与教宗关系恶劣。1266 年在贝内文托战役对阵查理时兵败身死。译注。

20 年的战争，令查理对拜占庭帝国的图谋胎死腹中。[xxviii]

间谍活动与情报

战略情报

尽管也遭受了一些挫折，但拜占庭人通常精于收集情报，并且一般在间谍活动方面强于对手。从戴克里先时代起，国家便保持着一支皇帝的心腹秘密警察队伍——"密使"[①]（agentes in rebus），他们监督帝国官员和变节嫌疑分子；这些特工也充当信使并可自由使用帝国邮政系统。直到 7 世纪，上述特务都掌控着机密任务以及对国家利益至关重要的外交使命，此后其职能被邮政官（logothete of the dromos）取代。

敌对行动爆发前，拜占庭人仰仗间谍侦察网以提前获知敌人意图。驻外使团成员和邻国宫廷及随扈中皇帝的长期"密友"将情报发往君士坦丁堡。在这种交换中，商人扮演了关键角色。理想中的间谍生活在贩夫走卒间，从不招人注目，以便韬光养晦；对特工来说，精通敌方语言却没有家庭羁绊可谓必备条件，他们中的许多是从市场接收传递情报的商人。[xxix] 在东部前线，穆斯林袭掠部队每年 8 月在边境埃米尔国集结以发动"吉哈德"；劫掠季开始时，罗马人便派商人穿过隘口。毫无疑问，其中一部分是正规皇商，而其他的则为专业间谍。他们造访目标人群，收集敌人备战的讯息，揣摩敌方士气，并估

---

① 字面含义为"信使"，最初的职能是为皇帝传送密信，后来功能拓展至收集情报、监督官员乃至外交活动，故此处意译为"密使"。译注。

计其物资储备与战兵的数量、质量。

如前文所述，罗马人在敌方和潜在敌方的宫廷安插了间谍网。贸易、出使等和平交流为这些特工收集、传递情报提供了掩护。罗马有时能够对敌方政治中枢的情况了如指掌。查士丁尼与狄奥多拉皇后掌握了意大利东哥特王国的最新动向——例如，皇帝迅速获悉其盟友阿玛拉逊莎①（Amalasuntha）遭到推翻和囚禁。她的废黜及最终遇害为罗马人宣战提供了口实。这类特务此后继续得到重用。除了766年君士坦丁五世统治时期保加尔贵族泄露了机密，拜占庭安插在哈里发国的线人也定期向帝国特务传递情报。[xxx]

战场情报

尼基弗鲁斯二世说："通过间谍、逃兵和战俘，必须首先厘清敌人的数量，尤其是他们的装备情况。"[xxxi]11世纪后期，凯考梅诺斯（Kekaumenos）将军的兵书②中强调，如果缺乏敌境内的情报网，那么作战必将失败。[xxxii]在部队进入敌境前，将领们会派出所谓"变节者"去提供关于路线和目标的假情报。查士丁尼的北非战役前夕，汪达尔国王盖利默（Gelimer）囚禁了迦太基的罗马商人，因为他声称他们怂恿皇帝发动对汪达尔人的战争。[xxxiii]当帝国军队于西西里登陆

---

① 阿玛拉逊莎为东哥特王国狄奥多里克大帝（Theodoric the Great，454—526）之女，526年其子阿塔拉里克继位时年仅10岁，阿玛拉逊莎成为摄政女王。阿玛拉逊莎虽为哥特人，却亲近东罗马文化，与查士丁尼交好，也引来东哥特贵族不满。534年阿塔拉里克去世，阿玛拉逊莎被推翻软禁，不久后遭刺客杀害。译注。

② 即《凯考梅诺斯的战略》（Στρατηγικὸν τοῦ Κεκαυμένου）一书，由一位具有亚美尼亚血统的将领凯考梅诺斯撰写于1075—1078年间，内容包含军事和内政方面的经验。译注。

时，历史学家普罗科匹厄斯（后来曾担任贝利撒留的秘书）遇到的商人大概便是一名罗马间谍；此人的仆人通知他们：汪达尔人的舰队和军队刚刚离开，前去镇压撒丁岛的起义。[xxxiv]

利奥皇帝讲述了拜占庭人在奇里乞亚保有间谍以侦察埃米尔军的动向；穆斯林从海陆两栖袭掠。一旦间谍回报奇里乞亚舰队启航，附近的军区将领会被要求乘虚而入，发动陆上攻击。相反，当阿拉伯人从陆上发动劫掠时，拜占庭舰队则获得消息去攻击海岸。[xxxv]

兵书强调攻敌不备。战略奇袭可通过避开敌方间谍、假情报和出其不意的行军来达成。《战略》告诫说，要躲避敌人间谍，部队需选取冷僻的路线，穿过不太可能遭到监视的无人区行军。[xxxvi] 指挥官被教导切勿将目标泄露他人，甚至在内部会议上亦是如此；相反，应透过战俘、逃兵将假目标发布出去。[xxxvii] 在帝国突击部队执行任务前约一周，在目标战场的间谍会回报军营；如果特工们报告该区域风平浪静，那么快速、轻装的劫掠部队就会猛虎出笼。[xxxviii] 在大军之前，指挥官（doukators）与被称作特拉普齐泰斯（trapezites）或塔西纳里奥（tasinarioi）的特种轻骑兵率先探路。指挥官查明敌军的编成和实力，评估战场条件，并确定草场、水源和适当的宿营地。特拉普齐泰斯轻骑兵为现代骠骑兵（hussar）的先祖，他们抓捕俘虏以供审讯，查探敌军的阵型，蹂躏乡野，骚扰住民。他们为部队准备战场，当拜占庭人完成劫掠撤退时，他们则施行焦土政策。尼基弗鲁斯二世·福卡斯命令特拉普齐泰斯摧毁目标城市的农田和葡萄园；这番破坏阻止了敌人储存补给，重挫其士气，令堡垒难以挺过围攻。[xxxix] 上述做法有利于实现战略奇袭——尽管穆斯林相信帝国军队被困在了保加利亚，但巴西尔二世让他的步兵骑上骡子，通过令人侧目的两周急行军穿越了安纳托利亚。当他兵临叙利亚时，惊惶失措的埃及法蒂玛王朝军队溃逃了。[xl]1156 年，曼努埃尔一世·科穆宁希望惩戒桀骜不驯的亚美尼亚王公索罗斯（Thoros）及其盟友、安条克亲王雷纳德[①]，因为后者不断袭扰帝国在奇里乞亚的领地。曼努埃尔秘密行军穿越了小亚细亚，令亚美尼亚人和拉丁人猝不及防；他们很快屈服了。[xli]

总体而言，拜占庭军队在战场情报收集方面做得很好，但统帅部也存在重大失误的案例，例如 708 年查士丁尼二世的远征军遭到保加利亚可汗特维尔（Tervel）伏击而战败。1176 年，基利吉·阿斯兰[②]（Kilij Arslan）麾下的突厥人奇袭并摧毁了安德罗尼科斯·瓦塔泽斯（Andronikos Vatatzes）麾下正前往阿马西亚的北路军，曼努埃尔·科穆宁沿着齐里策（Tzivritze）隘口向安卡拉开拔的军队则遭受了苏丹军的痛击。[③][xlii] 不过，大多数指挥官会小心翼翼地避免遭到奇袭。586 年春，在索拉雄战役之前，菲利皮科斯将军的间谍发现了一支波斯远征大军正在逼近。将军怀疑此举是为了在周日趁罗马人从事宗教活动发起攻击，便派出斥候侦察敌人动向；最终，波斯人的奇袭尝试落空了，罗马人重挫对手。尼基弗鲁斯二世·福卡斯要求当军队开拔时，需向

---

① 即沙蒂永的雷纳德（Raynald of Châtillon，约 1125—1187），绰号"毁约者"，1153—1160 年为安条克亲王，1175—1187 年为外约旦领主。他曾联合亚美尼亚王公索罗斯劫掠了拜占庭帝国的领地塞浦路斯岛。译注。

② 即罗姆苏丹国基利吉·阿斯兰二世苏丹（1156—1192 年在位）。

③ 即历史上著名的密列奥塞法隆战役。曼努埃尔亲率的拜占庭主力部队在通过隘口时遭到基利吉·阿斯兰二世的伏击，部队被分割为前后两部。曼努埃尔经过奋战，虽避免了全军覆没的厄运，但丧失了所有攻城器械，导致其收复小亚细亚中部城镇的计划流产。译注。

各个方向派出斥候；行军之际，马其顿王朝时代的军队会派出一支百人的轻骑兵殿后，以查探尾随的敌人并避免任何潜在的伏击；他们还得到了后军弓箭手与步兵的支援。[xliii]《战略》中记载，每个骑兵塔格玛均配备了斥候和间谍；他们在部队前方和侧翼活动，轮番巡弋为主力传递情报，设立拥有信使的观察哨向指挥官报告敌人的伎俩。[xliv]971年在保加利亚对抗斯维亚托斯拉夫的战役期间，巴尔达斯·斯科莱鲁将军命令指挥官约翰·阿拉卡塞奥斯（John Alakaseos）去探明罗斯人的下落和实力。第二天，阿拉卡塞奥斯的信使通知巴尔达斯，敌人已近在眼前，该情报令巴尔达斯得以设伏攻击了推进中的罗斯人后军。[xlv]

反间谍工作一直颇受重视，尽管罗马行军营地具有堡垒化的特点，但间谍依然可以渗透。《战略》要求军营需保持肃静，如此潜伏的细作更容易甄别。利奥附和了这条谏言，还提出了一条谋略：通过吹响军号令士兵们进入各自营帐，留在帐外的便是间谍，可予以拿捕。如果有大胆的间谍敢于进入兵帐，他们也会被戳破身份①，遭到抓获。[xlvi]为了挫败敌军的斥候，各式各样的旗帜被用于欺敌——让人误以为到场部队比实际更多；部队和战线深度不断变换，因为若一成不变，会令敌人轻易探知准确的军队人数。

战术

对于一支延续、变革了上千年的军事力量而言，战术灵活性对

---

① 东罗马军队每个营帐内的士兵通常为固定编制，因此一旦有陌生人闯入，便会立刻穿帮。译注。

于生存是必不可少的。拜占庭人甚至可能会被同一敌人击败两三次，但他们认为没有不可战胜的顽敌，并从错误里汲取教训。拜占庭国祚的长久主要源于《战略》中提倡的信条：拥有自知之明，师夷长技以制夷。

早期时代

5世纪的维盖提乌斯展望了一种战场阵型——由3支部队构成，分别为中军和两翼。重步兵居中，为整支军队的定海神针，并且通常充当其主要打击力量。部队排列成2或3道阵线，精英部队作为预备队位居二线，他们可前去支援战线的任何部分，或反击敌人的包围或侧翼机动。身披链甲、装备骑枪的重骑兵（clibanarii）掩护推进的步兵的侧翼，而弓骑兵和轻装游骑兵在战线的两翼活动；这些轻骑兵部队负责袭扰、破坏敌军的两翼阵型。敌人中军（预期的精锐所在）需由云集（或组成楔形阵）的重步兵击破。维盖提乌斯忖量，重骑兵队易受敌方步兵和远程部队的打击，因此，他们通常与携带标枪、弓箭、投石器的轻骑兵混合编组，后者可削弱对手并掩护骑兵撤退。

到了6世纪，正如他那段赫赫有名且多次被引用的文字描述的那样，普罗科匹厄斯笔下的复合型骑兵（装备骑枪、剑和弓）在战场上可谓难逢敌手：

"而如今的弓手[①]踏入战场时身着胸甲和及膝的护胫。其右侧悬挂箭袋，左侧佩剑。其中一些人携带长矛，肩膀上佩戴无柄小盾以保护面部、脖子。他们是老练的骑手，策马全速奔驰时可自如地左右开

---

① 此处指的是弓骑兵。译注。

弓，无论敌人是在追击还是逃窜均能命中。他们沿着前额拉弓至大约右耳处，因此箭矢威力强劲，可击杀一切拦路之虎，盾牌和胸甲也难以抵挡 ①。" [xlvii]

尽管此类复合式长矛弓骑兵（hippotoxotai）的装甲可能不如维盖提乌斯提及的重骑兵或铁甲重骑兵，并且其中一部分显然没有普罗科匹厄斯理想状态下的精英装备，但至少有些人是按照摩里士设想中的骑兵范本打造的；在约翰·特洛格利塔（John Troglita）对抗摩尔人安塔拉斯（Antalas）的战役里 ②，罗马指挥官盖瑟里斯（Geiserith）表现突出：

"他披坚执锐，金丝环绕的铁甲熠熠生辉。他头戴镶铁的金盔，盔顶被装饰成马鬃的形状。他腰带上的宝石扣璀璨夺目，身侧的剑鞘为象牙打造。他的护胫以帕提亚皮革制成，装饰着许多黄金配件。" [xlviii]

在整个拜占庭早期历史中，骑兵主要扮演攻击性角色。骑兵既可作为正面突击部队，亦可用于侧面包抄。因此，最优秀的重装骑兵被部署于前方两列以及军阵的左右翼。战斗中，骑兵击破敌方步兵阵型，设法驱离威胁自身及本方步兵后备队的敌方轻骑兵和散兵（他们几乎必然现身战场）。6世纪的两个案例显示，在没有其他部队支援的情况下，他们逊于萨珊重骑兵。在幼发拉底河畔的卡里尼库姆一役中，罗马骑兵面对萨珊骑兵溃逃了；为了抵挡他们，骑兵下马与步兵

---

① 普罗科匹厄斯的记述有些夸张了。同等条件下，步弓的射程和威力强于骑弓。而骑弓要实现文中所述破甲效果需在极近距离发射。译注。

② 即发生于546年末至547年初之间的苏菲图拉（Sufetula，位于今突尼斯中部）战役。东罗马名将约翰·特洛格利塔在此役中大败安塔拉斯领导的柏柏尔人起义军。译注。

共同结成了方阵并成功地顶住了轮番冲锋。那个时代，即便最重装的骑兵也会在纪律严明、组织得当的长矛兵面前受挫。

正面攻击、包抄和包围

正面突击敌阵时，骑兵采用密集队形，小跑①（trot）前进。当队长（hekakontarch）下令冲锋时，经验最丰富、装备最精良的前线部队（由十人的"德卡赫"和五人的"彭塔赫"组成）便以盾牌遮掩头颈，长矛齐肩，倾身疾驰。位于第三、第四列（甚至更远）的弓骑兵则倾泻火力。倘若敌人战线宽于罗马军正面，侧翼骑兵卫队（koursores）便会延伸编队与之匹配；如果更短，他们则会散开组成新月阵型以包围对手。假如他们包抄或突破敌方中军失败，骑兵则撤退至第二阵线（通常为步兵）后方重组。如果多次冲锋失利，第二阵线则向前推进施行近战。骑兵撤退至第二阵线后休整，理想状况下能获得罗马第三阵线的支援。开放阵列让后撤的骑兵得以通过步兵是一项困难的调动，这需要骑兵、步兵双方均具备高度纪律性——骑兵不能失去凝聚性猛冲自家队伍，步兵需要间隔均匀地空出宽阔通道，同时保持自身阵型。xlix 在阿德里安堡，溃逃的罗马骑兵冲撞步兵，动摇了罗马战线；在雅尔穆克，这一幕很可能再度重演。

罗马军队通常步骑混合编组；认为到了6世纪步兵在战术上已无关紧要的看法是错误的。虽然《战略》以大量篇幅论述摩里士新式军

---

① 马的步速通常可大致分为四档，从低到高分别为：漫步（walk，时速约7公里），小跑（trot，时速约13公里），慢跑（canter，时速约16—27公里），疾驰（gallop，时速约40—48公里）。根据现代记录，赛马的极速可达每小时88公里。但战马的疾驰只能维持较短的距离（通常不超过3公里），因此古代骑兵要不断调整速度以节省马力。译注。

队中的骑兵战术，但第十二章概述了步兵的组建、阵型和作战。谏言中与早先维盖提乌斯时代罗马晚期军队形成鲜明对比的是，如果条件允许，步兵中的半数应为弓箭手，或至少达到三分之一。塔吉纳战役 ①（Battle of Taginae）中，纳尔塞斯的军队拥有 8 000 名弓箭手，堪称这一理论所依托的先例。在查士丁尼的意大利战役期间，弓箭手为罗马军队提供了决定性的战术优势，在对抗波斯、阿瓦尔骑兵的战役中，他们发挥了巨大作用；他们虽无力抵挡直接攻击，却能够对敌方骑士及战马施加伤害，破坏其阵型，降低其战力。[i]

在摩里士军中，步兵排出一个 16 人纵深的方阵，重装的老兵位于前后的 4 列。重装与轻装部队通常在方阵内混编，但有时也会各自独立作战。同样，有时重步兵也会部署在中间的 8 列。这意味着散兵和轻步兵位于前、后方，能够放开手脚，与重装部队交替推进直至白刃战。[ii]4—6 世纪的作战记录表明，步兵通常构成了中军，骑兵位于两翼，而骑兵自身常常还拥有轻重步兵组成的侧翼部队，以掩护他们免遭突然侧袭、埋伏，尤其是敌人骑兵的强力突击。当前进的命令发出后，步兵前列推进并组成"盾墙"（foulkon），为战线正面抵挡对手的投射武器。在进入射程后，后排的弓箭手开始射击，前排的士兵则掷出标枪。他们随后拔剑投入近战，第二排以长矛支援，更后方的士兵则继续施加箭雨。

步兵需要展现出高超的训练水平。摩里士要求步兵能够将阵列一

---

① 塔吉纳（位于今意大利中部城镇瓜尔多塔迪诺附近）战役爆发于 552 年夏季，纳尔塞斯指挥的拜占庭联军（总数约 3 万人）决定性地击败了东哥特军（约 1.5 万人），东哥特国王托提拉阵亡。译注。

分为二，后军转向迎接后方来袭，从而构成两条战线、两个方阵。骑兵的近距支援与将投射部队整合进阵列中的协同作战模式，均显示出这是一支纪律严明的职业步兵。

黑暗时代

在黑暗时代，战术和专业技术发生了改编，罗马人从 7 至 9 世纪的战绩乏善可陈。不过，他们的确证明了自己具备据守战略要点的能力，尤其是君士坦丁堡利用坚固的城墙和投石器作为力量倍增器，削弱了穆斯林老兵质量上的优势。在安纳托利亚山区，依然保留着职业军队的兵营，其中一些无疑属于步兵。然而，几乎没有证据表明重步兵部队得到了延续，因为边境战争已经由轻骑兵主宰，支援他们的大概也是众多的轻装部队。即便在分散于乡间的军区部队中，罗马人依旧保持了一定的训练水准和纪律性，可是，避免决战的消耗战略凸显了拜占庭的战术弱点。帝国接连败于阿拉伯军以及 678—679 年间数量居于劣势的保加尔人之手，表明罗马军队的战术能力衰退了。自 7 世纪中期以来，对伏击的倚重和回避大规模交战伴随着装备与战场战术能力的减弱。部队仍然获得了训练，不过似乎军区士兵主要在冬季操练①，并且依照地区和本地指挥官能力，操练内容也有所差异。诚如哈尔东评论的那样，拜占庭军队仍可组成有序的战线，通常数量上也强于巴尔干的保加尔人和斯拉夫人，但似乎逊于哈里发国的战兵。弓箭手，尤其是采用匈人射法及复合弓的弓骑兵大量地消失了，导致帝国丧失了主要的战术优势之一。战术进攻的主力似乎成了轻型长矛骑兵。[lii]

---

① 冬季一般是农闲季节。译注。

中期和晚期

到了 9 世纪，职业雇佣部队塔格玛登上战役舞台并且作为军区固定编制部队的情况增加了，随着拜占庭经济和军事的复苏，战术也得到了改良。10 世纪中期名为《军策汇编》（*Sylloge taktikon*）的著作提到了重型长枪兵（menavlion）；其角色是作为重型防御部队挫败那个时代最强悍的骑兵，这表明步兵重新回到了战线的主导地位。[liii] 千人队中编成了百人的重型长枪兵，这体现了应对威胁日增的重骑兵而作出的调整。重型长枪兵部署在前线步兵的缺口处，他们可前出迎击意图击破拜占庭步兵的敌方骑兵冲锋。

11 世纪初期尼基弗鲁斯·乌拉诺斯的著作《战术》提出进一步让重步兵、弓兵、轻步兵、重型长枪兵完善兵种合成。在战场上，拜占庭人使用 7 列纵深步兵组成的空心方阵（hollow square）；借助这种所谓的"移动军营"，用于反击敌人正面或侧面攻势的罗马骑兵在阵中获得了掩护。这一阵型并非全新的，但拜占庭人对它的复兴展现了至 10 世纪，他们的军事技艺高超到了何等程度。方阵由 12 个千人队（每个千人队含 400 重步兵、300 弓兵、200 散兵和 100 重型长枪兵）组成，其空隙宽度足以让轻、重骑兵冲锋或撤退，支援部队和辎重部队则被庇护于方阵中央。在崎岖或破碎地形，罗马人使用更窄的长方阵，能够快捷施展同样的战术：在步兵支援掩护下，骑兵可灵活地出击或后撤。这种移动的方阵令敌人的包围变得几乎不可能，因为它具有两个正面，矛兵驻守前、后方，方阵内得到保护的轻步兵和骑兵可以自由迎战四个方向上的任意攻击。[liv]

根据《汇编》，交战始于骑兵通过方阵空隙展开的调动：

"通过最大的空隙出击的骑兵最先开始战斗……倘若他们击溃了敌人，应该全力追击，步兵尾随其后。万一他们战败，则再度撤回步兵阵中。他们要么通过空隙回到先前阵中位置，要么向外沿着步兵阵型的两翼战斗。" [lv]

200 名装备投石索、标枪或弓箭的轻步兵阻拦敌人攻击方阵空隙。在方阵的前后，驻扎着两排纵深的重型长矛兵；后方的可以驰援前方，令长矛阵深度加倍，达到 4 排。他们获得了轻步兵支援，后者在敌人发动突击时会堵住空隙。一旦敌方骑兵进攻步兵长矛手，重型长枪兵会迎接其冲锋，轻步兵散兵移动以攻击对方铁甲重骑兵侧翼。[lvi] 尼基弗鲁斯·福卡斯对这支军队的编成作出了重大改革，是他将方阵中的重型长枪兵增加了三倍，达 1 200 人，同时相应地减少了重装方阵步兵的数量。[lvii]

随着 10 世纪的进展，敌人适应了他们的战术，拜占庭人最初的应对，如前文所述，是增加了长矛手的数量，并且将重型长枪兵安插于步兵阵线，而非如《汇编》建议的那样置于阵型前方。另一回应是进一步加深步兵阵型；一旦确定了敌人的攻击角度，后方的重型长枪兵会像过去一样移往前方，但偶数列会横向移入相邻的奇数列，让阵型纵深加倍（包含 6 排长枪手），同时几乎不会损失阵线宽度。[lviii] 这一战术调动提供了令人印象深刻的厚重正面以对抗骑兵，却又保留了混编的散兵部队，从而维持了福卡斯改革后军队的灵活应变能力。

《战略》中的双线骑兵得到了复兴，并在 10 世纪进行了改良。《军策汇编》证实，如同摩里士的时代，标准的骑兵部署依然为三队在前线，四队在第二线（指挥官也驻留于此）；这支军队移动时，两翼拥有掩护部队及散兵，此外还有殿后的第三线骑兵部队"萨卡"（saka，一个阿拉伯术语）。新式铁甲重骑兵于前线排出楔形阵，位居轻装散兵（prokoursatores）之后，后者理想的人数为500，其中110—120人为弓骑兵。常规骑兵以50人为一旗队，组成500人的战术阵型，宽100人，纵深5人。同摩里士时代一样，上述部队为复合型骑兵，前排持矛，后排则作为弓骑兵战斗，但最后一排骑兵依旧持矛，无论敌人的威胁从何方出现，都能转向并以持矛的正面应对。

和6世纪的情形一致，包抄部队部署在右翼，如今用于支援铁甲重骑兵[①]（kataphraktoi）——重甲重装的骑手和披甲并钉上马蹄铁的战马，这令他们成为超越前辈的重型打击力量。侧翼卫队移动至他们的左侧，其角色为挫败来自敌人右路对铁甲骑兵发动的攻击，而常规骑兵则驻守后方。铁甲重骑兵排成楔形阵，纵深为12排，前排为20人，每排递增4人，最末一排为64人；还有另一种更小型的楔形阵：前排10人，每排递增4人，最末排54人。铁甲骑兵楔形阵的构成与普通骑兵的混合编组相仿：最前方4排携带铁锤，第5排至12排为混合部队；枪骑兵位居两翼，其中包含持剑或锤矛的士兵[②]，该部的核心则是150名弓骑兵。两支500人的常规骑兵部队部署在铁甲骑兵楔形阵的两侧，既可支援重骑兵，亦可作为后方的推进兵力或在撤退时保障第二、三线部队的安全。

---

① 这个希腊术语字面的含义为"全身披甲"。波斯人拥有悠久的铁甲骑兵传统，罗马人在与之交战中曾吃尽了苦头（例如前54年导致克拉苏兵败身死的卡莱会战），3—4世纪开始组建自己的铁甲重骑兵部队。译注。

② 原文如此。一般而言，重骑兵以长矛、骑枪为主武器，剑、锤矛为副武器，两者并非互相取代的关系。译注。

麦吉尔研究了攻入敌境时尼基弗鲁斯·福卡斯和巴西尔二世的将领尼基弗鲁斯·乌拉诺斯设想的战术。第一种情况,拜占庭步骑混编部队迎战的是构成类似的对手。一旦斥候回报了敌人的位置和部署,轻装散兵便从步兵方阵前出,支援骑兵发动攻击;倘若轻装散兵吸引了敌军主力,将领则派出两支常规骑兵援助,随即在第二线骑兵的后援下发起冲锋。假如散兵发现自己遭到对方军阵主力压迫,他们便撤退至步兵身后,在步兵支援下,由方正中央部署的额外骑兵发动攻势。当对手溃逃后,散兵则重返追击。

如果敌人以秩序井然的方阵对抗拜占庭方阵,罗马指挥官则命令铁甲重骑兵"楔子"及其护卫骑兵攻击对方正面步兵。快速机动中的敌方步兵常常会竭力遏制拜占庭人通过方阵将楔形阵重骑兵投入前线,因此指挥官命令铁甲重骑兵透过方阵侧面的空隙出击以攻打对方矛兵的侧翼。上述所有的机动均获得了弓箭手与其他轻装部队投射火力的支援,以及步兵的近距离协助。

在第二种情况下,罗马骑兵扮演前锋角色,寻求与敌接战。轻装散兵再度"开场",他们探查对方阵型,倘若杂乱无章,则尝试予以击溃。如果敌人秩序井然,坚若磐石,将军会辨认敌军指挥官及其精锐,并让罗马"楔子"缓慢潜行。大量携带重型长矛和锤矛的铁甲骑兵安静地推进,对敌方步兵产生强大的心理压力——他们面临毁灭性的骑兵冲锋。当铁甲骑兵进入弓箭射程后,其重甲保护他们免疫远程火力,而他们自己的弓骑兵也开始还击;随后的冲锋则瞄准敌方步兵战线的心脏及其将领,后者的阵亡或逃逸将确保罗马人的胜利。设若敌方重骑兵发起攻击,罗马将领会派遣三队普通骑兵包围并摧毁他们。假如铁甲骑兵未能击溃敌人，将军则向前方派出两个普通骑兵千人队，他们将和第二线、第三线部队共同应战。

10 世纪的战术——轻重步兵与轻重骑兵部队（包含弓骑兵和那个时代最重型的铁甲枪骑兵）紧密配合，构成纪律严明的混合军阵——体现了拜占庭战术的巅峰。10 世纪的军队几乎是一支不可阻挡的力量，其持续的征战拓展了帝国疆域——东至叙利亚，西抵多瑙河，其恢复的领土和声望堪称前无古人。

11 世纪，军区军队服役的义务逐渐改为向国家支付现金，其衰颓导致了军队在攻防两端急剧没落。到了 1071 年曼齐刻尔特会战时，罗曼努斯四世皇帝发现大部分军区部队都难堪一用。曼齐刻尔特与后来多数罗马战争一样，是依靠拼凑的职业佣兵（包括拜占庭人与外国人）作战的。曼齐刻尔特的战败以及此后数十年间因内战和塞尔柱突厥人入侵导致的小亚细亚心脏地带的丧失，让阿莱克修斯·科穆宁拥有的军队与其祖辈截然不同。他的军队虽然职业化，却为各族群的"大杂烩"，缺乏标准化操练使得 10 世纪军队的那种战术上的悍勇气质无法完全重现。不过，曼努埃尔·科穆宁的职业军队具备持续的攻防能力。它同样倚重轻重步骑兵混编，但战术灵活性和纪律性仍无法与 10 世纪相提并论。而直到密列奥塞法隆的失利前，重步兵依旧在科穆宁王朝军队中扮演了重要战术角色，铁甲重骑兵也还存在，然而总体来说，国家岁入的减少、战损以及对外国人的日益仰仗对拜占庭军的战术能力产生了恶劣的影响。[lix]

正如哈尔东提出的那样，拜占庭战术的发展历史终结于科穆宁王朝。之后的君士坦丁堡之劫、野战军的覆灭以及支撑它所需的国家机关的倾覆，导致了内战与防御战争中的军队质量低劣；战术上，避免野战决战成为最高准则，取代了过去对抗优势敌人的伏击和袭扰策略。西方战术成为主流，各类步兵用于支援骑士——这些冲击骑兵意图依靠冲锋击破敌人的步兵阵型。步兵、骑兵继续协同作战，骑兵依然是主要攻击力量。步兵大概类似 7—9 世纪更轻装的部队，而非 10 世纪尼基弗鲁斯·福卡斯军改后的方阵步兵。弓箭手充当了散兵，他们仅仅轻装轻甲。1345 年的佩里塞奥里翁（Peritheorion）战役①，约翰·坎塔库泽努斯皇帝将部队分为三支塔格玛，铁甲骑兵位于左翼，皇帝和重骑兵位于中路，土耳其盟军弓骑兵部署在右翼。1305 年帝国军与加泰罗尼亚军团之间爆发的阿普罗斯（Apros）战役中，拜占庭人沿两条战线（前锋和主力）布置了 5 支部队；部队的分组大体按照民族关系，这通常便是决定这些雇佣军战术的第一要素。[lx]

围城战

攻克设防城市及堡垒的能力是罗马战争艺术的重要组成部分。至 4 世纪，帝国军队在长期对抗拥有发达工程技术的敌手的过程中积累了经验，尤其是在东方，那里的古城通常具备城墙并配有其他防御设施，例如壕沟与护城河。罗马人使用一系列需要专家打造、操作和维护的攻城器械。大部分上述武器由希腊工程师们在罗马崛起前数百年间发展而来。不过，虽然攻克有城墙的目标的基本原则未变，从 4 世纪至 12 世纪，破城的方法却有了显著变革。

---

① 这是 1341—1347 年拜占庭内战（即"两约翰之战"）中的一场重要战役。约翰·坎塔库泽努斯（约翰六世）及其土耳其盟友决定性地击败了转而投靠约翰五世的军阀蒙基尔（Momchil）。

维盖提乌斯记载，攻城战中，第一次突击往往是最容易得手的，因为缺乏经验的守城者可能会因武力展示即攻城器械的亮相而惊惶失措。为了夺取城市，拜占庭人或通过围城迫使其投降，或借助器械、垒起土坡、挖掘地道等方式突破城墙。在围攻目标城市之前，拜占庭人通过不断地袭掠破坏城镇周边农作物和土地经济基础，借此阻绝居民的食物和其他补给。拜占庭人要强行攻下城门、城墙是很困难的，战事旷日持久，时间、物资、生命的代价不菲。在其历史中，拜占庭人攻城时更喜欢仰仗内奸、城中意见不合之人或饥饿。只有当其他手段皆失败后，才会计划强攻。由于《战略》并未涉及攻城战，我们手中讨论攻城的手册仅有9世纪末、10世纪初利奥六世皇帝的《战术》。他指出，作战伊始，应该提出宽大的条件，以便让市民互相猜疑、倾轧；如果未能迅速逼降，将领则应派兵守住正门、边门，并安排士兵和民夫轮班。利奥警告说，白昼攻击对军队消耗很大，尽管战斗应时刻不停，但特定时间只应投入一部分兵力。日以继夜地攻击能够剥夺敌人的睡眠，这将摧毁士气，让他们更容易犯错。如果城内有易燃的房屋，可用火箭或投石机发射的燃烧罐将其点燃，散布恐慌。

在整个拜占庭历史中，拜占庭人和许多古代军队及其先进的邻居（如波斯人、阿拉伯人）一样，通过挖掘地道的古老方式破坏墙基，这也是最常见的突破城防之法。地道开凿时，会有柱子支撑隧道顶端，石块从墙下移出，最终形成凹坑。敌人开凿的反地道是一种常见的威胁，最好的应对之道是深挖。杰出将领尼基弗鲁斯·乌拉诺斯（去世于1007年后）在他的《战术》中写道：

"古人在围城战中制造了许多器械，例如冲车、木质塔楼、各式攻城梯、'乌龟'攻城锤 ①……还有许多其他武器,吾辈见所未见。然而,尝试、研究过上述各类器械后,最有效且敌人难以抵挡的方法,还是挖掘地道。"[lxi]

在围城战中,拜占庭人会使用许多器械,尤其是 6 世纪某个时候从东方(很可能为波斯)引进的牵引投石机。牵引投石机对很多城墙十分有效,并拥有造价低廉,操作简便的优势。利奥的《战术》提及了牵引投石机的一般用法,它似乎是中古时代最常见的投石机。然而,实战中很少有能击垮城墙的战例;尼基弗鲁斯·乌拉诺斯反而更推荐使用攻城梯,同时运用"莱赛"(laisai)——一种以藤茎或其他木本植物编织的攻城帐篷,它能够为工匠、弓手、轰击城墙的投石手提供庇护所,并对带着冲车、撞角向城门或城墙薄弱处推进的士兵进行火力支援。强攻时,指挥官将军队分为三部,一部进攻时,另外两部则在"莱赛"中休整。[lxii]尼基弗鲁斯设想了一种直接、犀利又相对短促的进攻,投石机、箭矢、攻城梯与挖掘地道共同运作,以期一鼓作气拿下城墙。[lxiii]这种正面强攻的战术与早先长期围困的手法迥异,彰显了 10 世纪独一无二的情势——拜占庭的能力和自信正处于巅峰。此后对重力投石机(前文已有提及,将在第七章进一步讨论)的运用,意味着罗马攻城战术的巨变;面对这种武器,即便近东最令人过目难忘的要塞也可能会化为瓦砾。约翰二世·科穆宁便以重力投石机作为其在安纳托利亚攻克一据守城堡的主要武器。

---

① 此处的"乌龟"是冲车中的一类,它在传统攻城锤之上增加了一层装甲,形似乌龟而得名。译注。

面临围攻时，将军被教导首先要关注城市或要塞的物资供应。水和食物实行严格的配给，进入要塞避难之人必须携带自己 4 个月的口粮。敌军会在周围要地扎营以便切断补给。尼基弗鲁斯指出，这将使攻城方的某些防区纪律松弛，粗心大意；他督促罗马步兵针对这部分人发动夜袭。假如地形不允许敌人包围，他们会扎营于一处，指挥官则被要求摧毁敌方马匹、粮草，并通过坚壁清野破坏对手的储备与庇护所——能够资敌的农作物及罗马村庄将被烧毁。夜间伏击和骚扰不但能消耗围城者，还能分散其注意力，让补给和援军得以进入被围的要塞或城市。

以上对战略、战术的简述显示，拜占庭人长期以来从与诸多敌人的无数次交手中得到了历练。拜占庭人很少脱离有限战争的战略观，其支柱是通常避免决战，骚扰、消耗敌人。战争的目标是击败敌人，但胜利的目的是确保短期或长期的和平。战争被视作防御性的，即便在 10 世纪帝国处于攻势时期也是如此，因为攻击行动是为了收复故土。拜占庭战术家们乐于采纳敌人的经验（只要是有效的）。尽管他们蒙受了大量失败，但依靠轻骑兵的闪电战、要塞防御以及游击战术，东部边境成功保持了稳定。950 年代的变化又一次具有决定意义，重装部队的回归、混合编组阵型，以及娴熟的战场调度能力，让野战军指挥有方，不可战胜。而物资投入和进取心方面的难以为继，最终导致东西边境在新强敌的持续压力下最终崩塌。

第六章　拜占庭的敌人

拜占庭国祚超过千年，他们面对过许多威胁其领土和人民的敌人。其中一些曾证明自己军力的强悍并给帝国带来了惨败。然而，经过数十年（甚至数百年）的防御、稳固、同化和反击，拜占庭人最终渐渐占据了上风。拜占庭人向对手学习甚多；事实上，适应对手带来的挑战正是拜占庭军事成功的基石之一。

日耳曼人

在日耳曼族群中，哥特部落联盟给古典晚期罗马造成的挑战最为严峻。哥特人组建的部落联盟，其成员多为东日耳曼人，他们至公元3世纪已定居于从奥得河、维斯图拉河①（Vistula）到南俄草原、克里米亚、喀尔巴阡山盆地的广袤土地上。自3世纪起，东日耳曼人对罗马东部省份构成了显著威胁。267年，哥特人与赫鲁利人突破了多瑙河防线，蹂躏了色雷斯和大片巴尔干土地，在269年"哥特库斯"克劳狄②（Claudius Gothicus）决定性地击败他们之前，甚至还洗劫了雅典。在败于匈人之后，大批哥特人南渡多瑙河，他们被接纳为罗马的"难民"（恳求者）。由于腐败，这些人缺衣少食，加之糟糕的运输，导致了哥特人的饥馑和叛乱，这一切在阿德里安堡的对战中来到了高潮。6世纪末，从哥特人的侵袭中恢复元气后，帝国却不得不承认意大利大部陷入新抵达的伦巴第部落联盟之手，后者在 7 世纪席卷了整个半岛。③ 从 6 世纪起，拜占庭人还卷入了与法兰克人的零星冲突，甚至为了伊斯特拉（Istria）与达尔马提亚的海岸控制权同查理曼（801—810 年间）兵戎相见。

组织

哥特人以十进制单位编组，和他们的日耳曼亲戚、盎格鲁-撒克逊人以及罗马邻居一样，主要的团队为百人队（hundafaps）——对东哥特人而言，罗马百夫长是耳熟能详的。在整个 3 世纪，哥特雇佣军都在罗马军中服役，君士坦丁皇帝统治时代，哥特人被安置于外多瑙④（Transdanubia）地区。至 4 世纪，哥特军事组织的精进已至少部分受到了罗马的影响。哥特部落匪军深入罗马领土，祸害匪浅，引起了君士坦丁的注意，后者多次兴兵征讨。此时的哥特人大概已经融合了其他一些民族，例如伊朗人（萨尔马提亚人）、斯拉夫人、罗马-达契亚人（Romano-Dacians）以及盖塔人（Getae）。一个从 2 世纪延续至 5 世纪的大体连贯的文化遗址 [切尔尼亚霍夫文化⑤

---

① 维斯图拉河又译为维斯瓦河，为波兰第一大河，全长 1 047 公里。译注。

② 即克劳狄二世（268—270 年在位），他在 269 年的纳伊苏斯战役（位于今塞尔维亚境内）重创哥特人联军主力，因此得到一个雅号"哥特库斯"（意为"哥特征服者"或"打败哥特人的"）。译注。

③ 568 年，伦巴第人领袖阿尔博因带领一支日耳曼人联盟进入意大利北部，攻城略地，建立了伦巴第王国，7 世纪中期，除罗马、拉文纳、西西里等少数地区，意大利大部被伦巴第王国占据。译注。

④ 位于今匈牙利西部。译注。

⑤ 切尔尼亚霍夫文化遗址大体分布于今天乌克兰、罗马尼亚、摩尔多瓦、白俄罗斯等东欧国家境内，居民为罗马-达契亚人、盖塔人、萨尔马提亚人、哥特人的混合体，主要从事农耕，公元 5 世纪因匈人的入侵而逐渐解体。译注。

(Chernyakhov culture)〕显现了此类广泛的交流；这种融合并非总是和平的，知识从一个民族传播至另一民族的方式当然包括战争。据摩里士皇帝所说，"金发种族"，尤其是伦巴第人，不是按照数量编组，而是按照血缘关系。

战争之道

哥特人同时以步兵和骑兵作战。直到数十年前，历史学家们还一直认为哥特人以骑兵为主，并将此作为 378 年他们在阿德里安堡对步兵军团取得辉煌胜利的原因。其人数恐怕从未像罗马作家让我们以为的那样众多——希瑟[①]（Heather）估计，6 世纪在意大利和高卢共有约 15 000 名哥特精锐男丁。[i] 哥特国王狄奥多里克[②]（Theodoric）统治了从西班牙、高卢至意大利的哥特领土，旗下哥特臣民约 20 万人。[ii] 然而，尽管我们缺乏同时代资料，多数哥特人似乎常常以矛兵或剑士的身份进行步战。哥特人无疑大量在罗马军团以步兵服役。在阿德里安堡，哥特人或许拥有 5 000 名骑兵，而步兵人数是其两倍。据维盖提乌斯的记载，哥特人包含大量步行弓兵。6 世纪时，普罗科匹厄斯清晰地刻画了哥特军队的面貌——大批密集队形的长矛骑兵，而步兵主要是装备标枪的散兵和弓兵。其余步兵则是长矛手和装备剑、盾的剑士。考虑到罗马弓箭对哥特人造成的高伤亡率，他们很可能在铠甲上逊于其罗马对手。实际上，哥特人可谓罗马军队的"模仿品"。

---

① 彼得·希瑟（Peter Heather, 1960— ）是英国伦敦国王学院中世纪史教授，为哥特人历史及西罗马帝国衰亡史方面的世界权威之一。译注。
② 即狄奥多里克大帝，东哥特王国的创立者，511 年起担任西哥特王国摄政，实质上掌控了东西哥特。译注。

拜占庭的应对

阿德里安堡之后，帝国已无力摧毁哥特部落联盟，罗马人试图通过谈判使之中立化。狄奥多西皇帝招募了大量哥特人进入罗马军队，这既是补充残破的东罗马野战军的权宜之计，亦是削弱哥特人（其闯入巴尔干造成了危机）的手段。狄奥多西招募的许多哥特部落联盟作战忠心耿耿，而罗马统帅部对其生死显然并不关心——一位同时代的歌功颂德者赞美皇帝"以夷制夷"，渔翁得利。哥特人尽管在东部野战军中占据了相当比重，但仍未"一手遮天"。到了公元400年，哥特军阀盖纳斯（Gainas）在首都君士坦丁堡掌控了帝国政治，然而其不得人心的政策导致了自己的垮台，市民的暴动令其7000人的哥特部队沦为瓮中之鳖。盖纳斯事件标志着帝国中枢哥特影响的巅峰；罗马人通过招募小亚细亚伊苏利亚山民抵消了军中的日耳曼成分。最终，尚未被同化或定居于罗马巴尔干、小亚细亚的哥特人被送往意大利，置于狄奥多里克大帝统治下。查士丁尼重燃了哥特战争，入侵并征服了意大利。554年，罗马将军凭借其协同作战手法在沃勒图尔努斯（Volturnus）击败了法兰克-阿勒曼尼联军——骑射再度证明自己为罗马对抗法兰克步兵的主要战术优势[1]。尽管拜占庭人在6世纪后期和7世纪初被伦巴第人夺去了意大利大部，但他们设立了拉文纳总督（exarch），其麾下还有若干公爵，用于抵挡伦巴第人的进犯。总督拥有军政大权，作为皇帝的封疆大吏，面对危机可见机行事而无需君士

---

[1] 554年的沃勒图尔努斯会战，纳尔塞斯率领的1.8万拜占庭军及赫鲁利雇佣军，以极低伤亡全歼了2万法兰克-阿勒曼尼联军。译注。

坦丁堡的直接谕令。上述改组帮助拜占庭人保持了意大利的部分领土，直至 1071 年。

波斯人

在罗马历史早期，他们面对的最老练、最富庶、军事威胁最大的政权非萨珊波斯莫属。公元 226 年，萨珊王朝于内战获胜后建立，其领土从中亚延伸至波斯湾和美索不达米亚。他们宣传自己为亚历山大大帝摧毁的阿契美尼德波斯帝国的传人，因此理当拥有前波斯小亚细亚、埃及、地中海沿岸领土。尽管萨珊人的宏大主张仅在 603—628 年间与罗马的剧烈冲突中付诸实施过一次，但争夺战略边境地带和缓冲区部族的冲突却很频繁。冲突的频率和强度在 6 世纪逐步升温，直至沸点，之后的一个世纪随着波斯征服大部分罗马东部领土而达到高潮。

组织

萨珊沙阿库斯老一世（Kosrow Ⅰ，531—579 年在位）改革了波斯军队并由此创造了一些罗马风格的建制。库斯老将帝国划分为四大军区，每个军区的守军由一名"元帅"（spahbed）指挥。沿着国界，万王之王设立了边境伯爵（marzbans）管理脆弱的边境地带并指挥当地边防军。"帝国军库大臣"（Eran-ambaragbed）与其罗马同行"禁卫军长官"类似，负责军队的武器装备。"将军"（gund-salar）在战役中指挥各野战军，有时也会置于元帅的统领之下。至 6 世纪，军队里有许多领饷的职业军人，还有一名负责常备禁卫军的职业步兵指挥官，但 6 世纪的波斯普通步兵大部分依旧仰仗征召。链甲骑兵部队与皇家卫队构成了帝国精锐；他们通常选拔自波斯贵族或盟友的显贵家庭，例如与波斯人交流甚多的嚈哒人或亚美尼亚人。

战争之道

萨珊军队中步兵、骑兵的比例不为人知，不过波斯人高度仰仗重装骑兵，他们既可骑射，又能以重型长矛攻击。波斯人喜欢直接以大规模骑兵冲锋击破敌军阵型；其骑兵的冲击力在几次对阵罗马人时起到了关键作用。通常，萨珊人将部队布置为三道骑兵阵列。他们偶尔也使用战象，尽管它们能施加心理上的冲击，但并非其军队的重要组成部分。波斯人的左翼传统上配备左撇子弓箭手、长矛手，因此能够有效地对敌人的整道军阵发起打击（右撇子弓骑兵对右侧射击尤为困难）。左翼构成了防守之锚，其角色为遏制敌方侧翼机动并对右翼（那里布置了最优秀的贵族骑兵）攻势提供掩护。萨珊人右翼通常会试图包抄敌人左翼，不过其从头到脚披甲的持矛铁甲重骑兵也能对敌步兵、骑兵集群发动正面突击。中路正规骑兵的背后驻扎着步兵方阵，他们掩护着骑兵，万一后者攻击失败，还能为其撤退提供支援。除了箭术和骑术，萨珊人还是卓越的围城工程师。从 4 世纪至 7 世纪，他们攻克了一批罗马防御最强的要塞城镇。

拜占庭的应对

萨珊和拜占庭彼此知根知底，双方存在大量军事知识与实践的交流。在军事上，两者如出一辙。20 世纪初期，考古学家在对幼发拉底河中游杜拉欧罗普斯（256 年被萨珊人攻克）的发掘中发现了至少 90 具罗马人和一具萨珊攻击者的遗骸。萨珊人身着链甲，持有玉柄宝剑，头戴尖脊盔——其中脊部分以铆接方式将头盔两瓣连接在一起。[iii] 上述装备在 3 世纪的罗马军队里十分典型。533 年的达拉战役中①，贝利撒留通过限制对手骑兵以及心理战而占据了上风。随后的战斗中，他利用萨珊人的谨慎，通过佯攻的计策迫使他们退兵。波斯人习惯了其游牧民对手的圈套和佯败，因此对攻势行动显得过分小心。指挥官若精选战场，便能阻止波斯人借助崎岖地形保护其脆弱部属，从而予以牵制。萨珊人中较差的士兵不以矛和盾战斗，而主要作为散兵和弓兵。因此，在平地上他们面对罗马骑兵冲锋十分无力。罗马人依靠计谋、战略机动、战术协作和纪律性挫败波斯人。当罗马指挥官得以选择战场时，他们能够战平甚至击败这些东方劲敌。

游牧民

帝国在其历史中面对了一系列草原游牧军事政权。拜占庭人与匈人、保加尔人、阿瓦尔人、可萨人、马扎尔人、佩切涅格人、库曼人爆发过大战，还与其他诸多族群发生过无数小规模冲突。游牧民通常倾向于劫掠帝国领地，甚少试图定居于多瑙河以南——这里仅有小部分区域适合游牧生活。然而，匈人和阿瓦尔人均对帝国造成了生死存亡的威胁，因为他们打算掌控多瑙河以南的土地，并摧毁将他们阻碍于北岸的罗马政权。在领导魅力感召或环境、现实逼迫下，游牧民会

---

① 原文如此，达拉会战实际上发生于 530 年。译注。

形成联盟。摩里士在《战略》中强调，游牧民通常以基于血缘的部落或大家族进行战斗，这塑造了其战术特性。[iv]

组织

游牧民社会基于核心家庭与更宽泛的血缘纽带。与其他部落社会类似，血缘或想象中的谱系关联有助于政治交易并让更大规模的族群或曰"超级部落"得以成形，令大规模游牧民军事行动成为可能。阿提拉治下的匈人打造了一个有效的君主国，摩里士强调阿瓦尔人和许多游牧民一样拥有君主。拜占庭历史中，匈人、阿瓦尔人阶级体制中的强人权势无疑提高了蛮族的军事效能。在他们于6世纪后期在多瑙河北岸定居后，外多瑙地区的阿瓦尔人吸收了保加尔人、斯拉夫人、匈人、日耳曼人成分。拜占庭人描绘了被阿瓦尔人征服民族的可怕命运，尤其是斯拉夫人被用作苦力以及626年围攻君士坦丁堡时的炮灰。据摩里士记载，阿瓦尔人行军时按照部落或亲族编组。其社会结构令他们易受军中逃亡和分裂的困扰，而拜占庭人则试图加以利用。

战争之道

草原游牧民主要以轻装弓骑兵的方式作战。速度和奇袭是他们战略、战术成功的基石。他们蜂拥而来，箭如雨下，可以破坏敌军阵型并将其驱离战场。在4世纪，当时的罗马人尚缺乏经验来应对这种"蜂群"攻击、战吼、诡形怪状以及匈人的骑弓术，这些游牧民令许多战士肝胆俱裂，在帝国各处赢得了许多胜利。除了弓骑兵以外，匈人和阿瓦尔人还配备了与萨珊人复合型骑兵相似的重型枪骑兵，他们装备了弓、剑与矛。《战略》记载，阿瓦尔人将长矛绑在背部，以方便拉弓射箭。除去长矛弓箭，阿瓦尔战士也佩剑；他们与其匈人前辈不同，拥有更重型的装备，如摩里士所言，身着链甲衫。阿瓦尔人穿着长款链甲衣或裆部分衩的札甲，两侧有铁板保护腿部。著名的纳克森密克罗什宝藏中包含一只金瓶，上面描绘了一位可能是阿瓦尔或保加尔人的勇士，身穿带科伊夫帽的链甲、板甲护胫、头盔，并携带燕尾旗长矛。

拜占庭的应对

拜占庭人依靠外交手段收买匈人，并扭转他们对帝国领土的觊觎之心。整个 5 世纪，帝国处于防守态势，这摈除了与优势敌人进行决定性野战的可能，而君士坦丁堡强大的城防保护了东部领土免遭匈人的渗透与征服，不过大部分欧洲领地都惨遭蹂躏，脱离了拜占庭掌控。尽管我们的史料并未指明拜占庭人究竟吸收了哪些游牧民战术和装备，但他们招募了匈人弓骑兵加入军队，可能借此（也许还包括逃兵）获得了骑射知识。至 6 世纪，查士丁尼麾下的骑射 / 长矛复合骑兵堪称拜占庭军中最重要的战术单位。拜占庭人从阿瓦尔人那里学来了马镫，这为拜占庭骑兵提供了更稳定的作战平台。摩里士的《战略》记载，带皮绳的阿瓦尔长矛、阿瓦尔式帐篷与骑兵披风均直接借鉴自其草原敌人。6—7 世纪，骑兵札甲在拜占庭士兵的甲胄中变得更为突出，这也表明拜占庭人向游牧民学习的广泛性。虽然古典时代军队已知佯退的战法，但它实属游牧民常规战术，拜占庭人受草原影响将其发扬光大，并在整个历史中加以运用。采用游牧民的装备、战术、谋略是拜占庭军队最重要的改良之一，对帝国国祚长久起到了关键作用。

阿拉伯人

伊斯兰教在 7 世纪初期兴起之时，罗马人已拥有与阿拉伯人打交道的丰富军事经验。几乎从罗马统治近东起，阿拉伯斥候与轻装部队便作为向导和辅助部队服役。到了 6 世纪，罗马向结盟的部落联盟支付补助金以维持从红海到幼发拉底河边境地区法律与秩序的制度是治理东部行省不可或缺的一环。强大的基督教伽珊尼德部落联盟（同时包含游牧和定居的成员）相当程度上控制着帝国的东部外围，虽然希腊语精英对阿拉伯盟友普遍抱有敌意，但这些藩属既得力又可靠。伽珊尼德辅助部队击败了波斯资助的同类部队，并在叙利亚、美索不达米亚战役中证明了自己对东部野战军而言是有价值的轻骑兵袭掠者和散兵。636 年雅尔穆克战役中，伽珊尼德人与其罗马主人并肩战斗，尽管其中不少人后来皈依了伊斯兰教，但仍有相当一部分迁徙去了罗马领土。阿拉伯穆斯林在雅尔穆克获胜后蹂躏了整个叙利亚与美索不达米亚，最终从罗马手里夺取了埃及、利比亚和北非。阿拉伯穆斯林还试图征服君士坦丁堡，从而摧毁残存的罗马帝国；在 7 世纪和 8 世纪初期荡气回肠的大围攻中，帝国展现了自己虽遭重创，但实力尚存。随着倭马亚王朝的倾覆，穆斯林统治的重心移至美索不达米亚，对罗马存亡的威胁减轻了，而阿拔斯王朝政治上的崩解则令拜占庭人持续发动了在东部收复失土的反击。

组织

阿拉伯征服军是按照部落组织起来的，但尚不清楚此时其是否已经按照征服成功后闻名的 10—15 人的单位"阿里夫"（arifs）编组了。阿拉伯穆斯林军主要从阿拉伯语家庭和部落群体中招募。但拜占庭、萨珊逃兵亦是士兵来源，此外还有地区阿拉伯领主手下的非阿拉伯裔穆斯林（马瓦里①，mawali）。[v]更大的部落群则在其谢赫②（sheikh）旗下组成军队作战，其实力各不相同，人数在 2 000—4 000 之间。在特殊情形下，例如雅尔穆克，联合部队可投入多达 30 000 或 40 000 士兵。661 年，穆阿维叶率领的叙利亚军和先知堂弟、女婿阿里率领的伊拉克阿拉伯人爆发了隋芬之战（Battle of Siffin），据说前者拥有 150 000 人、后者拥有 130 000 人兵力；以上数字令人难以置信，或许将其除以 10 都毫不为过。[vi]倭马亚王朝时代，叙利亚军队为哈里发统治的主要支柱，一支 6 000 人的叙利亚军常被提及，这可能就是其常备野战军，在规模和装备上与其拜占庭邻居并无二致。[vii]838 年，哈里发穆阿台绥姆（al-Mu'tasim，去世于 842 年）带领一支多达 8 万人的军队攻打阿莫里乌姆，这是拜占庭人曾经面对的最大规模敌军之一。[viii]

战争之道

尽管如今人们对早期穆斯林军队普遍印象是骑乘阿拉伯马的高机动骑兵，但征服时代的军队其实主要是作为长矛手和弓箭手作战的步兵。在最初的征服战役中，阿拉伯人的箭术对拜占庭和波斯双方都尤为致命。早期穆斯林军队通常缺乏重骑兵，他们热切地接纳了在美索

---

① 马瓦里为复数形式，单数形式即"毛拉"（Mawla），字面含义为"被解放者"，原指信仰伊斯兰教的非阿拉伯裔穆斯林，现代许多伊斯兰国家也将学者尊称为毛拉。译注。

② 字面含义为"长老"，后代指部落领袖或伊斯兰国家王室成员，亦可用于称呼伊斯兰学者。译注。

不达米亚最初遭遇时叛逃至本方的萨珊骑兵。直到他们与拜占庭交锋的末期，步兵依然是阿拉伯军队的重要组成部分。尼基弗鲁斯·福卡斯记载道，渗入拜占庭边境地带的阿拉伯袭掠者包含步兵与骑兵；与其罗马同行类似，步兵会组成长矛手的密集阵型"富孔"[①]（foulkon）以支援构成阿拉伯军队主要攻击翼的骑兵。阿拉伯正规骑兵主要作为枪骑兵作战，而远程火力支援则由步弓手提供。阿拉伯人从未精通骑射术；相反，他们依赖突厥部队提供移动火力支援。拜占庭人收复叙利亚北部及美索不达米亚时所遭遇的轻骑兵为驾驭阿拉伯快马的贝都因轻骑。尼基弗鲁斯建议借助弓箭使他们不得近身，而不要追击，因为即便是拜占庭最好的战马，受累于骑手的重装备，也无法追上他们，反而存在追击中被切断后路而覆灭的风险。中世纪早期的阿拉伯军队指挥得当，并且通常拥有数量、训练、装备上的优势，从而一再揭示出拜占庭的弱点。决战几乎总是以阿拉伯人获胜告终；只有当帝国在经济、人口上有所恢复并且哈里发国开始分裂时，时运才转回到罗马人一边。

拜占庭的应对

考虑到 7 世纪初期、中期最初冲突后，拜占庭人与阿拉伯人交战的非对称性，拜占庭指挥官唯一可用的应对之道，便是采取防御战略，辅以小规模、惩罚性袭掠，从而将敌人拒止于具有战略意义的安

[①]　通常拼写为 Phoulkon（希腊语：φοῦλκον，拉丁语：fulcum），这是罗马帝国晚期至拜占庭初期常用的步兵阵型——步兵密集编组，前方 2—3 排组建盾墙，而后方若干排士兵则以投射武器发动攻击。摩里士皇帝在《战略》中对此阵型有着详细描述。译注。

纳托利亚高地之外并维持拜占庭政权对边境人口的影响。皇家军队因叙利亚、埃及战败的巨大损失而遭削弱，他们军饷不足，装备落伍，散落在各个行省，完全不是哈里发野战军的对手。拜占庭人常常缴纳贡赋以使阿拉伯人停战休兵，这一耻辱重创了国库和士气。然而，674—678 年与 717—718 年的围攻表明，倘若没有制海权，阿拉伯人欲彻底征服基督教帝国，就不得不先征服安纳托利亚高原。然而，得益于他们的军区（军区部队能够隐蔽自身，骚扰有时甚至击败穆斯林袭掠部队），拜占庭人令穿越其领土的进军变得危机重重。不屈不挠的拜占庭军队纵使无法与哈里发雄厚的战兵媲美，也常常能挡住劫掠部队，而当阿拉伯野战军在别处征战时，他们也会反过来袭扰兵力空虚的地区。到了 10 世纪，经过数百年连续的战斗，东部边疆的边民中催生出了一个军事世家阶层，以其对抗阿拉伯人的经验重塑了拜占庭军队。他们协同作战式的军事手段、对心理恐惧的运用、焦土政策以及通过围攻不断收复帝国故土的功绩，标志着拜占庭军队走上了中世纪东方的巅峰。

保加尔人

突厥保加尔人出现于 6 世纪，最初是所谓的"旧保加利亚帝国"（Old Bulgarian Empire）中不太重要的一分子——库特古尔人（Kutrigurs），559 年他们曾在君士坦丁堡城外被贝利撒留击败，定居于多瑙河北岸并被阿瓦尔人吸收。随着 8 世纪阿瓦尔人政权的崩溃，新保加尔人到来，其精英在外多瑙地区逐渐形成了保加尔汗国，并采用了斯拉夫语及其风俗。考虑到他们的文化渊源来自欧亚大草原，中世纪时代保加利亚精英多以重装枪骑兵作战就不足为奇了。保加利亚成为了帝国北部最重要的国家。虽然双方人民间存在着长期和平甚至联盟，然而"卧榻之侧岂容他人鼾睡"，两个帝国均试图掌控巴尔干，关系紧张。因此，保加尔人尝试攻占君士坦丁堡或在军事上降服拜占庭人，而后者则长期试图抑制甚或吞并保加利亚。

组织

最初，保加尔人按照多数草原帝国的方式（即内外部落）组织，其权力关系通过联姻、宗谱、物资交易联结。外部落之下，按照尊卑顺序，则是被统治的属民，例如斯拉夫人、希腊人以及多瑙河盆地这个文化熔炉打造出的阿瓦尔人、匈人、日耳曼人混合体。在草原和拜占庭影响下，可汗位居这种日益成熟的阶级体系的顶端。高级"内"贵族被称作"波雅尔"（boilas，通常英语拼写为 boyar），他们与低级"外"贵族"巴盖恩"（bagains）构成了保加尔国家的精英，并为汗国提供军官及精锐部队。保加尔人与其拜占庭对手一样，拥有强大的军阶体制，可汗统领全军，大将答剌罕 ① （tarqan）除了行政职权，大概还要指挥中军。答剌罕的下级包括"伯爵"（komites，单数形式 komes），沿用拜占庭习惯，负责军队的两翼。[ix] 顶级保加尔贵族为披马铠的重装骑兵，他们与其游牧祖先一样，倚重禁卫重骑兵和轻装弓骑兵。

---

① 答剌罕是历史上中亚许多民族（包括突厥人、蒙古人、匈人等）均使用的头衔，一般授予高级武将或功臣。译注。

战争之道

保加尔人采用大规模征兵来补充军队。恐惧是让人们自带装备参军的主要手段。可汗鲍里斯·米海尔（Boris Michael，去世于907年）下令，加入集结部队却无适当装备之人、未备战之人以及战前、战斗中的逃兵一律处决。[x] 普通士兵中包括许多斯拉夫人，他们携带盾牌、标枪作为轻步兵战斗。保加尔骑兵与拜占庭对手和其他草原游牧民皆有些相似。保加尔人是利用地形的专家，在与敌人交手中倚重伏击和奇袭。[xi] 他们展现了高水平的战略规划、强悍的纪律和军队的凝聚力，得以多次对抗并击败帝国野战军。例如，811年在沃尔比察①（Varbica），他们伏击了尼基弗鲁斯一世皇帝的大军，用木栅栏加以围困，最终将其摧毁。皇帝本人阵亡，其继承人身负重伤。保加尔人对拜占庭军队的战略战术了如指掌，与东部一盘散沙的阿拉伯埃米尔们不同，他们可谓愈挫愈勇、精诚团结的顽敌。

拜占庭的应对

拜占庭人通过经济、外交、军事的全方位战略来应对保加尔人。通过和约，贸易被限于指定地区并受皇家官员的监督。保加尔人位于普利斯卡的宫廷内始终潜伏着间谍；保加尔可汗泰莱茨（Telerig，768—777年在位）通过派人诈降的诡计蒙骗了皇帝，导致拜占庭安插于保加尔人中的特工身份暴露②，全军覆没。[xii] 拜占庭人对保加尔人

---

① 即普利斯卡战役。译注。

② 此事发生于君士坦丁五世统治时期。泰莱茨派出密使前往君士坦丁堡，伪称准备叛逃拜占庭，骗取皇帝信任后套出了拜占庭安插在保加尔内部的间谍名单，导致随后帝国的间谍被一网打尽。讽刺的是，泰莱茨本人在777年被迫流亡拜占庭避难，并皈依了基督教。译注。

的败绩常常应归于战略和战场情报上的缺陷，导致帝国野战军遭受奇袭。老练而谨慎的指挥官会发现，在保加利亚作战是相当危险的。在关于黑海沿岸色雷斯与墨森布里亚土地控制权的持续争端中，尼基弗鲁斯二世·福卡斯皇帝发动了一场短暂的战役，他发现保加尔人善于利用多山地形，并且补给和通讯上的困难也难以克服。尼基弗鲁斯于是劝诱基辅大公斯维亚托斯拉夫一世入侵保加利亚；罗斯人夺取了大量保加利亚城镇和要塞，粉碎了保加尔人的抵抗，这引发了罗斯人及其保加尔新臣民与拜占庭的直接对抗。约翰一世·齐米斯基斯于971年在杜罗斯托鲁姆击败了罗斯人，这为拜占庭吞并保加利亚铺平了道路。不过，征服保加利亚花费了数十年时间，巴西尔二世皇帝通过持续、艰苦的战役，凭借每个季度对保加尔的围攻和消耗，最终扑灭了保加尔人的反抗。保加利亚为拜占庭的消耗战提供了另一次测试：帝国军使用围攻、焦土策略和步步为营的方式，逐步扩大其行动基地，最终让一个强悍、老练、训练有素的对手精疲力竭。尽管当巴西尔二世于1025年驾崩时，帝国已取得对保加利亚的支配地位，但激烈的抵抗一直持续到1041年沙皇彼得二世[①]去世为止。拜占庭赢得了这场几十年的艰苦战争，掌控保加利亚几乎长达一个半世纪。

诺曼人

诺曼人抵达拜占庭世界时并非被视为敌人，而是因其武艺高强被

[①] 即彼得·杰良（Peter Delyan），其确切出身不明，但他自称为保加利亚沙皇加夫里尔·拉多米尔（Gavril Radomir）之子，于1040年发动了反抗拜占庭的起义，第二年战败身亡。译注。

当作有价值的雇佣军。在加洛林王朝国王"诚实的"查理 ① （Charles the Simple，898—922 年在位）将一片土地让予定居的斯堪的纳维亚袭掠者领袖罗洛（Rollo，约去世于 931 年）后，他们创建了诺曼底公国。罗洛的后裔与本土法国人融合后形成了诺曼人——他们是彻底的基督徒、固执的军国主义者和无休止的扩张主义者。大约在 11 世纪初，诺曼武士进入了意大利，为不同的伦巴第王公担任佣兵。到了 1050 年代，大批"法兰克人"（拜占庭人这样称呼他们）已经在从叙利亚至保加利亚的拜占庭军中服役了，此外诺曼人也成为了小亚细亚常备守军的一分子。^{xiii} 在 1040 年代，诺曼人开始征服意大利南部，建立了数个南方伯国；至 1091 年，他们最终侵入西西里，并从穆斯林诸侯手中夺取了全岛。从 1050 年代后期起，诺曼人开始挑战拜占庭在意大利的利益；1081 年，罗伯特·圭斯卡德领导了一场对拜占庭巴尔干的入侵。随后的冲突中，诺曼人击败了阿莱克修斯一世·科穆宁，阿莱克修斯使出浑身解数才赶走了他们。诺曼人在此后一个世纪又发动了两场大规模入侵，诺曼西西里王国依旧对帝国西顾的雄心及其中枢构成威胁，直到 1194 年诺曼欧特维尔 ② （Hauteville）王朝倾覆。至此，拜诺曼政权所赐，拜占庭收复南意大利和西西里的所有希望已经灰飞烟灭。

---

① 即查理三世。此处的绰号 Simple 应取其本意翻译为"诚实的"或"坦诚的"，而非像某些中文译法那样处理为"糊涂王查理"。译注。
② 欧特维尔家族起源于法国诺曼底科唐坦，极盛时拥有西西里王国、安条克公国和塔兰托公国。1194 年西西里国王坦克雷德去世后，凭借姻亲关系，霍亨斯陶芬家族的神圣罗马帝国皇帝亨利六世获得了西西里王位。译注。

组织

诺曼人在"队长"的指挥下服役，后者根据血统或战争中的际遇而擢升。像欧特维尔（其建立的王朝将征服意大利的许多土地及西西里）的坦克雷德这样的小贵族，便是一名诺曼底不起眼的男爵，大概是斯堪的纳维亚定居者的后裔。那些分割拜占庭安纳托利亚的战士似乎要么为小贵族，要么便仅仅是成功的士兵。其中一位诺曼人"法兰克人之子"埃尔韦（Hervé Frankopoulos）在 1057 年率领 300 名法兰克人东进以寻觅劫掠物和领土。在最初于凡湖附近取得成功后，他被交给了皇帝并最终获得原谅。诺曼伙友并无常数，似乎每个男爵都依据个人财富、地位招募人手。意大利诺曼领主的军队核心是那些被分配土地、财富而换取永久服役的男子。领主被要求提供固定兵额的军队（骑士或步兵军士）。其余诺曼人则为了报酬或劫掠而从军，包括成功征服敌人领土后所分发的土地。拜占庭遭遇的诺曼人并非铁板一块——其中一些为帝国效命随后又加以反叛，其兴趣是报酬和个人的飞黄腾达，而非任何特定的国族忠诚。从这一点看，对拜占庭发动战争的诺曼人有些类似后来中世纪晚期的"自由佣兵团"①——数量不定，通常追随一名干练有为、富有魅力的指挥官，并且异常投机。随着军阀的不断成功，其资源也水涨船高。因此，罗伯特·圭斯卡德从诺曼匪帮领袖跃升为伯爵，随后是阿普利亚与卡拉布里亚公爵；1084

① 自由佣兵团（free company）是 12—14 世纪若干佣兵团的统称，因其不隶属于任何一国政府而得名。1360 年《布勒丁尼条约》签署后，英法百年战争第一阶段告一段落，大批昔日的军人失去了"工作"，客观上为自由佣兵团的兴盛提供了条件。其中的佼佼者当属英国人约翰·霍克伍德领导的白色军团。译注。

年，随着他在都拉基乌姆击败阿莱克修斯，圭斯卡德带领数千步兵及超过 2 000 骑士进军至罗马，与他开启生涯时的几十或几百兵力相比，可谓天壤之别。[xiv]

战争之道

诺曼人军队的主体为步兵，但他们组成了支援骑兵的大规模防御兵力。诺曼步兵通常作为长矛手作战——贝叶挂毯 [①]（Bayeux Tapestry）展现了许多佩戴护鼻盔，身着锁子甲的步战诺曼人，然而多数诺曼人不可能有如此装备。他们多半大概不披甲，并和大多欧洲同行一样以盾牌提供防护。轻装步弓手作战时仅有些许盔甲或无甲，他们在巴尔干战役中也发挥了作用——拜占庭指挥官乔治·巴列奥略（George Palaiologos）1082 年在都拉基乌姆之战中头部中箭；不过，通常而言是拜占庭人依靠出众的突厥箭术杀伤诺曼人马匹，令骑士失去机动性。[xv] 诺曼骑士身披沉重的链甲衣，穿着链甲裤和尖头链甲靴；安娜·科穆宁娜记载，失去战马后，这身批挂会大大延缓诺曼骑士的速度。[xvi] 这些骑兵携带矛与剑。其链甲的分量令他们对当时的弓箭相对免疫。诺曼骑士通常决定了战斗进程，他们震撼的骑兵冲锋带来了一场又一场胜利。帝国经常交手的突厥人和佩切涅格人，其武器较轻，其战法仰仗机动性、打带跑战术以及佯退，而诺曼人与之不同，更喜欢近战。他们以组织严密的密集队形作战，并展现出典范级别的纪律性。[xvii] 在一个步兵通常质量堪忧的时代，

---

① 贝叶挂毯是征服者威廉的同母异父弟巴约的厄德于 11 世纪末委托制作，主要描绘了诺曼征服中的黑斯廷斯之战。挂毯全长近 70 米，共展现 600 多个人物、200 多匹战马。译注。

大部分欧洲、中东的步兵都无法顶住诺曼人的正面骑兵突击。诺曼骑兵在敌人阵型上"穿孔"并制造混乱和恐慌，而支援部队则扩大战果。至 11 世纪末，诺曼人的骁勇善战令他们从叙利亚至苏格兰都拥有土地。

拜占庭的应对

拜占庭人热切地将诺曼人召入本方军队。尽管有批评者不公正地责怪中世纪罗马人未能按照西方显露的新式科技改良自己的战争机器，但其实他们拥有在技术和冲击力上可与诺曼骑士匹敌且训练有素的重装铁甲骑兵。科穆宁时代的拜占庭缺乏的是马其顿时代那样的老练重步兵，以及可阻滞敌方进攻并掩护步骑兵战术行动的骑射、步射协同作战手段。阿莱克修斯一世依靠突厥和草原游牧民辅助部队以及从邻国招募雇佣兵拼凑而成的野战军。就像应对其他顽敌一样，拜占庭合用了攻防两种手段——诺曼人被困在巴尔干，为帝国收复失土提供了空间，并让其赢得了在 1081 年亚得里亚海边都拉基乌姆惨败后重整旗鼓的喘息之机。阿莱克修斯与意大利南部贵族以及德意志皇帝亨利四世结盟，后者威胁到了诺曼人侧翼。1085 年，罗伯特·圭斯卡德的逝世去除了拜占庭自 7 世纪以来最大的心腹之患，但圭斯卡德之子博希蒙德在 1107—1108 年重启了对帝国的战争。阿莱克修斯已从二十年来与诺曼人的交往中汲取了经验，他重回了拜占庭的传统策略——防守、围堵和消耗。拜占庭人倚靠威尼斯盟友在亚得里亚海提供舰队阻碍诺曼人的海运和补给，而阿莱克修斯的军队则封堵都拉基乌姆附近的关隘；皇帝禁止其指挥官和诺曼人进行大规模对决。在同诺曼人侦察部队和征粮部队的小规模冲突和追击战中，拜占庭弓箭手采取"射人先射马"战术，随后将陷入围攻的骑士消灭。饥饿、疫病、资金匮乏挫败了博希蒙德，他被迫签署耻辱和约，退回意大利。[xviii] 于是，拜占庭古老的非直接战争理念取得了对这一顽敌的胜利。

第七章 战争中的拜占庭军队

在拜占庭历史长河中，其战争艺术可见诸不胜枚举的战役和个别战斗。尽管其中部分得到了充分研究，然而同时代史料对更多的交战语焉不详，甚至完全略过不表。在下文中，我们将通过主要战役、个别战斗及围城战来展现战争中的拜占庭军队。

战役：汪达尔战争

406 年，东日耳曼部族汪达尔人及其部落联盟（包括苏维汇人和说伊朗语的阿兰人）越过了莱茵河。汪达尔人起初败于法兰克人之手，随后在阿兰人协助下杀入高卢，残酷地蹂躏乡野，一路向南。在 420 年代初期，罗马人的压力迫使他们进入西班牙南部，他们在此面对的是罗马-高卢联盟；汪达尔人设法消除了上述威胁，但这导致了狼烟四起，族无宁日。在英勇睿智的盖萨里克（Geiseric，428—477 年在位，因坠马而瘸腿）领导下，汪达尔人越过地中海寻找安居之地；这场"出埃及记"令 80 000 人迁徙至阿非利加 ①，他们相信在此可庇护自己免遭罗马的反击。他们乘船横渡海峡来到了隶属罗马廷吉塔纳毛里塔尼亚（Mauretania Tingitana）行省的丹吉尔 ②（Tangiers）。

当地总督缺乏对抗盖萨里克的兵力，后者对其不予理会，经一年沿途劫掠的行军后，于410年抵达了希波城（Hippo Regius，现代的阿尔及利亚城市安纳巴）。基督教史上最杰出的人物之一命悬一线——希波的奥古斯丁③（Augustine of Hippo）正是当地主教和教会神父。汪达尔人攻下了城市，烧杀劫掠，但奥古斯丁逃过了一劫；他去世于430年8月28日，大约在汪达尔人重返并彻底征服该城前一年。汪达尔人的入侵促成了帝国由博尼法斯（Boniface）伯爵领导的大规模反击。431年，来自东部由大元帅阿斯帕尔（Aspar）统领的帝国远征军与博尼法斯会师，但他们遭受了败绩，不得不狼狈撤军。未来的东部皇帝马尔西安（Marcian，457年去世）就在远征军中服役并落入了汪达尔人手中。他帮助达成了一项和约，该和约承认汪达尔人占据罗马努米底亚的大片领土（位于今阿尔及利亚东部）。罗马人卧薪尝胆，他们无法容忍蛮族占据最丰饶的产粮区之一并威胁整个西罗马最富庶的诸省份。④442年，狄奥多西二世皇帝为了驱逐汪达尔人，自东部派出了大军。它也被击败了。444年，罗马人被迫承认汪达尔人掌控拜占凯纳（Byzacena）、阿非利加与努米底亚行省——上

---

① 罗马人所说的阿非利加，在行政区划上主要至今天北非的中西部，而非整个北非，更遑论整个非洲。事实上，汪达尔人从未能染指帝国的埃及管区。因此为避免混淆，将Africa译为"阿非利加"而不是"非洲"。译注。
② 位于直布罗陀海峡以南非洲一侧，今属摩洛哥。译注。
③ 希波的奥古斯丁（354—430）为大公教会早期伟大神学家、哲学家，曾长期担任希波城主教。他对教会神学的发展作出了突出贡献，此外，其《忏悔录》被认为是西方文学史中的第一部自传。天主教、东正教、圣公宗均将他奉为圣人。译注。
④ 和现代相对干旱贫瘠的北非不同，当时的罗马北非各行省是重要的产粮区及税源地。译注。

述区域如今构成了阿尔及利亚东部和突尼斯，拥有大片农田和许多城市。455 年，汪达尔人洗劫了罗马——五十年内，继 410 年阿拉里克（Alaric）之后，这座伟大城市第二度遭难。东部皇帝马尔西安正为匈人焦头烂额，因此未能派出部队讨伐。

终于，461 年君士坦丁堡与有为的西罗马皇帝马约里安[①]（Majorian，457—461 年在位）联合作出了回应，然而，马约里安从西班牙渡海登陆非洲的计划因叛徒作梗半途而废，后者纵火焚毁了远征舰只。此时，汪达尔人已经建立了强大舰队，开启了海盗营生；他们威胁地中海沿岸，甚至远达君士坦丁堡本身。468 年利奥一世让内兄巴西利斯库斯领兵，又一次发动了对汪达尔北非的大规模攻击；普罗科匹厄斯记载，远征花费达到了令人瞠目的 130 000 磅黄金。起初，远征顺风顺水。利奥派遣指挥官马尔切利努斯前往撒丁岛并轻易地夺取了它，同时另一支部队在希拉克略带领下攻占了的黎波里[②]。然而，巴西利斯库斯在距离迦太基约 27 英里处，也就是今日的哈马姆利夫（Hammam Lif）城附近登陆。他在此接见了盖萨里克的使节，后者请求他宽限一些时日，以便让汪达尔人听从劝诫，开启和谈。正当巴西利斯库斯犹豫不决时，汪达尔人集结了舰队，利用火攻船发动了奇袭，令多数停泊的罗马舰队灰飞烟灭。当他的座舰被占领时，巴西利斯库斯狼狈逃离战场。整场远征以失败而告终。

---

① 马约里安可谓西罗马帝国末期最后尚算有为的皇帝，任内恢复了对高卢和西班牙的部分统治，然而远征汪达尔失败后被大将李希梅尔发动政变杀死。译注。
② 注意这里是利比亚的的黎波里，而非黎巴嫩的的黎波里。译注。

巴西利斯库斯事件给罗马荣耀带来的污点影响深远；关于他腐败无能或勾结外敌的流言铺天盖地。财富和人员的损失如此惨重，以至于东帝国不再试图驱逐汪达尔人，光复阿非利加。[①] 随着 5 世纪时间的推移，匈人威胁减弱了，东帝国与昔日北非的领土建立了一种不稳定的关系，贸易与双边外交接触进行着，但他们从未承认汪达尔人是阿非利加合法的主人。芝诺（Zeno）皇帝与汪达尔对手建立了一种"永久和平"，让他们起誓不会侵犯罗马领土。盖萨里克去世后，其长子胡内里克（Huneric，477—484 年在位）统治汪达尔人；他偏爱汪达尔人与阿兰人信奉的异端阿利乌派[②]，以残酷迫害大公教会[③]信徒而闻名。胡内里克与前西罗马帝国皇帝瓦伦丁尼安三世（Valentinian Ⅲ）之女欧多西亚（Eudoxia）育有一子希尔德里克[④]（Hilderic），后者于 523 年在阿非利加掌权。希尔德里克治下，汪达尔人与君士坦丁堡的关系有了明显改善。从那时起，希尔德里克与查士丁尼私交甚笃，后者可谓舅父查士丁皇帝背后一颗冉冉升起的

① 此役损失了 130 000 磅黄金的军费，几乎掏空了东罗马国库，并导致未来数十年帝国处于破产状态。译注。
② 阿利乌派属于一位论教派，认为上帝只有一位，耶稣受造于圣父，低于圣父，反对三位一体论，在 325 年第一次尼西亚公会议上被斥为异端。译注。
③ 译者在此将 Catholics 一词按照字面含义翻译为"大公教会信徒"而非"天主教徒"，因为此时东西方教会尚未分裂，罗马和君士坦丁堡都属于统一的"大公教会"。事实上，东西教会的分裂要晚至 1054 年。而东正教会的自称依然为正统大公教会（Orthodox Catholic Church）。译注。
④ 希尔德里克血统高贵，不仅母亲为西罗马帝国公主，本人亦是东罗马帝国皇帝狄奥多西二世的曾外孙。然而胡内里克死后，王位先后由他的两个侄子继承，因此希尔德里克至 533 年方才登基。译注。

政治新星；作为一项缓和本地非洲人与帝国关系的政策，大公教会得到了宽待；许多汪达尔人转而皈依了基督教正统教会。汪达尔贵族发觉自己的地位受到了威胁，作为其关键身份认同之一的阿利乌派遭受了攻击；他们推测接踵而至的必是同化和瓦解。530年，希尔德里克的堂侄盖利默在多数精英阶层支持下推翻了年迈的汪达尔王。查士丁尼在君士坦丁堡沮丧地得知了希尔德里克于监禁中去世的消息。[①]罗马通过外交途径令希尔德里克复位的尝试失败了。但因与波斯开启战端，部队被困在叙利亚，查士丁尼无法采取行动。532年，查士丁尼与波斯媾和，令他的军队以及年轻的将领贝利撒留（530年在达拉对波斯人的胜利者）得以腾出手来西进。

532年刚与波斯缔结和约，查士丁尼便告知其核心圈子，自己有意入侵汪达尔王国。根据一位同时代见证人、知情者、贝利撒留的秘书普罗科匹厄斯记载，这个消息令人面面相觑。指挥官们惧怕被选中领兵，以免重蹈覆辙，而帝国的税收官们及行政官员则回想起利奥那场劳民伤财的远征。据说，最激烈的反对声来自禁卫军长官卡帕多西亚人约翰（John the Cappadocian），他告诫皇帝留意遥远的距离，并且只要西西里和意大利还在东哥特人手中，那么攻击阿非利加便是痴心妄想。最终，我们得知，一名来自东部的教士向查士丁尼进言说，他在梦中预见查士丁尼作为阿非利加基督徒的保护者完成了使命，而战争中上帝将站在罗马人一方。无论内部争议与信仰的角色如何，罗

---

① 原文的描述与史实时间线略有出入。实际上，盖利默一度软禁希尔德里克而没有杀害，直到533年得知拜占庭人兴师问罪方才铲除了前国王。译注。

马人的宣传无疑具有一些宗教因素；大公教会主教们通过散布汪达尔对待信徒暴行累累的传说来煽风点火。查士丁尼克服了后勤与军事上的担忧，因为从信仰角度看，他坚信自己的事业是正义的。

君士坦丁堡统帅部想必清楚一件事：查士丁尼的进攻计划与利奥不乏可行性的方案如出一辙。帝国间谍回应了（或者更可能是挑唆了）汪达尔撒丁岛总督的起义，一个罗马使团令他"弃暗投明"。查士丁尼支持了的黎波里塔尼亚（Tripolitania）总督普鲁登修斯（Prudentius）领导的另一场叛乱，后者的罗马名字暗示他并非管理该地的汪达尔官员。普鲁登修斯使用自己的部队（可能为家丁、武装佃户和摩尔人）夺取了的黎波里。他随即向查士丁尼报信求援，皇帝派出了规模不详的一支军队由护民官塔蒂米特（Tattimuth）率领驰援。这些部队守住了的黎波里，而远征军主力则在君士坦丁堡集结。

这支军队规模可观但还算不上庞大。贝利撒留麾下共有约15 000人，其部曲提供了5 000名骑兵中的大部分。生于都拉基乌姆的伊利里亚人约翰指挥10 000名步兵。同盟军包括400赫鲁利人（3世纪自斯堪的纳维亚迁移至多瑙河流域的日耳曼武士）。600名"马萨革泰"匈人作为弓骑兵从军，他们将在未来战役战术中扮演关键角色。500艘舰船搭载着30 000水手与15 000士兵及其坐骑。2 000名水兵驾驶的92艘战舰护卫整个舰队，这是一个世纪以来东部海域最大规模的舰队。罗马人保密的能力令人震惊，在古典时代达成战略奇袭是困难的；商人、间谍和旅人会迅速走漏消息。盖利默无疑对罗马主力舰队的存在毫无察觉；他显然认为不可能出现武力进犯，以为罗马的野心仅仅局限于蚕食其王国的边缘。汪达尔国王派遣弟弟察宗（Tzazon）率领 5 000 汪达尔骑兵、120 艘快船前去撒丁岛镇压叛军及其罗马盟友。

自从上次罗马人在西部海域发动如此大规模远征已过去了 70 年，他们缺乏后勤经验。卡帕多西亚人约翰在干粮上十分吝啬，面包被置于首都一座浴场的火炉旁，没有烘焙两次；当舰队抵达伯罗奔尼撒半岛的迈索内①（Methone）时，面包腐败，导致 500 名士兵死于食物中毒。航海末期，水也发生了变质，令一些人患病。经历这些艰难险阻后，舰队在西西里埃特纳火山②（Mount Aetna）附近登陆。533 年，该岛处于意大利的东哥特王国掌控下，经过外交斡旋，东哥特人知悉了罗马人在此登陆获取补给并以它为跳板发动入侵的意图。普罗科匹厄斯记载了将军及其部下因前路未明而对心理造成的影响；无人了解敌人的实力和战技，这在官兵中造成了相当大的恐慌，影响了士气。而更令人不安的是发生海战的前景，绝大部分的军人对此毫无经验。汪达尔人作为海上强权的名声令他们背上了千钧重负。于是贝利撒留在西西里派出普罗科匹厄斯和其他间谍前往岛屿东南的锡拉库萨（Syracuse）收集汪达尔海军部署以及阿非利加海岸适宜登陆点的情报。普罗科匹厄斯在锡拉库萨邂逅了一位来自巴勒斯坦的商贾，竟是他孩提时代的故人，其仆役刚刚从迦太基返回；他告诉普罗科匹厄

---

① 位于希腊西南部麦西尼亚州。译注。
② 埃特纳火山（Mount Aetna）位于西西里岛东部墨西拿和卡塔尼亚之间，海拔 3 326 米，是欧洲最活跃的火山之一，历史上多次喷发。1669 年的喷发曾摧毁附近的西西里第二大城卡塔尼亚。最近一次喷发在 2022 年 5 月。译注。

斯，汪达尔海军已驶向撒丁岛，而盖利默并不在迦太基，距离都城有四天脚程。得知上述消息后，贝利撒留立即命令部下登船启航，经马耳他和戈佐岛①（Gozzo），在卡普特瓦达（Caput Vada，今突尼斯东部中央的卡布迪亚角）下锚，未遇任何抵抗。统帅部在此发生了争论：在不熟悉的地形中，缺少粮食、饮水并冒着敌人袭击的风险向迦太基行军4天（甚至更久）是否明智？贝利撒留提醒指挥官们，战士正公开谈论着他们对海战的畏惧，倘若海上遇敌，他们可能会不战而逃。他的看法占据了上风，军队上岸了。这段旅程耗时3月，这就令大军的保密工作愈发的引人瞩目了——自始至终罗马远征的消息竟未传至盖利默耳边。

谨慎的贝利撒留遵循着罗马操典，部队建造了壕沟围绕的设防军营。将军令提供护卫的快速桨帆船②（dromon）围绕运兵船下锚。他部署弓箭手在甲板上守望以警戒敌袭。第二天，当士兵在本地农民的果园搜刮食物时，他们遭到了严惩；贝利撒留告诫军队，他们不是来与罗马-阿非利加人民为敌的，他希望后者能够加入本方对抗其汪达尔领主。

部队从东部沿着海岸道路向迦太基进发。贝利撒留安排他的部曲之一约翰③率领精选的骑兵担任前锋。左翼前方是600名匈人弓骑

---

① 戈佐岛（一般拼写为Gozo）位于马耳他岛西北，面积约67平方公里。译注。

② 这种快速桨帆船（δρόμων）字面含义为"跑步者"，5—12世纪为拜占庭海军主力舰只。贝利撒留时代的快速桨帆船装备了当时先进的三角帆，一般配备50名桨手。译注。

③ 即"亚美尼亚人约翰"（John the Armenian）。译注。

兵。部队每天行军 80 斯塔迪昂 ①（约 8 英里）。大约在迦太基 35 英里之外，两军有了接触；夜间当贝利撒留与部下在一座属于汪达尔国王的游园内扎营时，汪达尔与罗马的斥候爆发了遭遇战，他们均退回了本方营内。拜占庭人穿过了卡本半岛（Cape Bon）南部，其舰队需向北绕过海角，消失在了视线内。贝利撒留要求其舰队司令在距离陆军约 20 英里处待命，勿要前往迦太基，以免引发预期中的汪达尔海军反击。

盖利默实际上已经尾随了向迦太基开拔的拜占庭军一段时间，而汪达尔军正在该地集结。国王派遣侄子吉巴蒙德（Gibamund）与 2 000 骑兵至罗马左翼阵前。盖利默的策略是夹击罗马人——他自己的部队居后，吉巴蒙德位于左翼，再加上盖利默的弟弟阿马塔斯（Ammatas）带领从迦太基出发的援军。因此，他的计划是围歼罗马军队。缺少了 5 000 派往撒丁岛的汪达尔部队，汪达尔与罗马双方兵力可能大致相当。中午时分，阿马塔斯抵达了"十里"②（Ad Decimum），它因处于迦太基外第十个里程碑而得名。事发仓促，阿马塔斯离开迦太基时并未带走所有部队，而按照汪达尔人的联合攻击方案，他来得太早了。他的部下遭遇了约翰的精锐部曲骑兵（插图 7.1）。虽然以寡敌众，汪达尔人依旧英勇奋战；普罗科匹厄斯记述，阿马塔斯阵亡前杀死了 12 人。指挥官殒命后，汪达尔人向着西北逃

---

① 斯塔迪昂（Stadion）为古希腊长度单位，约合 600 希腊尺，在不同地域、场合其具体数据有所变化，大体在 157—209 米之间。复数形式为斯塔迪亚（stadia）。译注。
② 位于迦太基以南十里处的地标。注意这里的"十里"为 10 罗马里，1 罗马里约合 1 479 米。译注。

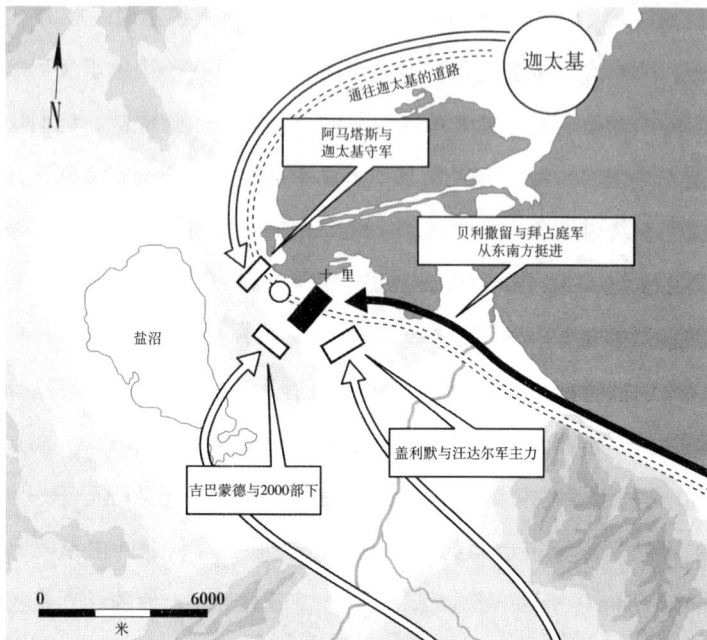

插图 7.1　汪达尔包围计划，源自 Cplakidas，2012

往迦太基。途中他们遇上了一批前往十里的同胞，阿马塔斯的溃兵令其也恐慌地加入了逃命的行列，约翰追击他们直抵城门。约翰的部队杀死了远超本方规模的大量汪达尔逃兵。东南方大约 4 英里外，吉巴蒙德麾下侧翼攻击的 2 000 汪达尔骑兵与贝利撒留的匈人翼卫交上了手。尽管匈人在数量上几乎处于一比四的劣势，但却拥有战术上出其不意、机动性及火力的优势。汪达尔人从未经历过草原弓骑兵；吉巴蒙德与部下被他们的名声和外貌所吓倒，仓皇而逃；于是匈人便摧毁了盖利默攻击的第二支矛。

贝利撒留对其副将的胜利尚一无所知，其部下最终建造了常规的木栅壕沟营地。他将辎重和 10 000 步兵留在营内，带着骑兵和部曲军出发，希望与敌人小规模交战以探清虚实。他派遣 400 赫鲁利同盟军作为前锋，他们遭遇了盖利默的斥候并发生了交战（插图 7.2）。赫鲁利人登上一座小山，发现了接近的汪达尔军。他们派员禀报了贝利撒留，他带领主力向前推进——普罗科匹厄斯并未说明，但似乎这只可能是骑兵部队，因为只有他们整装待发。汪达尔人将赫鲁利人驱离了山丘，并占据了这个战场制高点。赫鲁利人逃窜进了前锋的另一部——贝利撒留的部曲，后者不但未能坚守，反而一哄而散。（插图 7.3）

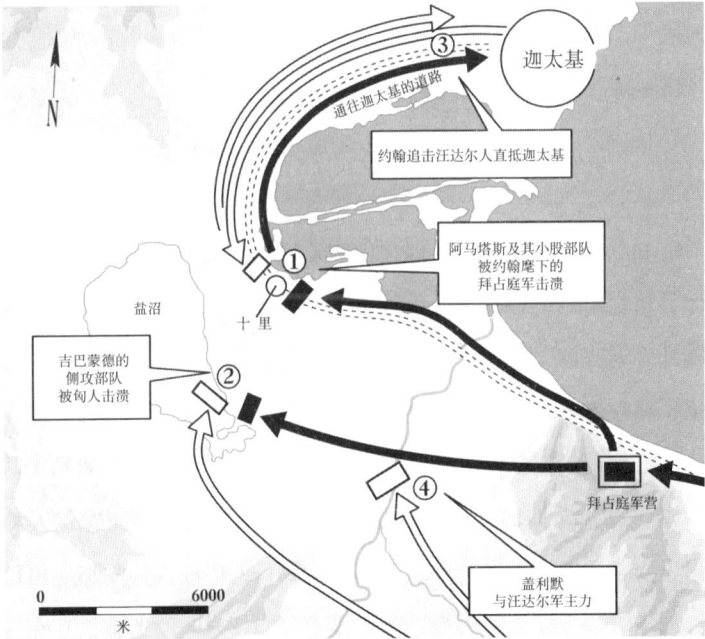

插图 7.2 "十里"战役第一阶段，源自 Cplakidas，2012

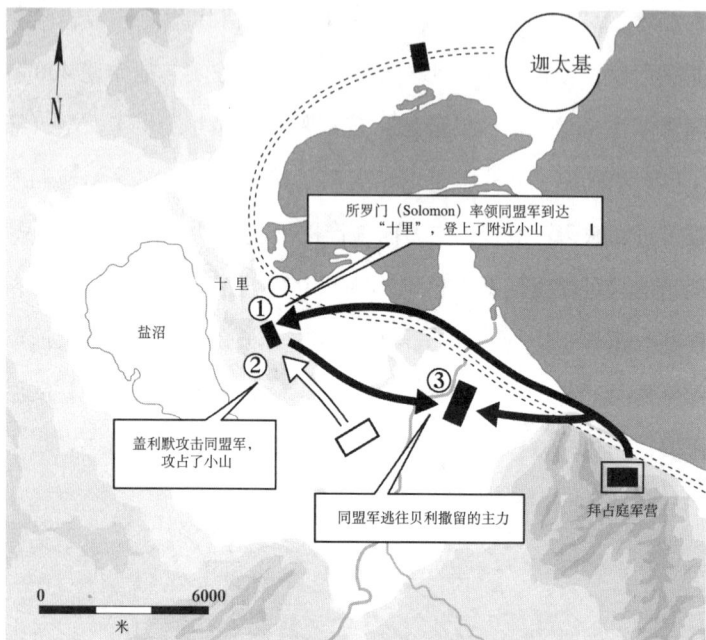

插图7.3 "十里"战役第二阶段，源自 Cplakidas，2012

盖利默错误地下了山；他在山脚发现了约翰部队杀死的汪达尔人遗体，包括阿马塔斯。目睹死去的兄弟，盖利默失魂落魄，汪达尔军队随即开始瓦解。虽然普罗科匹厄斯没有提及，但还有更多因素起了作用；通往迦太基道路上一连串的尸体提醒国王他的包围计划已经流产，如今他反倒面临罗马的包围。他无法确定是否有一支罗马军队阻断了迦太基道路。因此，随着贝利撒留大军的逼近，汪达尔人朝着西南方向努米底亚撤退的决定并非如普罗科匹厄斯声称的那样不可理喻。战斗（由于汪达尔人撤退，规模不可能超过一场追击战）在日暮时分结束。（插图7.4）

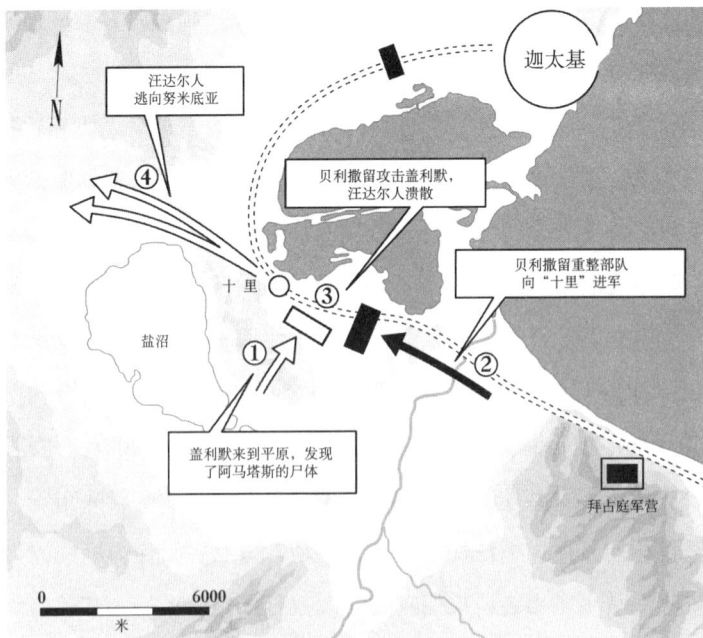

插图 7.4 "十里"战役第三阶段，源自 Cplakidas，2012

次日，贝利撒留秩序井然地进入了迦太基，未遇任何抵抗。将军顺利地安排士兵们驻扎下来；战士们的纪律和举止堪称典范，普罗科匹厄斯谈到，入城当天他们甚至在市场购买了午餐。贝利撒留立刻着手修复荒废的城墙，并派出斥候探寻盖利默军队的下落和部署。不久后，他的部下截获了来自撒丁岛的信使，后者带来了汪达尔将领察宗击败当地起义总督的消息。盖利默和汪达尔军队实力尚存，他们在迦太基以南四天脚程的布拉雷吉亚（Bulla Regia）平原安营扎寨。国王向撒丁岛的察宗派出了信使，当地的汪达尔军返国并在迦太基以西未受阻碍地登岸，经陆路来到布拉雷吉亚，两军会师。贝利撒留未能在

· 241 ·

这部分汪达尔军队登陆时予以拦截、摧毁，是一项重大失策，而普罗科匹厄斯对此略过不表。①

一旦盖利默与察宗合兵一处，他们便向迦太基进军，切断了主要的引水渠，看守城外道路。他们还与罗马军中的匈人暗通款曲，怂恿后者叛逃，甚至试图在城中招募"第五纵队"。

两军在特里卡马伦（Tricamarum，位于迦太基以南约 14.5 英里）相对扎营。汪达尔人发起了战斗，他们于午饭时分趁罗马人进餐之际开拔。双方隔着一条小溪列阵。4 500 名罗马骑兵沿着正面排成三部；约翰将军坐镇中央，而贝利撒留率领 500 家丁位居其后。汪达尔人及其摩尔盟军则围绕中央察宗的 5 000 骑兵布阵。两军怒目相向，但由于汪达尔人按兵不动，贝利撒留便命令约翰带领精锐骑兵从中军出击。他们越过小溪攻打汪达尔中军，却被察宗的部队击退。追击中，汪达尔人展现了良好的纪律性，他们没有跨过溪流，而罗马军队正守株待兔。约翰回到罗马阵中，挑选了更多骑兵，发动了第二轮正面突击，再度被汪达尔人挫败。约翰退回重整，贝利撒留将大部分精锐交予他以便进行第三次中路进攻。约翰英勇的最后冲锋令中路陷入鏖战。察宗在战斗中阵亡，汪达尔中军溃逃了，随着罗马人开始全军挺进，两翼也加入了逃亡队伍。罗马人包围了汪达尔的木栅营地，后者的辎重和家属在此寻求庇护。

---

① 虽然普罗科匹厄斯堪称东罗马帝国一流史家，其《战争史》一书为 6 世纪罗马-波斯战争、汪达尔战争、哥特战争的珍贵第一手史料，但普罗科匹厄斯曾长期担任贝利撒留的秘书和顾问，情感上难免有所偏向。这一倾向在他的另一部经典著作《秘史》中甚至更加严重。译注。

533 年 12 月中旬爆发的特里卡马伦会战中，罗马阵亡 50 人，汪达尔阵亡约 800 人。

当贝利撒留的步兵抵达战场时，盖利默明白，随着 10 000 罗马生力军加入，汪达尔人无法在营地挡住进攻。然而，汪达尔国王没有组织有序撤退，反而径自骑马逃走了。营地中其他人得知其离去后，汪达尔人军心瓦解，四散奔逃。罗马人整夜都在洗劫营寨，追击残兵，俘获妇孺，杀死男丁。在劫掠的癫狂中，罗马军队完全失去了秩序；贝利撒留目睹部下在前所未见的丰富战利品诱惑下如鸟兽散，对此一筹莫展。黎明时分，贝利撒留重整人马，派出一支 200 人的小部队追捕盖利默，并继续围捕俘虏汪达尔男丁。汪达尔人的崩溃已确凿无疑了，于是指挥官对敌人提出了大赦，同时派人前往迦太基准备迎接自己的抵达。最初对盖利默的追捕失败了[①]，贝利撒留亲自领军拦截国王，后者的存在依然构成促使汪达尔人与摩尔人盟友起义反抗罗马占领军的风险。将军来到希波城，在此他听说盖利默正和摩尔盟友避难于附近山峦间。贝利撒留调遣赫鲁利盟军在其指挥官法拉斯带领下于整个冬季看守山脉，令盖利默和追随者陷入饥馑之苦。

贝利撒留驻守领土并派兵前往撒丁岛，令其向罗马臣服，同时出动另一支部队进驻毛里塔尼亚的凯撒里亚（今阿尔及利亚城市歇尔谢尔）。此外，将军差遣军队攻占了直布罗陀海峡的要塞塞卜泰[②]

[①] 亚美尼亚人约翰原本负责对盖利默的追击，可惜功亏一篑，因友军误伤而不幸身亡。译注。

[②] 今西班牙海外自治市休达（Ceuta）。译注。

（Septem）以及巴利阿里群岛（Balearic Islands）。最后，他派出一支偏师奔赴的黎波里塔尼亚加强普鲁登修斯、塔蒂米特的部队以压制当地摩尔人和汪达尔人的活动。晚冬时节，陷入赫鲁利人重围、走投无路的盖利默经谈判投降，他被带到迦太基，贝利撒留将他送往了君士坦丁堡。[①]

罗马赢得了彻底胜利。汪达尔战役最终收复了大片拜占庭的富庶省份，而此前汪达尔人据有阿非利加城市、乡村的财富已将近一个世纪。普罗科匹厄斯对其主将贝利撒留及整个罗马军队的表现的赞美有所节制，他将汪达尔人的战败归于盖利默和时运，而非归功于官兵们的职业素养或技艺。显然，罗马人犯过几次错误——其中最主要的是未能阻截察宗的援军和在特里卡马伦发生劫掠汪达尔营地的事件时贝利撒留无力维持军纪。但平心而论，军队和政府的表现已足够出色。帝国间谍在的黎波里塔尼亚、撒丁岛边疆的工作转移了汪达尔人注意力，使之分兵。从多年与波斯鏖战中返回的罗马老兵证明自己在白刃战中优于汪达尔对手。他们的确展现了击败优势兵力敌军的能力。贝利撒留的统帅术、对士气的维持、出众的军纪（特里卡马伦事件除外）以及他慎重的决策保全了部队。罗马人在战役中损失轻微却将帝国边疆拓展了超过 50 000 平方公里（19 300 平方英里），增加了超过 25 万臣民。帝国掌控阿非利加领土超过百年，直到 7 世纪中期，它们被阿拉伯穆斯林的浪潮所吞没。

---

① 盖利默被废黜，但保住了性命，查士丁尼将他流放至小亚细亚的加拉太地区，并赐予地产。他最后得到了善终。译注。

964—969 年，尼基弗鲁斯·福卡斯的东部战役

954 年，尼基弗鲁斯二世·福卡斯接替其父担任"学院禁卫军统帅"①。他的擢升既体现了其声望，也透露出主公君士坦丁七世对穆斯林发动攻势的渴望。对帝国而言，东部的诸多埃米尔国是持续的威胁。不过，自巴西尔一世时代起，罗马人已在东部获得可观进展，他们摧毁了异端保罗派的政权，通过一系列战役打击了袭掠成性的梅利泰内酋长国，以 934 年洗劫该城为高潮，约翰·库尔库阿斯摧毁了这个阿拉伯最重要的基地之一（见下文）。从 8 世纪以来，穆斯林圣战士便聚集在奇里乞亚的梅利泰内或塔尔苏斯以加入针对拜占庭的"吉哈德"。一旦库尔库阿斯破坏了"圣战"的支柱之一，尼基弗鲁斯便将目光投向了帝国的南翼。

塔尔苏斯酋长国为伊斯兰世界的边境要塞（thugur）之一。9 至 10 世纪，塔尔苏斯的劫掠者不断袭扰边境，并发动大规模入侵。833 年，哈里发马蒙（al-Ma'mun）将此处作为集结地出征拜占庭，可谓 838 年其继承人穆阿台绥姆从塔尔苏斯发动大规模战役摧毁拜占庭重要城市阿莫里乌姆的先声。862、878 年的大型袭掠从塔尔苏斯发起，穿透了卡帕多西亚，攻占了数个堡垒。878—879 年的远征由 3 000 加齐组成，在卡帕多西亚的赫拉克雷亚（Herakleia）被拜占庭人挫败。894 年，塔尔苏斯的穆斯林的另一次出征远至安纳托利亚的皮西迪亚②（Pisidia）。931 年，埃米尔塔玛尔杜拉菲（Thamal al-Dulafi）发

---

① 此时该军职相当于拜占庭野战军总司令，在军阶体制中仅次于皇帝。译注。
② 位于小亚细亚南部沿海地区，大致相当于现代土耳其安塔利亚省。译注。

起了一场针对阿莫里乌姆的袭掠，俘获了海量奴隶（妇女儿童），将他们在市场上售出了 136 000 金第纳尔。塔玛尔统治期间，边境堡垒阿达纳（Adana）、玛希萨（Massisa，即奇里乞亚的亚卡皮纳尔）和马拉什重新拥有了常住人口和守军。[i] 赛义夫·道莱在叙利亚北部城市阿勒颇掌权时，他与塔尔苏斯埃米尔协同发动"吉哈德"——950年，赛义夫（他别号的含义为"王朝之剑"）带领一支大军进入安纳托利亚，其中包括来自塔尔苏斯的 4 000 人。拜占庭人大败这支军队，袭掠以灾难告终。[ii]

　　10 世纪的塔尔苏斯人口众多，经济富庶。它拥有广泛的贸易关系，并且处于水草丰茂的奇里乞亚平原中央的绝佳位置。尽管它坐落于平地，但与任何黎凡特城市一样具备雄伟的城防。基德诺斯河[①]（Kydnos River）从城市旁流过，提供了充足的水资源。一位大体同时代的穆斯林作家塔尔苏西（Tarsusi）记载，该城拥有双重城墙，其内墙傲然伫立，由百座塔楼加强，而城垛则为弓手和投射武器（牵引投石机与弩炮）提供了庇护。每侧城墙开通五道城门——外墙城门为木质包铁，内墙城门则为纯铁打造。城市居民中包含许多职业军人和季节性的加齐勇士；其民众对吉哈德颇为狂热，城中精骑兵勇声名远播。当城市面临威胁时，连男童也会视体格、年龄分发匹配的武器作为志愿兵。据塔尔苏西所说，城市拥有 34 000 座房屋，其中三分之二用以安置定居塔尔苏斯以实践吉哈德誓言的加齐武士。穆斯林地理学家伊本·豪卡尔（Ibn Hawqal）在拜占庭人征服该地前造访了城

---

① 今土耳其南部贝尔丹河（Berdan）。译注。

市，其 988 年左右的著作里记载，城中云集的圣战者来自五湖四海：北非、也门还有东伊朗的克尔曼（Kerman）。伊本·豪卡尔声称塔尔苏斯能够出动 100 000 骑兵，这很可能夸大了十倍；虽然如此，它依然是尼基弗鲁斯渴望铲除的心腹之患。ⁱⁱⁱ

963 年 8 月，尼基弗鲁斯·福卡斯通过流血政变夺取了权力，担任年幼皇帝巴西尔和君士坦丁的摄政。^①此后一年中，尼基弗鲁斯派遣约翰·齐米斯基斯讨伐奇里乞亚的穆斯林。齐米斯基斯于 963 年 12 月或 964 年 1 月抵达温暖的奇里乞亚平原，这意味着他率领卡帕多西亚部队在寒冬穿越了诸多隘口；这种“反时节”的攻击大概出乎穆斯林意料。在阿达纳附近，阿勒颇埃米尔赛义夫·道莱的部队与边防士兵现身抵御罗马基督徒。塔尔苏斯军队人数达 15 000 人，而拜占庭军队的规模不详。在这场后来以“血山”闻名的战役中，奇里乞亚穆斯林最初击溃了拜占庭军一部——它是否为佯败已无从确认，但齐米斯基斯的伏兵或预备队将追击的穆斯林军拦腰截断。最后，4 000—5 000 穆斯林来到一处陡峭的、骑兵无法接近的山顶避难。齐米斯基斯命令骑兵下马和步兵一道攻向山头，将在此防守的穆斯林屠戮殆尽。^{iv}这一暴行显然超出了两国通常交战的底线。它瓦解了奇里乞亚穆斯林的斗志，阿达纳人放弃了城镇，逃往附近的玛希萨［古代的莫普绥艾（Mopsuestia）］。约翰歼灭敌军也令赛义夫（他此时身染沉疴，命不久矣）失去了宝贵的老兵，为拜占庭进攻其主要目标塔尔

① 963 年 3 月，罗曼努斯二世皇帝驾崩，年仅 26 岁，留下 5 岁和 3 岁的两名幼子，即未来的巴西尔二世和君士坦丁八世。译注。

苏斯铺平了道路。齐米斯基斯随后移师东面 20 公里（约 12.5 英里）处的玛希萨，这是被皮拉莫斯河（Pyramos，今杰伊汉河）分隔开的另一座坚固城池。和塔尔苏斯一样，玛希萨固若金汤，将军对外墙的攻击失败了；经历三月围攻后，夏日到来，齐米斯基斯放弃了作战。由于战乱，奇里乞亚饥馑蔓延，罗马人无法收集足够粮草。于是齐米斯基斯在撤退前摧毁了玛希萨港口马伦（al-Mallun）的工事，随即一路烧杀劫掠前往塔尔苏斯。来自呼罗珊（Khurasan，位于伊朗东部及更远处地区）的数量庞大的穆斯林援军到来了，但他们面对的是满目疮痍的乡野，也无法找到自身所需的足够补给——大部分人都在隔年皇帝亲征前打道回府了。

964 年 11 月，尼基弗鲁斯二世·福卡斯亲率罗马人、伊比利亚人（来自高加索）与亚美尼亚盟友组成的军队进入奇里乞亚。皇帝的目标是夺取塔尔苏斯并摧毁这个劫掠成性的酋长国。尼基弗鲁斯将部队一分为二，让弟弟利奥负责进攻塔尔苏斯。利奥的部队显然被不屈的守军逐出了塔尔苏斯城墙。与此同时，皇帝本人移师攻打玛希萨。这场围攻持续了许多个月。最终，965 年 7 月，据"辅祭"利奥记载，尼基弗鲁斯检视了城墙，指导其坑道兵选择挖掘位置，一个晚上他们便移走了足够土壤，彻底挖空了一座塔楼的地基。这似乎不太可能——从地基下挖走足够泥土想必需耗费很多时日。7 月 13 日黎明，拜占庭人点燃了塔楼下支撑的木柱，它的垮塌夺走了许多守城者的性命。ᵛ罗马人随后猛攻豁口，夺取了半个城市。当拜占庭人强攻主城与主要郊区卡法巴亚（Kafarbayya）时，爆发了激烈战斗，他们逐出了穆斯林居民，俘获了数千俘虏及大量战利品。

尼基弗鲁斯旋即指挥其饕餮一般的军队转向东方，攻击城防坚固的塔尔苏斯。罗马人在城市周围扎营，并展开围攻；他们摧毁果园，并破坏整个平原的粮草。历来桀骜不驯的塔尔苏斯人决定以野战挑战帝国军。尼基弗鲁斯如此排兵布阵：

> 皇帝亲自率领最悍勇的战士们出营，于战场列阵；他以铁甲骑兵为前锋，命令弓箭手和投石手从后方向敌人射击。他本人与大队骑兵位居右翼，而约翰·齐米斯基斯在左翼作战……当皇帝下令吹起冲锋号时，罗马军队以无与伦比的精准展开行动，整个平原都荡漾着盔甲的闪光。塔尔苏斯人抵挡不住，被冲刺、长矛和后方射来的弓箭所逼退，他们旋即转身而逃……他们被其可悲的怯懦所压倒了。[vi]

将塔尔苏斯人逐出战场后，皇帝展开了围攻，市民开始尝到饥馑之苦后，他们提出了求和。在罗马人的护送下，大部分人被送往了叙利亚的安条克，尼基弗鲁斯移师攻打穆斯林治下奇里乞亚的其他城市，全部予以夺取。随着塔尔苏斯的毁灭和帝国掌控梅利泰内，两个最重要的边境酋长国被除去，罗马人打通了去往叙利亚的道路。

966 年，皇帝重返战场，洗劫了北美索不达米亚。尼基弗鲁斯经梅利泰内，侵掠了阿米达（迪亚巴克尔）、达拉、尼西比斯、迈耶法拉金（今土耳其东部城市锡尔万），随后沿幼发拉底河南下，10 月抵达了距离河西不远的叙利亚城市曼比季（Membij）。曼比季居民因献出了一块奇迹般地显露耶稣像的地砖[①]而逃过一劫。拜占庭人旋即南下赛义夫·道莱所在的阿勒颇。赛义夫提出向尼基弗鲁斯纳贡，但皇帝拒绝了提议，反倒一路杀向赛义夫，令后者南逃。尼基弗鲁斯在前往安条克的途中杀烧劫掠，之后返回了罗马领土以对抗保加利亚人。967年，赛义夫·道莱去世，穆斯林失去了一位强大干练的防御者，尽管他在晚年因王朝内讧和健康问题而有些英雄迟暮。尼基弗鲁斯在968年重返叙利亚，再度侵入美索不达米亚，其袭掠直抵黎巴嫩海岸，一路上夺取大量城市、要塞和丰厚战利品。第二年10月，安条克被罗马人攻占，阿勒颇也在969年12月或970年1月纳贡。12月11日的一个寒夜，约翰·齐米斯基斯潜入皇宫，进入其舅父沉睡的卧室将他弑杀。57岁的福卡斯见证了拜占庭军队的脱胎换骨——它纪律严明，战力惊人。齐米斯基斯拥有了这件对邻国一剑封喉的利器并将其传给了继任者巴西尔二世，后者将实现对保加利亚的征服，自查士丁尼时代以来第一次把边境推至多瑙河。

1014 年克雷迪昂战役（The Battle of Kleidion）

在巴西尔二世治下，帝国达到了其中世纪的最大疆域，而他被许多人认为是拜占庭最伟大的皇帝。尽管将巴西尔视为从善如流、战无不胜的完美君主的观点很大程度是其宣传的成果，但他对保加利亚的战役吞并了巴尔干大片领土，将拜占庭送上了中世纪时期声誉的巅峰。尤其是他获得了"保加尔人屠夫"的称号——虽然历史学家

---

① 此圣物后来被隆重运回君士坦丁堡，置于大皇宫附近的法罗斯圣母教堂。译注。

斯基利泽斯记载说他每年都发动对保加尔人的战役有些言过其实，但巴西尔的确孜孜不倦地试图将其征服。从 7 世纪保加尔人首度定居于多瑙河与巴尔干山区之间以来，拜占庭人和保加尔人一直在对该地区控制权展开争夺。不安的和平间杂着严重的冲突。708 年，查士丁尼二世最初在阿海洛奥斯战役败给了保加尔人，但保加尔盟友在 717—718 年间击退穆斯林对君士坦丁堡的攻击一事上居功至伟。虽然帝国军队在 8 世纪赢得了几次重要胜利，但皇帝既不能将保加尔人逐出家园，也无法让他们处于拜占庭政治掌控之下。811 年，尼基弗鲁斯一世领导的数百年来规模最大的远征遭遇惨败——保加尔人摧毁了这支军队，杀死了皇帝，并令其继承人受到了致命伤。纵使存在间歇性冲突，和平依然是 9 世纪两国关系的主流——当时拜占庭日渐聚焦于东部，而保加尔人则面临法兰克人扩张以及来自草原的威胁。

西美昂可汗（893—927）从登基起因渴望成为拜占庭—保加尔联合帝国皇帝而与拜占庭关系敌对[①]。917 年，在第二次阿海洛奥斯战役中，西美昂的军队各个击破了利奥·福卡斯和率舰队增援的罗曼努斯·利卡潘努斯。西美昂在剩余统治生涯里继续与罗马人交战，这种敌对持续至其子、继承人彼得一世（927—969）时代，后者饱受尼基弗鲁斯·福卡斯达成的拜占庭—基辅罗斯联盟之苦。968—969 年，基辅大公斯维亚托斯拉夫的入侵重创了保加尔人。在约翰·齐米斯基斯领导下，971 年夏，拜占庭人于杜罗斯托鲁姆战役获胜后驱逐了前

[①] 925 年，西美昂被罗马教皇册封为"罗马人的皇帝"，从此正式与拜占庭帝国分庭抗礼。译注。

罗斯盟友。从那时起，拜占庭便宣称统治保加利亚，不过帝国尚需数十年鏖战方能镇压其敌手并实现和平。

979年镇压安纳托利亚军事巨头巴尔达斯·斯科莱鲁的篡位图谋后，年轻的巴西尔二世（当时仅21岁）寻求对保加尔人建功立业。巴西尔率领大军向西北开拔，攻打塞迪卡，由此将保加尔王国拦腰截断。历史学家"辅祭"利奥就在远征军中，围攻塞迪卡持续了三周，却一无所成，据说这归咎于士兵们缺乏经验以及高级指挥官的昏聩无能。显然，很大程度上巴西尔应受指责——他极有可能将十年前曾为齐米斯基斯在东部征战的老兵们排除于此役之外；他们大概曾支持巴尔达斯·斯科莱鲁的叛乱而因此被除名。无论如何，当军队撤退时，保加尔人伏击了拜占庭人，使之溃散至邻近如今西保加利亚伊赫迪曼附近的一条隘路。帝国军队损失惨重，只能退兵。自从国内军事政策重新激起了安纳托利亚权贵家族的敌对以来，巴西尔与保加尔人的战争便乏善可陈。

然而在1001—1005年间，皇帝重返舞台。他斩获颇多，1001年攻占了塞迪卡并围攻王国西北部位于萨瓦河、多瑙河交汇处的维丁(Vidin)。[vii] 此后的岁月里，巴西尔有条不紊地推动战事，整顿吏治，并离间萨缪尔沙皇（Tsar Samuel，997—1014年在位）的下属。1005年，拜占庭运用外交攻势轻而易举地从保加利亚收获了最大的果实——有势力的克里瑟利奥斯（Chryselios）家族交出了亚得里亚海边的都拉基乌姆，而他们之前是承认萨缪尔宗主权的。[①] 巴西尔在1001—1005年间

---

① 交出城池的是约翰·克里瑟利奥斯，他本人还是萨缪尔沙皇的岳父。译注。

的努力换来了帝国对巴尔干主干道——古老的埃格纳提亚大道的控制，为拜占庭人提供了保加利亚南翼连贯的战略前线。[viii]

没有史料详述 1005 至 1014 年间的战斗，然而当我们再次见到皇帝出征时，已经是 1014 年的克雷迪昂了。当巴西尔领军从东色雷斯的斯特鲁马河（Strymon River）河谷前往阿克西奥斯河（Axios，即瓦尔达尔河）河谷时，遭遇了一支拦路的保加尔军队。萨缪尔的部下建造了一系列壁垒封锁了从塞萨洛尼基到奈苏斯的高山。巴西尔的部队反复突击保加尔工事，但敌人挫败了他们的进攻，居高临下，倾泻箭雨。巴西尔打算班师回国，此时他的一位高级军官、从 1001 年便在皇帝麾下效命的尼基弗鲁斯·西菲亚斯（Nikephoros Xiphias）献上一计：巴西尔的部队继续攻打保加尔人的木栅，而他自己挑选步兵南下。西菲亚斯的士兵沿着不知名的小路穿过树林密布的山峦，来到了保加尔人后方（插图 7.5）。7 月 29 日，西菲亚斯从后方高处突袭保加尔人。当拜占庭人拆毁了临时工事后，萨缪尔的部队溃散而逃。大量保加尔人（据同时代史料记载多达 15 000 人）沦为了俘虏。历史学家斯基利泽斯记载，皇帝刺瞎了他们，每百人中选出一人留下独眼带领他们回到萨缪尔身边。[ix] 致盲是一种对反贼的处置[①]，这一事件不论真伪，都展现了巴西尔灭亡保加尔国家的决心，并反映了皇帝及复述这个故事的后人的观点：从色雷斯至多瑙河的土地归帝国所有。尽管对保加利亚的最终吞并又经历了 4 年苦战方于 1018 年达成，但克雷迪昂的胜利可谓将保加尔王国纳入拜占庭的决定性推手。

---

① 拜占庭帝国拥有将被推翻的皇帝或叛徒刺瞎双眼的悠久传统。译注。

插图 7.5　1014 年克雷迪昂战役

1167 年塞姆林 ① 战役（The Battle of Semlin）

曼努埃尔一世·科穆宁（1143—1180 年在位）和其前辈一样，堪称一代雄主。他与巴西尔二世相似，是一位百折不挠的战士和积极应对帝国各项挑战的政治家。挑战层出不穷，来自四面八方。曼努埃尔不仅要处理西西里再度出现的诺曼人威胁以及西方巴尔干的诸多政权，还要对付第二次十字军东征（1145—1149 年）的来临。曼努埃尔曾多次被不公正地指责应对十字军的大败负责，参与此番东征的包括欧洲王公中的一些"明星"——神圣罗马帝国皇帝康拉德二世（Conrad Ⅱ，1138—1152 年在位）和法王路易七世（Louis Ⅶ，

————————————

① 塞姆林为后文所述塞尔维亚城市泽蒙的德语拼写。译注。

1137—1180 年在位）。第二次十字军的发动是为了回应法兰克海外之地 ① （Outremer） 中最易受攻击的埃德萨伯国的陷落。1098 年它由十字军冒险家布洛涅的鲍德温 ② （Baldwin of Boulogne） 建立，但在 1144 年被穆斯林叙利亚反十字军势力的领军人物、摩苏尔阿塔贝伊 ③ （atebeg） 伊马德丁·赞吉攻陷。曼努埃尔还面临东部塞尔柱罗姆苏丹国的入侵——1071 年曼齐刻尔特会战后，随着撕裂帝国的内战，该政权在昔日拜占庭小亚细亚心脏地带异军突起。不少于五名皇位觊觎者或军阀曾挑战过米海尔七世，有的直接作乱，有的则建立了自己的"国中之国"，这严重侵蚀了帝国的战略地位并令突厥人在高原崛起。

1144 年，曼努埃尔降服了桀骜不驯的安条克亲王雷蒙 ④ （1136—1149 年在位），由于面临赞吉日益增高的威胁，后者被迫承认了拜占庭宗主权并放弃对奇里乞亚的声索。年轻的皇帝精于权谋，他一方面展示武力震慑安条克的法兰克人，一方面又避免与赞吉直接对抗，将他视作在东部牵制法兰克人的棋子。曼努埃尔腾出手后，便移师对抗罗姆苏丹马苏德（Masud，1116—1156 年在位）；此次远征在阿克罗伊农 ⑤ （Akroinon，即阿菲永） 击败了塞尔柱人，并继续蹂躏了马苏德

---

① 特指第一次十字军东征成功后，在黎凡特的几个十字军政权，最主要的包括：耶路撒冷王国、安条克公国、埃德萨伯国、的黎波里伯国。译注。
② 鲍德温在 1100 年登基成为耶路撒冷王国国王，即鲍德温一世。译注。
③ 塞尔柱突厥人使用的一种头衔，相当于太傅或总督、藩王。译注。
④ 原文作图卢兹的雷蒙（Raymond of Toulouse），实际上应为普瓦捷的雷蒙（Raymond of Poitiers），的黎波里伯爵才属于法国图卢兹伯爵的后裔。译注。
⑤ 今土耳其中西部省份阿菲永卡拉希萨尔的首府阿菲永。译注。

首都科尼亚近郊。展示其对抗异教徒的热忱后，曼努埃尔与之签署和约，急切地前去迎接西部皇帝康拉德^①与他麾下的 20 000 德意志人。尽管曼努埃尔与康拉德有姻亲关系［他迎娶了康拉德的小姨子苏尔茨巴赫的贝尔塔（Bertha of Sulzbach）］，但拜占庭与日耳曼的关系依旧紧张^②。皇帝以最快速度将德意志军队渡过了博斯普鲁斯海峡。在尘土飞扬的安纳托利亚高原，兵分两路的德意志军各自遭遇了相似命运——在前往科尼亚途中中了埋伏，溃不成军。

与此同时，西西里诺曼国王罗歇二世（1130—1154 年在位）利用第二次十字军东征的混乱，夺取了科孚岛并掠夺了大陆城市第比斯^③（Thebes）与科林斯，当地帝国丝绸工坊也未能幸免，其犹太织工被迁移至西西里。1148 年，皇帝召集了一支大军，它包括东、西部塔格玛与外国雇佣军，以及拜占庭和威尼斯的舰队。历史学家霍尼亚提斯记载这支军队有数万人；历史学家金纳莫斯^④（Kinnamos）则统计其中包括 500 艘三层桨帆战舰和 1 000 艘马匹运输船、补给船。^x

---

① 即康拉德三世，他是霍亨斯陶芬王朝的第一位罗马人民的国王。注意他并未经罗马教皇加冕为罗马人的皇帝（Kaiser der Römer），严格来说只能称王（虽然实质权力并无根本性区别）。译注。

② 德意志十字军军纪败坏，在拜占庭境内激起了民愤，而且曼努埃尔一世还担心康拉德与法王路易七世会师后可能对君士坦丁堡图谋不轨。1147 年 9 月，双方甚至在君士坦丁堡城外爆发了军事冲突，拜占庭军占了上风。目睹拜占庭的军事实力后，康拉德方才同意尽快渡过海峡向异教徒进军。译注。

③ 亦称锡韦、忒拜，古代希腊中部维奥蒂亚地区的重要城市，古典时代曾为雅典、斯巴达的劲敌，拜占庭时代以发达的丝绸工业著称。为与埃及历史名城底比斯区别，此处采用大英百科全书中文版译法第比斯。译注。

④ 即约翰·金纳莫斯，他曾作为曼努埃尔一世皇帝的秘书伴随他征战，因此留下的第一手资料相对较为可信。译注。

皇帝在能够渡海前去科孚岛之前，不得不先解决库曼人（钦察部落联盟中的突厥人）越过多瑙河的侵袭。由于失去了小亚细亚，希腊人手中多瑙河以南领土构成了国家的经济命脉，每个来自北方的威胁都必须迅速应对。1148年底，皇帝对科孚岛克基拉市[1]（Kerkyra）发起了进攻，并将诺曼守军围困在城寨中。拜占庭人与威尼斯盟友利用舰船上竖起的攻城塔夺取城寨的尝试失败了，攻城梯不堪军队的负重而断裂，导致士兵们纷纷坠海。罗马将领斯蒂芬努斯·康托斯蒂芬努斯[2]（Stephanos Kontostephanos）正在督造攻城器械时，被守军投射的一发奇准的石弹命中身亡。

罗歇二世派出了舰队司令乔治攻掠色雷斯和君士坦丁堡，拜占庭一支分舰队对西西里舰队紧追不舍，令他们无法在首都富庶的近郊大肆破坏。罗歇还与日耳曼人、塞尔维亚人、匈牙利人结盟，后者明白皇帝的军队已被牵制在爱奥尼亚群岛。罗歇的外交顾及了拜占庭邻国们的利益，它们"苦秦久矣"，期望以罗马为壑开疆拓土。

到了1149年，曼努埃尔与康拉德二世的联盟在意大利遏制了罗歇二世——教廷总体反对西西里人的野心，而对德意志皇帝来说，维持教皇国的存在并予以扶持符合其利益。因此，皇帝暂时搁置了对西西里人的斗争，返回巴尔干领导了一场面向匈牙利支持下的塞尔维亚

---

[1] 实际上，科孚岛首府与岛名相同，希腊人习惯称克基拉岛，英国人习惯称科孚岛。由于科孚岛曾被英国殖民统治，英美国家更常用"科孚岛"一名。译注。

[2] 斯蒂芬努斯·康托斯蒂芬努斯（约1107—1149）为曼努埃尔一世的心腹爱将，本人还是皇帝的姐夫。译注。

大公 ① 乌罗什二世（Uroš II，1145—1162 年在位）的战役。曼努埃尔攻击了奈苏斯东北 55 公里处的拉扎尼（Ražanj），蹂躏其郊区。皇帝得到了大批俘虏并通过尼沙瓦（Nišava）河谷与摩拉瓦（Morava）河谷继续其大规模劫掠。塞尔维亚人击败了一支殿后的部队，曼努埃尔于次年卷土重来，其部队沿德里纳河（Drina River）而上，遭遇了一支与塞尔维亚结盟的匈牙利军队。它实为更大规模匈牙利军队的前锋，后者准备与乌罗什会师并包围曼努埃尔。匈牙利人和塞尔维亚人目睹帝国旗帜后放弃了过河计划，曼努埃尔身先士卒，发起冲锋，击破了对方阵型——金纳莫斯记载了这场凶狠的追击：皇帝本人对生擒茹潘 ② 的渴望超过了其部属，与匈牙利人爆发了一系列白刃战。匈牙利指挥官巴甘（Bagan）挥剑划过了皇帝的脸颊，然而曼努埃尔沉重的链甲面具挡住了一击，他砍断了匈牙利人的手，将其俘虏。^{xi} 德里纳战役后不久，乌罗什二世便求和称臣了。

1162 年，盖萨二世（Géza II，1141—1162 年在位）的驾崩为曼努埃尔介入邻国事务提供了契机。安排伊什特万三世 ③（Stephen III，1162—1173）的一位叔叔 ④ 登基的企图破产后，皇帝达成了一个折中方案——盖萨的幼子贝拉（Béla）将在君士坦丁堡宫廷中生活并继

---

① 原文采用了"茹潘"（Župan）这个中欧、东欧的贵族头衔，但乌罗什二世作为塞尔维亚大公国的君主，译文按照传统仍称其为大公（Grand Prince）。译注。
② 即乌罗什二世。译注。
③ 这里采用了国内约定俗成的译法，更接近匈牙利语发音（István）。译注。
④ 即伊什特万四世（约 1133—1165），他是匈牙利国王贝拉二世第三子，盖萨二世之弟；事实上，他在拜占庭帝国支持下，曾于 1163 年短暂登基执政，旋即被伊什特万三世推翻。译注。

承伊什特万的王位。贝拉迎娶了曼努埃尔的一位女儿，巩固了拜占庭王朝的联盟①。但伊什特万继续在巴尔干抵抗拜占庭，与腓特烈一世·巴巴罗萨（Frederick I Barbarossa，1155—1190 年在位）治下的神圣罗马帝国、塞尔维亚、加利西亚与基辅的俄罗斯公国结盟。伊什特万还违反约定，指定亲生儿子为继承人。1164 年，伊什特万三世与波希米亚公爵弗拉迪斯拉夫二世②（Duke Vladislav II of Bohemia）共同进军对抗曼努埃尔，后者正驻军于多瑙河畔。伊什特万同意将富庶的斯雷姆（Syrmia）地区交予帝国（这本归贝拉王子所有），作为交换，帝国取消对伊什特万三世同名叔父（他在拜占庭帮助下提出了对王位的声索）的支持。这年晚些时候，伊什特万三世攻占了色米姆③（Sirmium），堪称对拜占庭帝国的公然宣战。xii

曼努埃尔令腓特烈一世·巴巴罗萨取消了与匈牙利的盟约，并让俄罗斯基辅公国与威尼斯投向了本方。伊什特万的部队正忙于围攻泽蒙（[Zeugminon] 现代塞尔维亚贝尔格莱德的一部分），他们于 1165 年 4 月攻占了它。1165 年 6 月，曼努埃尔领军北上，对泽蒙发起围城。曼努埃尔的部队在第三次突击时攻下了城市，并残酷洗劫了该

---

① 原文表述不够精确。贝拉的确曾与曼努埃尔的长女玛利亚·科穆宁订婚，曼努埃尔当时膝下无子，甚至指定贝拉为自己的继承人。倘若成真，未来很可能出现一个拜占庭—匈牙利共主邦联。然而，1169 年曼努埃尔第二任皇后安条克的玛丽生下了两人独子阿莱克修斯，曼努埃尔便取消了贝拉的婚约和继承权，转而安排后者与玛丽的妹妹阿格内斯成婚。译注。

② 原文如此，实际上弗拉迪斯拉夫已于 1158 年晋升为波希米亚国王。译注。

③ 色米姆曾为罗马帝国下潘诺尼亚行省省会，四帝共治时代甚至贵为首都之一，今天其遗址位于塞尔维亚斯雷姆斯卡米特罗维察（Sremska Mitrovica）市内。译注。

地。与此同时，曼努埃尔的将领约翰·祖卡斯（John Doukas）穿过塞尔维亚，征服了达尔马提亚沿海城市和要塞，这里原本亦是伊什特万三世作为贝拉的领地转让的。1166 年，匈牙利人在达尔马提亚与色米姆击败了拜占庭军队。

1167 年 7 月 8 日，色米姆战役

作为回应，曼努埃尔派出外甥安德罗尼科斯·康托斯特法诺斯 [①]（Andronikos Kontostephanos）作为罗马大军（其中约三分之一为雇佣兵或外国盟军）的前锋。罗马斥候抓获了一名匈牙利人，据他交代，敌军总数 15 000 人，包括骑士、弓兵和轻步兵。[xiii] 拜占庭军队数量大概与之相当。康托斯特法诺斯的前锋行军队列中拥有突厥、库曼弓骑兵和少量西方骑士。其后是三队拜占庭正规骑兵与铁甲骑兵，伴随着联盟的突厥、西方雇佣骑兵。殿后的则是罗马步兵、弓兵加上一个营的披甲突厥人（据推测也为步兵）的混编队伍。

巴奇（Bács）伯爵德奈什（Dénes）指挥匈牙利—德意志联军。德奈什将链甲骑士部署于前线，步兵则居后支援（插图 7.6）。历史学家霍尼亚提斯记载，匈牙利人的战阵呈现单一、密集的塔形，骑兵位于这个深阵之前。[xiv] 匈牙利枪骑兵看上去威风凛凛——他们的马匹装备着额饰和胸甲（想必为衬垫或链甲，因为 1250 年以前马板甲在欧洲并不常见），而骑手从头到脚披挂着链甲。简而言之，匈牙利军展现了最佳的新式西方武器装备。他们面对的是较轻型的拜占庭部

[①] 安德罗尼科斯·康托斯特法诺斯为曼努埃尔统治时期拜占庭重要的将领，曾担任帝国海军司令。除色米姆战役外，他还领导了拜占庭与耶路撒冷王国对埃及的远征。他的母亲安娜·科穆宁娜是曼努埃尔一世的姐姐。译注。

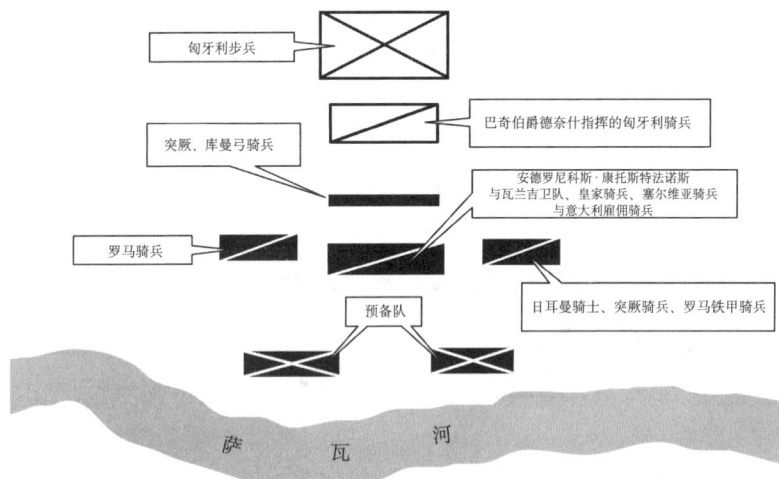

插图 7.6　色米姆战役，军队部署

队——阵前部署的是突厥、库曼弓骑兵。其后，安德罗尼科斯将军队分为三部。左翼驻守了正规罗马骑兵。安德罗尼科斯在中路指挥瓦兰吉卫队、皇家骑兵、塞尔维亚人（可能为链甲骑兵）以及意大利雇佣骑士。罗马右翼由行军队列的第三部分组成：日耳曼雇佣骑士、突厥骑兵和罗马铁甲骑兵。在左右翼之后，安德罗尼科斯安排了支援部队，大概主要是正规骑兵以及步兵翼卫和包抄部队（面临压力时他们可增援两翼）。随着战役展开，两股支援部队似乎主要为骑兵。

安德罗尼科斯派出突厥、库曼弓骑兵，或许还有轻步兵（插图7.7），打响了战斗。他们被命令向匈牙利骑兵倾泻箭雨以打破阵型。面对匈牙利人的冲锋，安德罗尼科斯指示他们向左右两翼散开，进入拜占庭侧翼。拜占庭左翼在匈牙利人冲击下被击破并逃向萨瓦河，但两营预备队岿然不动——他们相当于驻守左翼后方的翼卫。德奈什领导

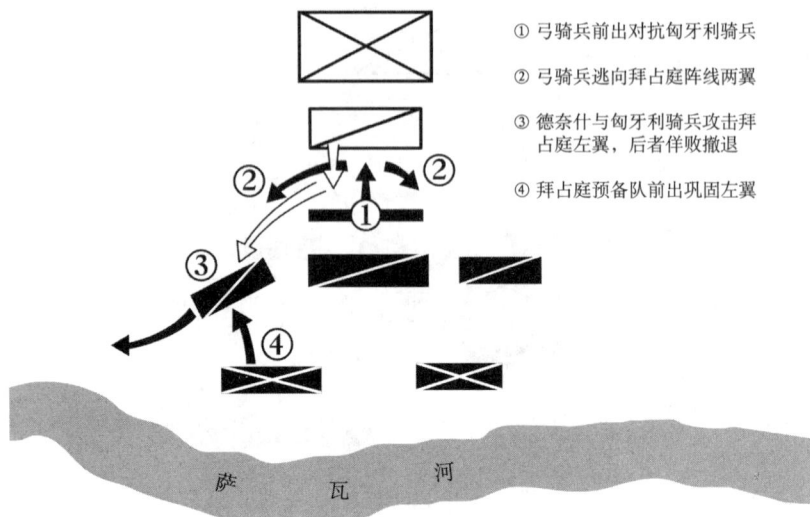

① 弓骑兵前出对抗匈牙利骑兵

② 弓骑兵逃向拜占庭阵线两翼

③ 德奈什与匈牙利骑兵攻击拜
　占庭左翼，后者佯败撤退

④ 拜占庭预备队前出巩固左翼

萨　瓦　河

插图 7.7　色米姆战役，第一阶段

了一场对拜占庭中军的全面冲锋，希望能阵斩安德罗尼科斯；罗马中军顶住了重骑兵冲锋。拜占庭右翼攻击着匈牙利骑兵侧翼。安德罗尼科斯中军将士拔出钉头锤向前肉搏，伪装"溃逃"的拜占庭左翼重返战场攻击匈牙利人右翼（插图 7.8）。这种包围击溃了匈牙利人，数千人阵亡或者在接踵而至的逃亡中被俘。金纳莫斯记载，从尸体上房获了 2 000 套盔甲，还有无数盾牌、头盔、刀剑也落入罗马人手中。色米姆战役堪称曼努埃尔统治期间最伟大的胜利，它证明了在科穆宁的军队中依旧可见战术技巧与杰出的纪律性，其指挥官也依旧能够策划、执行复杂的战场调度。作为色米姆战役的一个成果，匈牙利沦为了藩属，1172 年伊什特万三世驾崩后，曼努埃尔轻而易举地让自己的门徒贝拉登上了匈牙利王位，直至 1180 年，后者都与帝国保持着和睦。

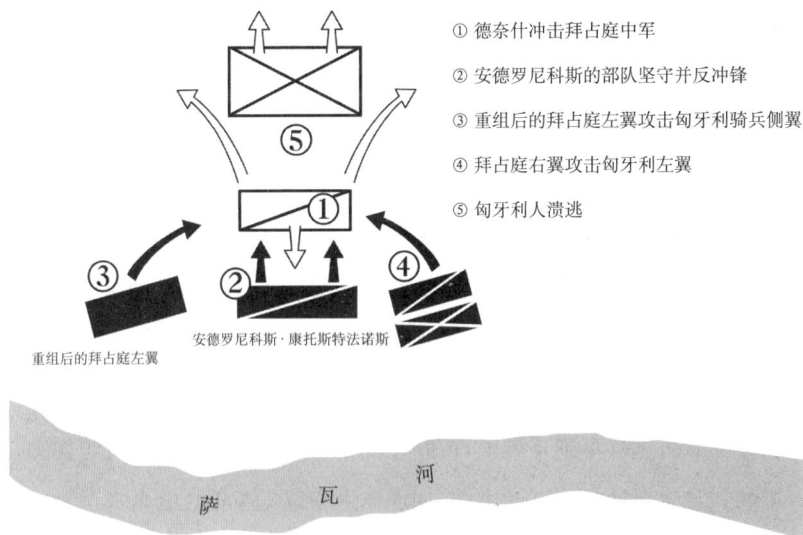

① 德奈什冲击拜占庭中军

② 安德罗尼科斯的部队坚守并反冲锋

③ 重组后的拜占庭左翼攻击匈牙利骑兵侧翼

④ 拜占庭右翼攻击匈牙利左翼

⑤ 匈牙利人溃逃

安德罗尼科斯·康托斯特法诺斯

重组后的拜占庭左翼

萨 瓦 河

插图 7.8　色米姆战役，第二阶段

曼努埃尔对抗匈牙利的战事（以色米姆战役为巅峰）表明，倘若获得恰当的统领，拜占庭军队依然是东欧最佳水准，有能力击败重装的西方骑士。但这些战斗也彰显出拜占庭的战略形势已明显恶化——强敌环伺，沆瀣一气，让帝国维持领土完整面临极大挑战。500 年前，贝利撒留对汪达尔人的决定性胜利将阿非利加置于帝国掌控下并大体维系了一个世纪的和平，而曼努埃尔在色米姆的"决定性"胜利仅仅带来了 20 年太平。考虑到敌人的能耐，曼努埃尔的做法便不足为奇了——他通常更偏爱消耗战或小型作战以耗竭敌人，令其入侵代价过高，而非让自己规模有限的军队冒险决一死战。就这层意义而言，他的失败远比其诸多小胜更令人津津乐道，因为皇帝未能铲除边境线上无论西西里、匈牙利抑或塞尔柱的威胁。相反，曼努埃尔不得不在继承自父亲约翰的领土上主要采取守势。

围城战

拜占庭历史上最著名的围城战是防守而非进攻行动。在其作为拜占庭首都的千年中，君士坦丁堡承受了数十次围攻；仅有两次——1204 年第四次十字军东征与 1453 年奥斯曼的围攻——成功突破了首都于 5 世纪为了抵御匈人威胁并拓展城市防区而修建的宏伟城防。[①]雄壮的陆墙从北部金角湾至南部马尔马拉海切开拜占庭老城的半岛，长度约 6 公里（不到 4 英里）；保存至今的幕墙大部分是 5 世纪初完工的，其建造耗时 9 年（404 与 405 年之交至 413 年）。448 年[②]，一场地震夷平了大量城防工事，令城市面对兵锋直指首都的匈人阿提拉门户大开。禁卫军长官君士坦丁[③]监督了一项浩大的修复工程，雇用了成千上万的劳工，他们仅用 60 天便修补、重建了大段城墙及 57 座受损塔楼。安提莫斯（Anthemios）陆墙包括一段宽 20 米、深达 10 英尺的城壕，其内侧矗立着高 1.5 米带垛口的胸墙。外墙与胸墙间有一个 20 米宽的平台。外墙由石灰岩块（间隔着砖带[④]）打造，核心以碎砖黏合灰泥加固，墙基厚 2 米，墙高约 9 米，沿城墙伫立着超过

---

① 即完工于 413 年、由安提莫斯督造的双重的狄奥多西城墙，相当一部分保存至今。译注。

② 447 年 11 月，君士坦丁堡遭遇了一场大地震，城墙受损严重；次年 1 月，又发生了第二次地震，令其雪上加霜。译注。

③ 即弗拉维乌斯·君士坦丁（Flavius Constantinus），曾担任罗马执政官、禁卫军长官。译注。

④ 狄奥多西城墙上横列着 7 至 11 道明显颜色不同的砖带，不仅有装饰作用，更重要的是增加墙体的内聚力，提升抗震性。译注。

70 座圆形或方形的塔楼 ①（插图 7.9），每座高达约 14 米。内外城墙之间有一个宽 20 米的"庭院" ②。精心切割的石灰岩条石（间隔着用于抵抗天气引起的热胀冷缩或地震的砖带）构成了 4.5—6 米厚碎石核心的内墙外壳。内墙高达 12 米，顶部拥有垛口，沿线还布置了 96 座大型塔楼。上述四层防御工事的宽度超过 225 英尺 ③，对敌人而言，通过攻城器械或挖掘坑道突破城墙近乎天方夜谭。君士坦丁堡城墙代表着晚期罗马防御工程的巅峰，堪称杰作。

626 年，阿瓦尔—萨珊的联合围攻在守城者的记忆里被赋予了天启色彩，因为据说圣母马利亚和圣徒们进行了神圣的干预，而守城是在大牧首塞尔吉乌斯（Sergius）的指挥下进行的。④ 从 667 至 673 年，拜占庭人挫败了一系列由叙利亚总督穆阿维叶 ⑤ 发动的对君士坦丁堡的攻击，此番保护市民的更多是"世俗化"的防御。最晚在 671 年，拜占庭人就已发明了"希腊火"，这一神秘物质能在水上燃烧（参见第八章）并装备了快速桨帆船（仅拥有单层划桨的轻型战舰），

---

① 原本内外城墙设计的塔楼多达 96 座，今天外墙幸存的塔楼有 62 座。译注。

② 即内城台（peribolos）。外墙和壕沟旁胸墙间也有类似平台，被称作外城台（parateichion）。译注。

③ 约合 68.6 米。译注。

④ 当时希拉克略皇帝正领兵在东部与萨珊帝国作战，萨珊联合巴尔干地区的汪达尔人、斯拉夫人发动了对君士坦丁堡的突袭。君士坦丁堡大牧首塞尔吉乌斯一世临危受命，担任城防总指挥。据说他亲自手捧圣母像在前线巡弋，激励士气，故而有圣母挽救首都一说。不过客观而言，守城胜利的主要原因之一，还在于亚洲一侧的萨珊波斯军未能突破拜占庭海军封锁，始终无法渡过海峡，围城基本是由缺乏重型攻城器械和攻城经验的阿瓦尔人及其斯拉夫盟友发动的。译注。

⑤ 即穆阿维叶一世，他曾为伊斯兰叙利亚总督，但此时已贵为倭马亚王朝首任哈里发（661—680 年在位）。译注。

插图7.9　君士坦丁堡陆墙沿线的大型方形塔楼等角图

船上安有喷射管及所需加热材料用以发射。据编年史家塞奥法尼斯（Theophanes，去世于817—818年间）记载，672年罗马人运用希腊火烧毁了对方舰船和水手，至673年敌方舰队落荒而逃。[xv]

穆斯林阵营对帝国和这座城市最大的挑战来自717—718年持续的进攻，当时帝国的内乱为防御增添了变数。安纳托利亚军区司令利奥于717年篡位登基。716年，穆斯林军在哈里发苏莱曼之弟麦斯莱麦（Maslama）率领下穿越小亚细亚，沿途洗劫了一系列城市和要塞。穆斯林军在达达尼尔海峡边的阿拜多斯扎营，等待利奥交出城市，然而他拒绝了。[①] 阿拉伯人登陆海峡色雷斯一侧，挖掘了一道与半岛等宽的壕沟，并在其后修建了一堵石墙。阿拉伯大军便驻扎于此。城市中，利奥手中是否有超过15 000名士兵都是可疑的，因为军队已精疲力竭[②]，而且超过上述规模的军队在补给、住宿方面都存在困难。

阿拉伯舰队于717年9月抵达——塞奥法尼斯记载，它规模庞

---

① 利奥在起兵推翻狄奥多西三世的过程中，曾与入侵的阿拉伯人暗通款曲，据说他答应登基后向阿拉伯帝国称臣并割让部分领土，故有此说。译注。

② 原本阿纳斯塔修斯二世皇帝（713—715年在位）已经针对阿拉伯人可能的入侵进行备战，但接踵而至的狄奥多西三世、利奥三世的内战令军队损耗严重。译注。

大，包含 1 800 艘各式舰船。然而当它们穿越海峡时，利奥从其桨帆战舰上对敌人的大型运输舰发射希腊火，击沉了多艘。[xvi] 海上的对抗令阿拉伯人付出了可观的人员代价，造成了重要的补给损耗。717 年的凛冬令人痛苦，入侵者损失了成千上万的骆驼、驮运骡子和战马。来年春天，携带谷物、武器和其他补给的两支大型阿拉伯增援舰队赶到了，一支来自埃及（400 艘），一支来自北非（360 艘）。由于希腊火攻船，上述舰队惧怕靠近首都，便在海峡亚洲一侧的避风港内下锚了。当皇帝得知其位置后，他派出装备希腊火的快速桨帆船和双层桨帆船将其摧毁。再补给攻城陆军的失败固然惨痛，但致命一击来自帝国盟友保加尔人——他们将穆斯林围堵在色雷斯，阻止其搜寻粮草。哈里发国的野战军在营地内饱受饥馑之苦，他们吃掉了驮兽，患上了营养不良之人易得的瘟疫。一次保加尔人的大规模攻击造成了数千人阵亡。718 年 8 月 15 日，围攻开始一年后，战败的穆斯林登船驶出了海峡。绝大部分舰船在爱琴海的系列风暴中流散或毁灭了。首都和帝国转危为安。

由于拜占庭在其历史的多数时间处于守势，攻城战不如守城战多见。攻城一直是战略的组成部分，用于削弱敌人据点，俘获人口或战利品，抑或永久性地收复国土。尤其自 9 世纪后期以来，帝国首度采取攻势夺回阿拉伯人手中的故土，随后则在多条战线向匈牙利人、突厥人、阿拉伯人、保加利亚人收复失地，于是拜占庭人频繁地围攻城市与要塞。随着他们研制出重力投石机，罗马人破城的能力也达到了巅峰。

帝国武运复兴的一个标志性事件为尼基弗鲁斯·福卡斯夺取劫掠

成性的克里特埃米尔国首都及其心腹地带。福卡斯为三朝老臣［历经罗曼努斯一世（920—944 年在位）、君士坦丁七世（945—959 年在位）和罗曼努斯二世（959—963 年在位）］、帝国军总司令。克里特岛约在 824 年落入阿拉伯人手中，安达卢西亚阿拉伯难民在阿布哈夫斯（Abu Hafs）领导下攻占该岛并在此定居①，他们从这里出发在爱琴海和东地中海进行海盗营生。这座岛屿横亘在帝国主要交通线上，对拜占庭海运和爱琴海诸岛构成了严重威胁。难怪帝国会竭尽全力试图驱逐这些穆斯林。825—826 年间，米海尔二世（820—829 年在位）发动了两次对克里特人的攻击，两战皆败。866 年，穆斯林挫败了另一次帝国大规模远征。②911 年，帝国筹备了一支包含 177 艘战舰和5 937 名士兵的大型舰队，而在 949 年，帝国又打造了一支 120 艘舰船、4 186 名士兵的舰队——两者皆以失败告终。罗曼努斯二世任命尼基弗鲁斯·福卡斯为帝国东部总司令，再次攻打克里特岛。我们手中史料没有记录远征军规模，但可能与此前 911 年、949 年的尝试相仿，即大约 5 000 士兵和超过 150 艘战舰。960 年 7 月 13 日，尼基弗鲁斯出其不意地在距离昌达克斯③（Chandax）以西不远的阿尔米诺斯（Almyros）登陆。[xvii]"辅祭"利奥记录拜占庭军登陆克里特岛的文献

---

① 这批来自伊比利亚半岛的穆斯林流亡者从埃及亚历山大港出发并征服了克里特岛。译注。

② 严格来说，这次远征失败主要应归于拜占庭内政。米海尔三世的权臣巴尔达斯策划了对克里特岛的军事行动，然而部队正在集结时，他本人便在米海尔三世的眼前遭到另一权臣巴西尔（未来的巴西尔一世）暗杀，导致进攻计划取消。译注。

③ 克里特埃米尔国首都，即现代的克里特岛首府伊拉克利翁（Heraklion）。译注。

称，运输舰装有坡道，能快速释出全副武装的兵员，立即形成三支阵型紧密的分遣队，令克里特人猝不及防。[xviii] 经过短促激烈的遭遇战后，罗马人将他们驱离了海滩。然而，大部分史料均未提及这场极可能发生于登陆后一两天内的战斗。这多半应该是一次未遇抵抗的登陆——之前的教训显示，避免危险的海战或反登陆战、发动奇袭对拜占庭的胜机至关重要。考虑到穆斯林拥有的间谍网、海运的频率和消息不胫而走的速度，能将如此大型舰队的装备和目标保密堪称壮举。十有八九，关于远征目的地的假消息（可能暗指黎凡特海岸）与拜占庭昔日败绩令克里特穆斯林深信他们无须过虑。

显然，福卡斯的部下仅遭遇轻微抵抗——部队上岸不久后，可能有一场小型战斗。三天内，他打造了一座设防军营。面对强大的拜占庭舰队及其火攻船，穆斯林海军明显退缩了。"辅祭"利奥提到色雷斯西亚军区指挥官帕斯蒂拉斯（Pastilas）率领一支分遣队在乡间收集粮草。帕斯蒂拉斯的部下失去了纪律：在他们劫掠并被本地葡萄酒灌醉后，一支阿拉伯军进行了伏击，并造成了惨重伤亡。甚至战马在眼前被杀，帕斯蒂拉斯也依然英勇作战，但他的阵亡还是导致了部队的溃逃。[xix]

尼基弗鲁斯率军在昌达克斯四周挖掘了壕沟。该城拥有高大的夯土城墙以及双重护城河，这给进攻带来了难度。罗马将领因此在城市与大海间修建了一道栅栏，从而切断了一切海上再补给的可能。拜占庭舰队在岸边巡弋，警戒来自地中海主要政权（叙利亚、埃及、北非）的援兵。虽然克里特埃米尔阿卜杜勒–阿齐兹（Abd al-Aziz）向地中海的诸多统治者求援，却没有阿拉伯援军抵达。福卡斯派出了强大的分遣队去征服岛内各个城市、要塞，并获得了成功。与此同时，

"辅祭"利奥记载了福卡斯与穆斯林军爆发了一场野战，但并无其他史料作证。根据利奥的记载，当地基督徒告知总司令附近潜藏着庞大敌军准备奇袭围攻中的罗马人。福卡斯领兵连夜行军，当他确定敌军位置后，便让战士们整日养精蓄锐，待夜幕降临后，他包围了穆斯林宿营的山顶，歼灭了他们；他命令部下将部分首级展示于城垛前，其余的则用投石机射入城内。^{xx} 至 960 年年底，昌达克斯已遭孤立，罗马人控制了大部分岛屿。在牵引投石机的火力掩护下，尼基弗鲁斯发动了几次正面强攻，但均告失败。拜占庭人开始认真筹备持久战，围攻自 960 年秋延续至 960—961 年冬季。

960—961 年的冬天令人备受煎熬。严寒和补给匮乏给攻防双方都带来巨大痛苦。帝国内部似乎也出现了物资紧缺，暴风天气也令海上补给帝国军队困难重重。福卡斯竭力维持着部属士气，向君士坦丁堡请求额外的食物——尽管在冬季首都的补给船已来过了。正如兵书里所说，福卡斯开始对昌达克斯城墙发动坑道战。^{xxi}961 年 3 月 6 日晚，一大段城墙被凿空，木柱被点燃，大约在 3 月 7 日黎明时分，拜占庭军从城墙豁口开始猛攻。惨烈的巷战爆发了，拜占庭人对城中穆斯林居民大肆屠戮，直到福卡斯最终控制了部队，才令杀戮终止。^{xxii}

约翰二世·科穆宁皇帝统治时期，其征战总伴随着一支携带投石机的大规模围攻部队，在整个东部攻城拔寨。1130 年代，亚美尼亚亲王莱翁^①（Prince Leo，其人民移居至了奇里乞亚，即今日土耳其地

---

① 即奇里乞亚亚美尼亚亲王莱翁一世（1129—1140 年在位）。1045 年亚美尼亚巴格拉提德王朝覆灭后，面临塞尔柱人威胁，部分亚美尼亚人迁移至奇里乞亚，建立的自己的亲王国，1098 年升格为王国。译注。

中海东南部）夺取了当地的帝国领土。富饶的奇里乞亚平原及其城市依旧为拜占庭战略的基石，被视作与东部安条克（帝国对它拥有宗主权）和南部黎凡特海岸地带交通的关键。1136—1137 年间，莱翁威胁了帝国重要港口塞琉西亚（Seleukia），约翰二世则以大规模反击作为回应。1137 年，皇帝穿过安纳托利亚高原，经奇里乞亚山口攻占了阿达纳与塔尔苏斯。约翰此后挥师东向攻打阿纳扎布斯（它已再度成为城防坚固的繁华都市）。霍尼亚提斯描述该地拥有背靠悬崖（其遗址至今尚存）的高耸城寨以及装备投射武器的强大幕墙。约翰派出了两个营的突厥雇佣军以测试亚美尼亚守城者，后者主动出击迫使突厥人撤退。帝国军的数个千人队前出支援突厥先锋；他们共同将亚美尼亚人逐回城墙内。罗马人随后开始攻城，竖起了木栅掩护下的巨型投石机。亚美尼亚守军奋力反击，运用架设在城墙的牵引投石机发射石弹及烧红的铁弹攻击罗马围城者。亚美尼亚人的一次出击烧毁了罗马人的重型攻城器械。

约翰立刻下令修复攻城器械，并在它们周边修建土筑工事，砌上泥砖。重力投石机可在上述掩体后操作，而亚美尼亚人烧红的铁弹对这些工事无效。帝国的投石机击垮了城墙，守城者对援军已经绝望，随着幕墙破坏的加剧，亚美尼亚人投降了。阿纳扎布斯陷落后，皇帝领军前往设防城镇巴卡（Baka，具体位置未知），城寨位于高耸峭壁，某个名叫君士坦丁的将领指挥其强大的亚美尼亚驻军。约翰起初试图劝降，但被断然回绝后，皇帝又一次竖起了他的攻城器械。这种最初负隅顽抗，随后被罗马攻城武器摧毁城防的场景在约翰深入美索不达米亚和叙利亚北部的征战中反复重演。他在此剪除了一些穆斯林要塞和城市，历经两年战事后，返回了本国领土。自从近两个世纪前的尼基弗鲁斯二世·福卡斯时代（彼时以攻城武器削弱强大城防堪称闻所未闻）以来，拜占庭的围攻战术有了显著改进。如今，攻城器械的狂轰滥炸不可避免地带来城下之盟或胜利的强攻，因为"破城器"投石机令围城者占据了决定性优势。

第八章　拜占庭兵法

从建立东方新都君士坦丁堡算起，至 1453 年 5 月 29 日它陷于奥斯曼土耳其人之手，拜占庭国祚超过千年。贯穿其历史，帝国与各式各样的敌人（试图毁灭、洗劫它或在它的边界内定居）进行了无数场战争。尽管拜占庭人也曾屡尝败绩，但面临领土和生存的持续挑战，仍成功保障了国家安全，其军事记录在欧洲、亚洲历史上可谓出类拔萃。7 世纪波斯的征服令山河变色，接踵而至的是希拉克略皇帝领导的光复奇迹，然而后者却又不得不眼见自己的成就丧于穆斯林敌人之手——上述争夺与摧毁西罗马帝国的那些似曾相识。虽然失去了大部分人口、领土和财源，东地中海的罗马人依然继续战斗了七个世纪——在欧亚大陆西部和欧洲历史上堪称空前壮举。

优点

帝国军事装备和军人的优点有很多。在拜占庭历史中，继承于罗马的训练、操练体系历经阴晴圆缺。不过，总体而言，以军官（自身通常也饱受军事传统的熏陶）训练的职业士兵为核心的价值观，意味着能够汲取战场上的教训。不胜枚举的失利说明具体的指挥官、部队以及他们对战略战术的实行常常无法与军事手册中的典范相契合，但基于专业指挥、谨慎与灵活的"完美军队"依然偶露锋芒。正如兵书反复强调的那样，即便战局似乎对罗马人有利，亦有许多因素会令其努力功亏一篑。他们从大量挫折和野战溃败（阿德里安堡至雅尔穆克）中汲取了血的教训——尽管罗马人可能在数量、实力上占优，却蒙受了惨痛的失利。上述前车之鉴带来的谨慎，以及罗马人对于其军力限制和补充老兵之艰难的了解，塑造了大部分指挥官的举止。拜占庭人早就明白，失去了统一的"罗马地中海"[①]，他们常常在数量上居于劣势。因此，他们适应了敌人的军力与己方势均力敌甚或胜出的现实。保存实力成为拜占庭军事学说的支柱，这对他们战争中的惊人耐力以及拜占庭文明的生存可谓至关重要。

拜占庭军事文化的巅峰出现在它最黩武、军功最盛的时代，正值"卡帕多西亚间奏曲"——盘根错节的东部边境军人精英与军头们（罗曼努斯一世、尼基弗鲁斯二世·福卡斯以及约翰·齐米斯基斯）主宰了政治。尽管今日未享殊荣，但尼基弗鲁斯堪称革命性的角色，他将野战军重塑为一支在地中海世界无可比拟的攻击力量。拜占庭战争的原则，早在6世纪的《战略》便已发端，又在同穆斯林敌手的对抗中升华提炼，要求耐心和迂回。帝国的防御纵深（因其边境被山海环绕）令拜占庭军队能够袭扰、损耗顽敌；拜占庭的骚扰、围堵和后勤崩溃让入侵者难以安稳地占据所征服的领土。拜占庭作为一个受上帝庇佑的帝国的持续信仰使他们可以直面战败的震撼，而这本会击垮

---

① 罗马帝国鼎盛时期的领土包含了整个地中海沿岸，地中海实质上成为帝国内海，因此罗马人也将地中海称为"我们的海"（Mare Nostrum）。译注。

更孱弱的人民；阿拉伯人、突厥人、诺曼人带来的灾难并未导致分崩离析，这一事实证明了拜占庭的核心身份认同。拜占庭人反而浴火重生。罗马人师夷长技以制夷并让兵法与时俱进的能力，是其成功的根基。拜占庭的战争准则孕育自数百年对抗的经验与以下信心：尽管战争永远缠绕着帝国，但上帝不会坐视敌人倾覆其子民。只有在 1204 年君士坦丁堡陷于基督教十字军之手后，坚若磐石的拜占庭天命优越的信仰方才褪色。基督教罗马帝国的国祚超过千年充分证明了拜占庭战略、战术的有效性。

弱点

在许多方面，拜占庭军事的弱点正是其优点的倒影。虽然帝国的体量和地形（尤其是安纳托利亚高原大部面积广袤、地形崎岖）对罗马有利，但它横跨欧亚，因此容易受到从欧亚草原到北方的攻击。7 世纪穆斯林的哈里发国在其宗教天命的感召下于君士坦丁堡城外功败垂成，证明了它是比萨珊人更危险的劲敌；随着 10 世纪末欧洲从黑暗时代中醒来，地中海周边的新兴王国们有时也对其富足的基督教邻居虎视眈眈。打通商路和东方财富令许多西方势力染指拜占庭世界，最初是冒险家，后来成为征服者。由于西方国家财富增长，军事化和天主教的偏执情绪抬头（其中范例当属诺曼人及其继承者），拜占庭人发觉他们位于巴尔干和意大利的优势地位被削弱了。在现代之前，或许除了中国，没有哪个国家能够同时抵挡三条边境上的冲突——而这恰恰是罗马政权在 11、12 世纪的处境：草原民族、匈牙利和诺曼意大利的天主教徒连同东部的穆斯林突厥人一起对这个日渐遭受围攻的帝国施加了巨大的挑战。

现代评论者曾忽略了拜占庭一个明显的弱点——自巴西尔二世后，他们于急需时发动决定性攻势以及向对手投送强大兵力的能力显然不足。罗马对防御和消耗战的偏爱常常掣肘了那些能够把握决战机会的军人。11世纪，拜占庭野战军蒙受了它最惨痛的一些失败——1071年在曼齐刻尔特，仅仅十年后在都拉基乌姆对抗诺曼人；上述战役暴露了罗马人在指挥上的缺陷，还摧毁了许多旧式塔格玛军队，导致对外籍职业佣兵越发倚重。

讽刺的是，尽管在战争千钧一发时随机应变本为拜占庭长项，其最大的军事失利却源自未能适应地中海世界新的战略情况。虽然人云亦云地将诺曼骑士视为军事革命之光并不正确，但这些西方骑兵的确是东方战争中的新事物，他们最初的成功很多要归于其新颖。在帝国灭亡前，罗马人最大的军事失败——1204年君士坦丁堡大围攻——便是西方人造成的。拜占庭人的军队是为了应付最严峻的威胁而打造的，这一点与其现代子孙可谓异曲同工；数个世纪以来，这种威胁来自多瑙河以北草原及东方穆斯林。重装骑兵一直是拜占庭战争的一部分，但从未扮演支配角色。面对西方骑士的挑战，拜占庭未能拿出规模相当、同样精锐的铁甲重骑兵来与之匹敌，从而痛失了剪除11世纪以来西方人威胁的机会。

弱点的另一方面是统帅力。11世纪，军事贵族与非军事贵族间的分裂加深了，这凸显了社会的裂痕，妨碍了一个国家的有效治理以及对战争至关重要的"资源军事化"。知名拜占庭贵族投靠罗伯特·圭斯卡德和博希蒙德这样的诺曼人暴露了帝国所仰仗的精英群体的内部不和，而即便科穆宁王朝能够压制这一问题超过百年，痼疾却从未得到根治。军事贵族日益桀骜骄躁，始终需要一位强悍、老练的统治者予以节制。帝国内外的威胁迫使后来的拜占庭皇帝成为最高军事统帅，亲自领兵于帝国四处征战，并应付盘根错节的国内外政治网。这促使皇帝越发集权而损害了高级官僚，使得后者再难像贝利撒留和尼基弗鲁斯二世·福卡斯那样，以国家充分的资源和信任为后盾从事征伐。当曼努埃尔一世·科穆宁留下幼子[①]后于 1180 年去世，王朝再也没有涌现出天赋、干劲堪比先皇的帝王，自此每况愈下。

帝国为何倾覆？

历经无数敌人猛攻千年之久而屹立不倒，时至今日，拜占庭帝国1453 年的陨落仍令人震惊。与早先罗马帝国的覆灭不同（关于这一主题的书籍、理论汗牛充栋），当今对拜占庭的终结的探讨相对较少。国家的衰亡中，某些因素是显而易见的，即世袭贵族的崛起与他们对政权、财富的接管。科穆宁王朝及之后，土地垄断，阶级固化，农民大多困苦。过去的学者曾错误地夸大了构成帝国基石的拜占庭早期农民的幸福与强韧。事实是，农民无论多么富裕，都无法像贵族那样避税或忤逆国家。流通财富的丧失以及越发严重的土地兼并，令国家永续亟需的宝贵资源和人力日渐枯竭。

我在前文已经谈到，在军事上，1204 年拜占庭统帅部未能抵御

---

① 继承帝位的阿莱克修斯二世登基时尚不满 11 岁，3 年后被安德洛尼卡一世篡位杀害。译注。

十字军的威胁导致帝国财富尽毁，注定了其覆灭。千钧一发之际，和帝国无数先例不同，并无干练的军事领袖出面力挽狂澜。这部分要归咎于科穆宁王朝，其集权和对贵族支持的倚仗意味着"寒门"晋升机会的减少；在该体系下，富有真才实学却出身黎庶的军人无疑会举步维艰。

在战术层面，拜占庭人蒙受了本土军队质量的衰败。阿莱克修斯统治初始面临的危机——帝国野战军损失惨重——导致了对外国雇佣军的依赖，而这又成为他此后统治的常态。使用外国佣兵的主要问题并非其可靠度（他们通常不逊于本土部队），而是他们的花销。缺乏希腊职业军人充当帝国野战军的常备核心，拜占庭兵法的支柱便难以为继。本土军队的丧失意味着战略和训练制度的瓦解。诚然，从数字上看本土军队仍在服役，但扎实训练、耐力与灵活性的消泯导致了对易于招募的外籍职业军人的依赖。他们尽管是干练的战士，却无法像尼基弗鲁斯二世·福卡斯的部下那样与拜占庭军融为一体。当十字军到来时（他们嫉妒希腊的财富，对希腊教派与文化心存疑虑，同时坚信自己的使命符合公义），拜占庭人当时既无指挥官，又不具备昔日训练有素的部队。

随着第四次十字军东征洗劫君士坦丁堡，帝国的神经中枢破裂了。鸠占鹊巢的君士坦丁堡拉丁帝国榨干了希腊精英阶层的大部分活力。在拉丁帝国周边形成的希腊人继承政权更多为希腊式而非拜占庭式——统治它们的君主胸无大志，内斗不休，既无力重建国家对经济的掌控，又无法恢复彻底破碎的军事机构。1453 年帝国沦陷的种子，因为 12、13 世纪的那些社会、经济、军事上的失误，早已埋入了土中。

拜占庭对战争的贡献

为了支撑"间接路线"理论，军事学家李德哈特[1]（Liddell Hart）在其对战争史的经典研究中，聚焦于哥特战争期间贝利撒留与纳尔塞斯的征战。在上述战役里，他发现了拜占庭军事史上占主导地位的攻防之转换策略。李德哈特认为贝利撒留和纳尔塞斯的谨慎用兵（拜占庭人试探对手，发掘其弱点并果断痛击"七寸"）堪称早期的"间接路线"。[i] 倘若你认同他的观点——正面强攻通常无效而为了获胜需要其他攻击方式，那么本书前文中拜占庭人明显已大量运用了此策略。掌握敌人弱点后，中世纪的罗马将领指望精心挑选与强敌交手的时机，并且常常能够选择会战的战场。[ii] 富勒[2] 在对史上决定性战役的分析中认为，贝利撒留在特里卡马伦和纳尔塞斯在塔吉纳展现的将道堪称罗马的高光时刻，但他与吉本及其他过去的现代历史学家一样对拜占庭观感负面，认定若查士丁尼没有进行军事介入，意大利和北非本可更加富足。富勒将 717—718 年的君士坦丁堡大围攻列为其研究中的世界历史关键战役之一，与 732 年法兰克领袖查理·马特（Charles Martel）在普瓦捷的胜利一道标志着穆斯林于地中海世界的扩张已至顶点，并确保了罗马帝国的西部基督教继承王国们得以幸

---

[1] 巴塞尔·亨利·李德哈特爵士（Sir Basil Henry Liddell Hart，1895—1970），英国著名军事史家和军事理论家，曾作为陆军上尉参加过索姆河战役。一战后提出了经典的间接路线（Indirect approach）理论，主张避开对手防御最强的部分以迂回穿插的方式进攻，被认为对二战中德军闪电战理论有着深刻影响。译注。

[2] 约翰·弗雷德里克·查尔斯·富勒（John Frederick Charles Fuller，1878—1966），英国陆军少将，著名军事理论家、历史学家，代表作为《西洋世界军事史》。译注。

存，其命运掌握在自己而非哈里发手中。[iii]尽管上述观点在如今已不流行，但不可否认，倘若穆斯林军队未被拜占庭阻止，那么他们以希腊为基地便真的有机会扩张至地中海北岸；初生的教皇国、基督教的意大利以及法国将会命运多舛。

要全面评估拜占庭在战争实践领域为东西传统所留下的直接遗产是困难的。尽管拜占庭人无疑影响了它的邻居和效力于其军队的外邦人，但没有文献直接指出哪些学识被罗马的盟友、敌手们借鉴，是得以永存还是转授他人。古代晚期至中世纪的希腊、波斯、阿拉伯兵书彼此间的关系并未获得充分研究，也就无法评价它们的思想传播和相互影响。尽管拉丁军事作家维盖提乌斯在中世纪西欧小有名气，希腊的军事著作似乎未曾推广至帝国之外，直到文艺复兴前都不为西方人所知。这类作品可能对阿拉伯传统影响较大，后者的装备及战法通常与罗马人相当接近。

对许多西方人而言，在拜占庭军队服役是一种宝贵的经验并且具有重大历史意义。我们所知最著名的佣兵是"无情者"哈拉尔（去世于1066年），随着其同母异父兄、挪威国王圣奥拉夫于1030年的斯蒂克莱斯塔德战役兵败殒命，他流亡到了基辅。1030年代早期的某个时候，哈拉尔来到君士坦丁堡，他和扈从们加入了瓦兰吉卫队。北欧人在远达西西里的地中海区域作战，赢得了声誉。哈拉尔在他的佣兵生涯中积攒了如此丰厚的战利品，以至于他能够出资返乡并夺取了挪威王位。部分劫掠物很可能用于装备了突袭英格兰北部海岸的庞大北欧舰队，哈拉尔于1066年秋在此登陆。9月25日，北欧人与英格兰军交战，虽然盎格鲁-撒克逊人击败并杀死了哈拉尔，但老国王的攻击致命地削弱了盎格鲁－撒克逊东道主，从而对10 月 14 日诺曼底的"私生子"威廉①（William the Bastard）在黑斯廷斯的历史性胜利作出了不小的贡献。纵使哈拉尔似乎没有采用拜占庭战术，他的征战及随后的行动仍离不开他和部下为帝国服役所积累的财富。

有些战术通过在拜占庭军队的雇佣军传到了西方。塞奥托基斯（Theotokis）记录了诺曼人 1061 年入侵西西里、1066 年在黑斯廷斯以及 1081 年在都拉基乌姆均采用了佯退战术。虽然塞奥托基斯认为该战术诺曼人学习自东边的塞尔柱人，但至 11 世纪，佯退战术可谓拜占庭军事教条的基础之一，我们恐怕无须"舍近求远"了。有趣的是，诺曼人 1061 年入侵西西里采用了和拜占庭将领乔治·马尼亚克1038 年作战相同的路线，而后者军中也包括诺曼雇佣军。ⁱᵛ 抵达意大利的诺曼人本无明晰的军事组织，但在他们作为拜占庭佣兵服役后，便采用了 300 人的野战单位（模仿了他们曾被编组的拜占庭"旗"），用于打造自己的作战部队。这些诺曼人部队进一步按照 10 人编组，这也源自拜占庭的军事标准。ᵛ

拜占庭人借鉴、改良了一些关键的战场科技并将许多亚洲的作战样式引荐给了自己的邻居们。通过对抗、贸易或佣兵，拜占庭的邻国及盟友逐渐获得了这些装备。罗马世界从阿瓦尔人处引入了马镫，到了《战略》撰写的时代（7 世纪初），军队已经使用了这项技

① 即"征服者"威廉一世。威廉一世之父诺曼底公爵罗贝尔一世终生未婚，威廉是他与情妇埃尔勒瓦（Herleva）所生，故而威廉被称作"私生子"。译注。

术。虽然世人皆知林恩·怀特①（Lynn White）曾将引发封建变革和重装中世纪骑士崛起的一连串事件中的第一环归于马镫，但后世的历史学家对其论文大部分持批评态度。不过，马镫为骑兵打造了更佳的平台并在战争史中堪称重要装备（尽管可能并非决定性的），这是毋庸置疑的。在整个 7 世纪，马镫可能借由拜占庭人传播至周边的一些地中海民族。从 10 世纪起，基辅罗斯战士的装备明显受拜占庭风格影响，包括他们对弯形盾的使用。弯形盾大概通过帝国雇佣军传给了诺曼人。到了西欧重返攻势的时代，拜占庭于个人武器方面就拿不出什么新东西了。

诺曼人还引入了其他关键的拜占庭技术，尤其在后勤和组织领域。当 1050 年左右的北欧人对大规模海上运输人员补给尚知之甚少时，拜占庭人已经拥有了大型海军远征的可观经验，他们多次入侵克里特、意大利、西西里可谓明证。1060—1064 年，诺曼人入侵西西里时使用的是在南部拜占庭统治下（或文化上属于希腊）的港口制造的马匹运输船，这体现了知识的重要转移。巴克拉克（Bachrach）认为"私生子"威廉在 1066 年发起对英格兰的重大远征前，利用来自意大利南部和西西里的人手完成了本方的马匹运送。ⁱ

希腊火

拜占庭对燃烧武器和砲兵武器的改造与推动对中世纪欧洲战争产生了显著影响。拜占庭最负盛名的战争发明为"希腊火"或"液体

---

① 小林恩·怀特（1907—1987），美国著名中世纪史专家，先后于普林斯顿、斯坦福、加利福尼亚大学洛杉矶分校任教，代表作《中世纪科技与社会变革》（*Medieval technology and social change*）。译注。

火",其准确配方已经失传了。它作为秘密武器的光环,它在拜占庭历史上几场著名战役中的关键作用,以及配方失传的事实,如今都为希腊火增添了神秘的色彩。编年史家塞奥法尼斯^①记载希腊火由一个来自赫利奥波利斯(Heliopolis,今黎巴嫩巴勒贝克或叙利亚门比吉,当时处于阿拉伯人统治下)的叙利亚人加利尼科斯(Kallinikos)发明。据塞奥法尼斯所说,拜占庭海军使用这种新式武器于674—678年的围攻期间摧毁了穆斯林舰队;该编年史家明确指出希腊火为罗马获胜的关键,堪称神兵利器。^{vii}可以理解,现代学者们对这种武器出现的时间和新颖度存疑——火攻武器在古代已有广泛运用,包括可在水面燃烧的硫混合沥青以及维盖提乌斯提到的涂上硫、树脂、沥青的火箭。^{viii}希腊火遇水燃烧,这令它在海上成为可怕的武器,这也是其最初的用途。用来投射它的系统催生了世界首支火焰喷射部队。在舰船上,以青铜或铜制造的圆筒盛装石脑油—树脂混合的"希腊火",并用缓慢燃烧的亚麻织物进行预热。一台简单的压力泵将这种高度易燃的混合物推向弯曲的发射管口;哈尔东的现代试验表明,基于轻质石油的液体辅以简单的压力泵便能投射一道毁灭性的烟火热墙,射程可达15米。这道火流可谓"遇鬼杀鬼,遇神杀神"。战斗中,希腊舰船驶近对手,通过船头、船侧或船尾的喷管,精英喷火队将这种燃烧混合物倾泻到敌舰上(插图8.1)。^{ix}由于这种液体点燃后并不蒸发,希腊火流会呈弧线向下燃烧,对中世纪地中海战争中的低速桨帆船更

① 即"宣信者"塞奥法尼斯(758或760—817或818),拜占庭僧侣、编年史家,他在815年续写完成了《辛斯勒编年史》。译注。

插图 8.1　12 世纪斯基利泽斯手抄本中插图显示拜占庭舰船以希腊火攻击敌军
（Madrid Skylitzes Fol34v.b.）

具杀伤力。

　　和大部分新式武器一样，希腊火在心理上带来的冲击增强了其威力。利奥六世皇帝在《战术》中关于海战的章节写道："带着轰鸣与热烟的火焰从虹吸管喷出，将他们熏黑。"[x] 未曾在海上遭遇"石脑油风暴"的船员们会被这种经历所震慑、压倒。罗马人对此类"液体火"的使用在 674—678 年和 717—718 年的阿拉伯围攻中起到了关键作用。883 年，当塔尔苏斯埃米尔的舰队攻打希腊城市欧里波斯（Euripos）时，希腊将领与部众利用要塞投射的希腊火毁灭了穆斯林船队。[xi]941 年，希腊火在对抗罗斯人进犯中又一次证明了自己的关键性，15 艘封存的虹吸管喷火船被紧急征用并消灭了大量敌方舰只。[xii]

　　拜占庭的希腊火配方始终是一项国家机密。尽管相邻的民族俘获过虹吸管、压力泵甚至希腊火本身，无论阿拉伯人抑或保加尔人均无法复制拜占庭的发射系统。812 年保加尔人夺取黑海城镇德韦尔托斯（Develtos）时，36 套铜锅及虹吸管系统落入其手，此外还有一些所用的燃料，但保加尔人未能操控这种武器。[xiii] 同样，虽然阿拉伯人设法使用了一种类似希腊火、能在水上燃烧的混合物，俘获了装备虹吸管及加热希腊火的燃料舱的战舰，并翻译了描述它的拜占庭军事著作，我们仍无法得知穆斯林是否能够仿制发射系统并掌握制造正宗希腊火的准确配方。[xiv] 穆斯林有一次的确使用了虹吸管："变节者"的黎波里的利奥 ① （Leo of Tripoli）攻击塞萨洛尼基期间，其部下曾从桅杆上的舰桥倾泻火焰。[xv] 穆斯林的阿拉伯军队似乎使用手雷或投石机抛出的陶罐来发射自己版本的"希腊火"。西方人对拜占庭人运用此种武器有着切肤之痛；安娜·科穆宁娜描述了其父阿莱克修斯一世对比萨人的进攻：

"听闻此事，皇帝下令罗马全国供应舰只。他也在首都造船，并会不时造访一艘单层桨帆船（monoreme），对造船工匠予以指导，因为他知晓比萨人精于海战，对与之交手心怀惴惴。在每艘船头他都安放了一尊固定的狮头或其他兽头，它们由铜或铁打造，龇牙咧嘴，遍体鎏金，外表令人惊魂丧魄。他将用于迎敌的喷火管安装于兽嘴，看上去就像狮子和其他怪兽正在吐火。"[xvi]

---

① 的黎波里的利奥（阿拉伯人称之为 Rashīq al-Wardāmī）本是希腊人，后被穆斯林俘获贩卖至的黎波里为奴，改信了伊斯兰教，成为阿拔斯王朝优秀的海军将领，战功显赫。904 年他率领 54 艘战船组成的阿拔斯王朝舰队洗劫了塞萨洛尼基，获得了大量俘虏和战利品。译注。

1081 年，威尼斯人在都拉基乌姆城外击败了一支诺曼舰队，前者"娴熟地发射了他们所谓的'希腊火'并且遇水不灭，通过隐藏于海浪下的管道巧妙地利用波光粼粼的海面掩护，烧毁了一艘我方战舰"。[xvii]似乎 13 世纪的西西里安茹王国使用了投石机发射的燃烧武器，但他们是否采用了源自拜占庭的虹吸管系统就不得而知了。[xviii]

手雷

除了舰载发射管，拜占庭人与其阿拉伯敌人一样，也用陶制"手雷"以手、小型投石机（cheiromangana）或投石索抛射。更大型的黏土容器则以牵引式投石机发射。黏土制球锥形容器曾在科林斯、哈马、以色列大量挖掘出土。关于这些容器是否确为中世纪盛装希腊火的手雷，抑或是用于其他物质（例如水银、珍贵软膏）——存在着重大争议。不过，类似这种样式的陶制手雷似乎的确曾用于战争。出土的球锥状赤陶罐直径约 8—10 厘米（插图 8.2），酷似现代手雷；1930

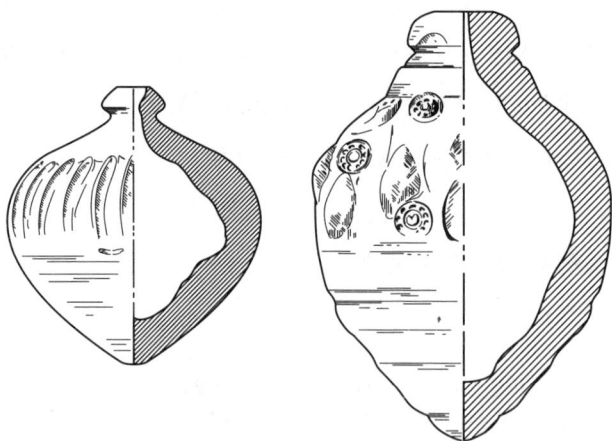

插图 8.2　可能的陶制手雷，源自 Ettinghausen，1965

年代丹麦人于哈马城寨发掘出土的"弹壳"和蜡膜或许揭示了制作"燃烧弹"的两种主要材料——石灰和石脑油。结合当地发现的球锥状容器，彭茨（Pentz）令人信服地声称这里有着一处"希腊火手雷"工厂。[xix] 无论如何，文字记载表明，装填希腊火的陶制"火焰弹"一直是拜占庭军火库的标配。[xx]

手持火焰喷射器

拜占庭人通过制造一种单兵手持虹吸管装置改进了希腊火的发射。它们一般在船桅的舰桥上使用，但也用于城防或攻击敌方人员、堡垒。罗马人拥有手持喷火器最早的铁证出现于尼基弗鲁斯二世·福卡斯的著作《论军事》，书中记载步兵除了装备小型投石机发射希腊火以外，还拥有手持压力泵及旋转喷管喷射同种弹药。[xxi] 一页来自梵蒂冈使徒图书馆的围攻战手抄本插图（MS. Vat. Gr.1605，被认为是"拜占庭英雄"[①]的作品）描绘了一名飞桥上的战士手持喷火器攻城的场景，他无疑正利用气压虹吸管发射希腊火。[xxii]

插图8.3 抄本插图中的拜占庭手持喷火器（《梵蒂冈抄本》，1605）

---

① "拜占庭英雄"（Heron of Byzantion）是对10世纪一位佚名拜占庭作者的称谓，他留下了两部分别关于攻城与几何、弹道学的著作，藏于梵蒂冈图书馆内。译注。

砲兵武器

拜占庭人并未发明牵引式投石机①，但他们对其在地中海世界的传播起到了关键作用。牵引式投石机源自中国，木质框架支撑一道轮轴，上面安放轴臂，轴臂末端则是投石索。据说，一位罗马工程师向阿瓦尔人传授了制造牵引投石机的秘密，此后他们将其用于了587年对塞萨洛尼基的围攻。至6世纪末，罗马人将车载小型投石机加入辎重部队用于杀伤人员，而把更大型的投石机作为攻防利器。帝国各处城市、要塞的塔楼上都装备了后者。xxiii 操作人员用挂绳将横梁的短端升起，根据12世纪阿拉伯专家塔苏希②（al-Tarsusi）的记载，训练有素的操作手使用中等配重投石机能将弹药发射至80—120米外。xxiv 牵引式投石机最多能发射重达110公斤（250磅，这取决于投石机尺寸和操作组技术）的弹药，不过更小型、更圆滑的5公斤石弹更为常见；在考古发掘中曾出土过若干。xxv 拜占庭兵书中记载了更小型化的版本，它们由一或两人操作，在战场上充当打破敌人阵型的反人员武器。

牵引式投石机较之使用扭力的希腊、早期罗马时代投射器械③ 具有几个优势。这种简单的器械零件不多——塔弗（Tarver）的复原品

---

① 根据西方史料记载，公元前7世纪犹太国王乌西雅在耶路撒冷装备过某种投石机。而明确的牵引式投石机则最早出现于我国战国时期。译注。

② 塔苏希（Mardi ibn Ali al-Tarsusi）为12世纪著名军事专家、作家，曾于1187年为萨拉丁撰写军事手册，其中详细介绍了各式攻城武器，包括牵引投石机和重力投石机。译注。

③ 经典的罗马扭力投射武器包括投射机（扭力弩炮，Ballista）和野驴炮（Onager）等。译注。

仅有 12 个部件——它易于制造和搬运，每个部件通常可单人携带并于战场迅速组装。和它取代的那些复杂危险的扭力器械相比，牵引投石机易于操控和保养，而其射程、效力与早先的投石器械相当甚至更优。

重力投石机（Counterweight Trebuchet）

历史学家保罗·舍弗登（Paul Chevedden）令人信服地论证了重力投石机 8[①] 的拜占庭起源，这一重器可谓火炮出现之前攻城器械的巅峰。1097 年第一次十字军围攻尼西亚期间出现了该武器史上的首个记载。安娜·科穆宁娜记录说，围攻中，她的父亲打造了与传统设计截然不同的"破城者"（helepoleis）。此后的一个世纪里，1104 年的老底嘉、1165 年的迈洛斯（Mylos）和泽蒙，以及 1184 年的尼西亚，拜占庭军队使用这种武器进行了围城。上述器械的巨大尺寸和破坏力迫使城防工程师们不得不尝试抵消围城军的优势（后者首次能够击垮强大的城墙与塔楼），从而导致了 1200 年左右的城防设计革命。12 世纪的史料常常以充满敬畏的口吻形容这种新式武器"庞大""可怖"，凸显了一种新颖、高效、令人咋舌的攻城武器登上了东方战争的舞台。[xxvi]

重力投石机的操作原理与它的牵引投石机前辈并无二致（插图 8.4）。然而，巨大的配重物取代了拉绳的组员，要么是诸如铅块这类固定的高密度物质，要么是装满石头或其他重物的木箱。一部绞车用于升起箱子，横梁下降，投石机竖起，其投石索一端垂至地面；一个铁

---

① 亦称配重投石机、法兰克炮，中国古籍称"回回炮"。译注。

插图 8.4　重力投石机

销插入降下横梁的滑轮，充当了重力投石机的"扳机"。敲掉插销，释放杠杆，配重块跌至地面，推动杠杆及其负荷划出 90 度的弧线。配重物、索具与绞盘技术相叠加，带来了巨大的打击力，现代复原品已有所展示。丹麦学者汉森（Hansen）打造了一台具有 2 000 公斤（4 400 磅）配重的重力投石机，将 15 公斤水泥块抛出了 168 米，而专家们推算，拥有 9 吨配重的更大型器械能将 140 公斤的石块射出 300 米外。

　　重力投石机对石质城防结构的破坏力得到了中世纪史料与现代复原的广泛证实。如前文所述，约翰二世·科穆宁皇帝尤其擅长围城战，其重力投石机提供了摧毁罗马人瞄准的任何城防所需的火力。

　　通过拜占庭人，西欧的十字军学会了制造、部署这些重型投射器械。诺曼人首先予以应用，1185 年他们以其人之道，还治其人之身，以重力投石机攻打拜占庭的塞萨洛尼基。经拜占庭人和十字军之手，重力投石机向东、西传播，传入穆斯林阿拉伯人、突厥人、波斯人之手，13 世纪蒙古人雇用深谙此技的穆斯林工程师又将它带到了中国。

西欧人热衷于这种武器，最著名的例子之一是 1304 年"长腿"爱德华一世国王（Edward I Longshanks）围攻苏格兰斯特灵城堡（Stirling Castle）时打造的巨型投石机"战狼"。因此，阿莱克修斯一世的工程师们发明重力投石机之后的一百多年间，它改变了已知世界一端至另一端的战争法则。

总的遗产

很难探究军事史中的拜占庭遗产。在欧洲中央集权国家兴起、现代战略观念发展之前，拜占庭战略战术方面的影响一直是非正式和间接的。拜占庭手册被中东伊斯兰国家拜读、译介，它们自然影响了那里的指挥官们运筹帷幄的方式；然而，并没有对各地中世纪罗马影响的系统性研究。如我们所见，拜占庭人的大部分经验都是通过战场这所"学校"传授的，无论敌友都从中学到了很多军纪、部队组织、大军机动和后勤的知识。诺曼人是最受影响的群体：通过他们服役的帝国军队或他们征战、统治的南意大利，诺曼人欣然接纳了东方邻居的不少谋略和军事架构。据安娜·科穆宁娜所说，第一次十字军东征期间，适逢西欧军队齐聚君士坦丁堡，阿莱克修斯一世·科穆宁为拉丁军头们召开了一次会议，提供了关于突厥人的广泛情报，并指导十字军如何面对战场情况，如何组建本方战线，如何设伏，以及追击塞尔柱人的风险（其佯退战术能将重装西方骑士诱入陷阱，令他们陷入重围，招致毁灭）。[xxvii] 十字军听进了几分他的忠言要打个问号——按照对多里莱乌姆战役（Battle of Dorylaeum）的标准叙述，十字军无疑仅仅勉强逃过一劫。考虑到西方人的偏见，帮助他们赢得最终胜利的任何军略部署都不会归功于其东方盟友。

在突厥人中，拜占庭的军事手段也以类似的和平交流方式得到传播——安纳托利亚高原的征服者们从新领土中招募了拜占庭人参军，同时贵族也为突厥人效力。实际上，我们能从奥斯曼军制中发现拜占庭的影响——前者可能借鉴了以土地供养骑兵的"普罗尼埃"系统打造了土耳其的"蒂玛"（timar）。[xxviii] 从奥斯曼国家建立，蚕食拜占庭并最终在14、15世纪征服巴尔干的三个世纪中，拜占庭的其他贡献（后勤学、帝国交通网的维持、筑城工事）也逐步得到了吸收。

拜占庭"联合作战"的实践集中体现于自贝利撒留和摩里士以降的军队，远程火力、骑兵机动与训练有素的步兵稳如磐石的攻防在拜占庭最优良、最成功的劲旅身上三位一体。贝利撒留进一步将其部曲军打造为与现代样式惊人相似的"预备军官"和"特种部队"以应对紧急军情。他及其继任者纳尔塞斯的遗产在法兰克王国的军事发展中有着潜移默化的影响，后者日后对骑兵的仰仗可能部分源自意大利的经验——他们的步兵在那里无法和罗马远程部队与骑兵匹敌。在东方，马其顿王朝改良的军队复兴了这一联合作战形式——密集的重装步兵混编装甲骑兵的阵型同时具备速度与冲击力，旁边的轻型投射部队与砲兵则提供了远程火力。11世纪诺曼人在南方首度面对这一宝刀未老的战阵，稍后诺曼人在北方的征战与之可谓有着惊人的相似性，尤其是诺曼底的"私生子"威廉的军队，令人不禁联想到其中的拜占庭因子。诺曼与安茹的军队延续了联合作战的传统，它伴随着中世纪英国争霸的诉求生根发芽，直至百年战争落幕。

拜占庭战术在近现代的重现同样难以探寻，不过拜占庭的理论与实践预示了许多当今战争的准则。若米尼 [①]（他的《战争艺术》是南北战争期间西点军校学生的必读书）仅仅提到了贝利撒留对汪达尔人的远征。[xxix] 尽管没有关于古典思想对南北战争将领影响的研究，但美国公众如此痴迷传统，以至于一幅 1864 年的漫画把乔治·麦克莱伦 [②]（George McClellan）将军描绘为"贝利撒留再世"。瓦茨 [③]（Vagts）认为贝利撒留在北非和意大利的作战堪称罗马晚期成就之巅峰，为这一相对晦暗的时期带来了一抹亮色。[xxx]"机动战"的研究者们由于强调战争中控制空间和"间接路线"，亦可从拜占庭将领身上汲取灵感。实际上，李德哈特提出的"间接路线"，便部分源于他对贝利撒留、纳尔塞斯这样的拜占庭战术大师的研究，该理论影响了二战及战后英国、德国、以色列的军事家们。[xxxi] 李德哈特的朋友、笔友托马斯·爱德华·劳伦斯 [④]（T. E. Lawrence）在他经典的《智慧的七柱》

[①] 安托万-亨利·若米尼（Antoine-Henri, baron Jomini，1779—1869），瑞士军事家、军事理论家，曾先后为拿破仑帝国和俄罗斯帝国效力。他著书立说，创建了一套完备的军事理论体系，和克劳塞维茨齐名。译注。

[②] 乔治·B. 麦克莱伦（1826—1885），美国名将、政治家，毕业于西点军校，曾参加美墨战争、南北战争，曾担任美国陆军总司令和新泽西州州长。一般认为他在内战的表现谨慎有余，而进取不足。译注。

[③] 艾尔弗雷德·瓦茨（1892—1986），德国历史学家、诗人，代表作《军国主义、平民和军队的历史》（*The History of Militarism, Civilian and Military*）。译注。

[④] 即"阿拉伯的劳伦斯"（1888—1935）。他原本在牛津大学学习历史专业，一战爆发后作为英军联络官对阿拉伯大起义作出了重大贡献而被载入史册。《智慧的七柱》为其自传。译注。

（*Seven Pillars of Wisdom*）中写道，他自己和其他牛津大学学子一样阅读过贝利撒留的战争史料。^{xxxii} 事实上，由于我们时代的战争与劳伦斯的小规模作战相仿 ①，或许军事策划者们是时候重温一番拜占庭兵法中的战略战术了。

---

① 作者的原意大概是 21 世纪后的伊拉克、叙利亚、阿富汗等战争更类似于当年阿拉伯大起义中零碎的非正规战。译注。

原 注

缩写

Alexiad

Anna Comnenae Alexias, ed. D. Reinsch (Berlin: de Gruyter, 2001)

Anna Komnene, The Alexiad, trans. E. R. A. Sewter, rev. ed. (London: Penguin, 2009)

Ammianus Marcellinus

Ammianus Marcellinus, 3 vols., trans. J. C. Rolfe (Cambridge, Mass.: Harvard University Press, 1935)

Anonymous Strategy

The Anonymous Byzantine Treatise on Strategy, ed. and trans. G. T. Dennis, in *Three Byzantine Military Treatises* (Washington, D.C.: Dumbarton Oaks, 1985): 1–136.

Campaign

Campaign Organization and Tactics, ed. and trans. G. Dennis, in *Three Byzantine Military Treatises* (Washington, D.C.: Dumbarton Oaks, 1985): 241–328.

Choniates

Nicetae Choniatae, *Historia,* volume 1, ed. I. A. van Dieten (Berlin: de Gruyter, 1975).

O City of Byzantium, Annals of Niketas Choniates, trans. H. J. Magoulias (Detroit: Wayne State University Press, 1984)

CJ

Corpus iuris civilis, ed. P. Krueger, T. Mommsen, R. Schöll, W. Kroll (Berlin: Weidemann, 1954)

Codex Iustinianus http://uwacadweb.uwyo.edu/blume&

justinian/Book% 2012 .asp

CTh

Codex Theodosianus, ed. Th. Mommsen, *Codex Theodosianus 1.2: Theodosiani libri XVI cum Constitutionibus Sirmondi[a]nus* (Berlin, 1905)—trans. C. Pharr et al., *The Theodosian Code and Novels and the Sirmonidan Constitutions* (Princeton: Princeton University Press, 1952)

De Rebus Bellicis

Anonymi Auctoris De Rebus Bellicis, ed. R. Ireland (Leipzig: Teubner, 1984)

A Roman Reformer and Inventor: Being a New Text of the De Rebus Bellicis, trans. E.A. Thompson (Oxford: Clarendon Press, 1952)

EI2

The Encyclopaedia of Islam, 2nd edition, ed. H. A. R. Gibb (Leiden: Brill, 1954–2002)

IGLS

Inscriptions grecques et latines de la Syrie, ed. L. Jalabert and R. Mouterde (Paris: Paul Geuthner, 1929)

Kekaumenos

Strategikon, ed. and Italian trans. M. D. Spadaro, *Raccomandazioni e consigli di un galatuomo* (Alexandria: Edizioni dell'Orso, 1998)

Kinnamos

Ioannis Cinnami Epitome rerum ab Ioannine et Alexios Comnenos gestarum, ed. A. Meineke (Bonn: E.Weber, 1836)

Deeds of John and Manuel Comnenus, trans. C. M. Brand (New York: Columbia University Press, 1976)

Leo the Deacon

Leonis Diaconi caloënsis Historiae libri decem et Liber de velitatione bellica Nicephori Augustii, ed. C. B.Hasii (Bonn: E. Weber, 1828)

The History of Leo the Deacon: Byzantine Military Expansion in the Tenth Century, trans. A. M. Talbot (Washington, D.C.: Dumbarton Oaks, 2005)

ODB

The Oxford Dictionary of Byzantium, ed. A. P. Kazhdan and A.-M. Talbot with A. Cutler, T. Gregory, N. P. Ševčenko (New York: Oxford University Press, 1991)

Ouranos

Le "Tactique" de Nicéphore Ouranos (Paris: Les Belles lettres, 1937)

The Taktika of Nikephoros Ouranos, Chapters 56–65, ed. and trans. E. McGeer, in *Sowing the Dragon's Teeth: Byzantine Warfare in the Tenth Century* (Washington,D.C.: Dumbarton Oaks, 1995)

PLRE

The Prosopography of the Later Roman Empire, ed. A. H. M. Jones, J. R. Martindale, J.Morris (Cambridge: Cambridge University Press, 1971–1992)

Praecepta militaria

The Praecaepta militaria of the Emperor Nikephoros II Phokas (963–69), ed. and trans. E. McGeer, in *Sowing the Dragon's Teeth: Byzantine Warfare in the Tenth Century* (Washington, D.C.: Dumbarton Oaks, 1995): 12–60.

Priskos

R. C. Blockley, ed. and trans., *The Fragmentary Classicising Historians of the Later Roman Empire: Eunapius, Olympiodorus, Priscus and Malchus,* vol. 2: *Text, Translation and Historiographical Notes* (Liverpool: Francis Cairns, 1983)

Prokopios, Wars
H. B. Dewing, ed. and trans., *Procopius* (Cambridge, Mass.: Harvard University Press, 1969), vols. 1–5.

Sebeos
The Armenian History Attributed to Sebeos, trans. R.W. Thompson, vols. 1–2 (Liverpool: Liverpool University Press, 1999)

Skirmishing
Skirmishing, ed. and trans. G. T. Dennis, in *Three Byzantine Military Treatises* (Washington, D.C.: Dumbarton Oaks, 1985): 137–240.

Skylitzes
Ioannis Scylitzae Synopsis Historiarum, ed. I. Thurn (Berlin: de Gruyter, 1973)
A Synopsis of Byzantine History, 811–1057, trans. J. Wortley (Cambridge: Cambridge University Press, 2010)

Strategikon
Das Strategikon des Maurikios, ed. and German trans. G. T. Dennis and E. Gamillscheg (Vienna: Verlag der Österreichischen Akademie der Wissenschaften, 1981)
G. T. Dennis, trans., *Maurice's Strategikon: Handbook of Byzantine Military Strategy* (Philadelphia: University of Pennsylvania Press, 1984)

Taktika (of Leo VI)
G. T. Dennis, ed. and trans., *The Taktika of Leo VI* (Washington, D.C.: Dumbarton Oaks, 2010)

Theophanes
Theophanes Chronographia, ed. C. de Boor, vols. 1–2 (Leipzig: Teubner, 1885)
Theophanes, The Chronicle of Theophanes Confessor,

AD 284–813, trans. C. A. Mango and R. Scott with G. Greatrex (Oxford: Clarendon Press, 1997)

Vegetius

Epitoma rei militaris, ed.M. D. Reeve (Oxford: Oxford University Press, 2004)

Vegetius, epitome of military science, trans. N. P. Milner (Liverpool: Liverpool University Press, 1993)

第一章 历史综述

i Michael Kulikowski, *Rome's Gothic Wars: From the Third Century to Alaric* (Cambridge: Cambridge University Press, 2007), 100–105.

ii Warren T. Treadgold, *Byzantium and Its Army, 284–1081* (Stanford, Calif.: Stanford University Press, 1995), 55.

iii Benjamin H. Isaac, *The Limits of Empire: The Roman Army in the East* (Oxford: Clarendon Press, 1990), 169–70.

iv Michael H. Dodgeon and Samuel N. C. Lieu, *The Roman Eastern Frontier and the Persian Wars (AD 226–363): A Documentary History* (London: Routledge, 1991), 170–71.

v *Ammianus Marcellinus,* XVIII.9–XIX.9.

vi Kulikowski, *Rome's Gothic Wars,* 128.

vii Otto Maenchen-Helfen, *The World of the Huns: Studies in Their History and Culture* (Berkeley: University of California Press, 1973), 441.

viii *Ammianus Marcellinus,* XXXI.4.6.

ix *Ammianus Marcellinus,* XXXI.13.

x J. D. Howard-Johnston, "Heraclius' Persian Campaigns and the Revival of the East Roman Empire, 622–630," *War in History* 6 (1999).

xi   *Sebeos,* p. 67.

xii   *El2* "Muta."

xiii   Fred Donner, *The Early Islamic Conquests* (Princeton: Princeton University Press, 1981), 131.

xiv   These events cannot be reconstructed with certainty; see Donner, *Early Islamic Conquests,* for the possibilities.

xv   Walter Kaegi, *Byzantium and the Early Islamic Conquests* (Cambridge: Cambridge University Press, 1992) is one such effort. More recently, an overview has been provided by Hugh Kennedy, *The Great Arab Conquests: How the Spread of Islam Changed the World We Live In* (Philadelphia: Da Capo, 2007).

xvi   *Theophanes,* AM 6237.

xvii   George L. Huxley, "The Emperor Michael III and the Battle of Bishop's Meadow (A.D. 863)," *Greek, Roman, and Byzantine Studies* (1975).

xviii   *Theophanes,* AM 6303.

xix   *Leo the Deacon,* II.5.

xx   *Skylitzes,* p. 444.

xxi   J.-C. Cheynet, "Mantzikert: un désastre militaire?" *Byzantion* 50 (1980).

xxii   Marjorie Chibnall, *The Normans* (Malden,Mass.: Blackwell, 2006), 77–81.

xxiii   *Alexiad,* IV.6.

xxiv   John W. Birkenmeier, *The Development of the Komnenian Army: 1081–1180* (Leiden: Brill, 2002), 62–70.

xxv   Mark C. Bartusis, *The Late Byzantine Army: Arms and Society, 1204–1453* (Philadelphia: University of Pennsylvania Press, 1992), 262–70.

第二章　统帅力

i　*Taktika* 1 and 2.

ii　*ODB*, "Dalassenos," p. 578.

iii　*Vegetius*, III.22.

iv　*Skylitzes,* pp. 197–198.

v　*Theophanes,* AM 6116.

vi　*PLRE*, "Mundus," pp. 903–5.

vii　A. H. M. Jones, *The Later Roman Empire, 284–602: A Social Economic and Administrative Survey* (London: Blackwell, 1964), 637.

viii　*PLRE*, "Sittas 1," pp. 1161–63.

ix　*PLRE*, "Diogenes 2," pp. 400–401.

x　*PLRE*, "Mundus," pp. 903–5.

xi　Ioseph Genesios, *On the Reigns of the Emperors,* trans. Anthony Kaldellis (Canberra: Australian Association for Byzantine Studies, 1998), IV.13.

xii　Michael Psellus, *Fourteen Byzantine Rulers: The Chronographia of Michael Psellus,* trans. E. R. A. Sewter (New York: Penguin Books, 1966), 35.

xiii　Bartusis, *The Late Byzantine Army,* 64.

xiv　Ibid., 210.

xv　John F. Haldon, *Warfare, State, and Society in the Byzantine World, 565–1204* (London: UCL Press, 1999), 229; *Skylitzes,* p. 211.

xvi　*Skylitzes,* p. 233.

xvii　Savvas Kyriakidis, *Warfare in Late Byzantium, 1204–1453* (Leiden: Brill, 2011), 31.

xviii　Otto Seeck, *Notitia dignitatum: accedunt Notitia urbis Constantinopolitanae et laterculi prouinciarum* (Berlin: Weidmannos,

1876), 78.

xix Prokopios, *Wars*, I.xiii.

xx *Skylitzes*, p. 296.

xxi *Leo the Deacon*, III.2.

xxii *Leo the Deacon*, X.1.

xxiii Birkenmeier, *The Development of the Komnenian Army*, 89.

xxiv *Choniates*, p. 11.

xxv *Choniates*, p. 16; Kinnamos, Bk. 1.8.

xxvi *Choniates*, p. 20.

第三章 组织、招募和训练

i Jones, *The Later Roman Empire*, 608–36.

ii John F. Haldon, *Byzantine Praetorians: An Administrative, Institutional, and Social Survey of the Opsikion and Tagmata, c. 580—900* (Bonn: R. Habelt, 1984), 143.

iii Jones, *The Later Roman Empire*, 640.

iv Ibid., 633. *De Rebus Bellicis*, V.5.

v *Vegetius*, III.8.

vi Treadgold, *Byzantium and Its Army*, 91; Jones, *The Later Roman Empire*, 567, 634, 26.

vii Treadgold, *Byzantium and Its Army*, 88–89.

viii Jones, *The Later Roman Empire*, 284–602, 597.

ix Warren T. Treadgold, *The Early Byzantine Historians* (New York: Palgrave Macmillan, 2007), 188.

x Isaac, *The Limits of Empire*, 209.

xi Jones, *The Later Roman Empire*, 664.

xii Haldon, *Byzantine Praetorians*, 164; Isaac, *The Limits of Empire*, 210. disagrees; Treadgold, *Byzantium and Its Army*,

93, states that these men were removed from the payroll by Justinian.

xiii   Treadgold, *Byzantium and Its Army,* 94.

xiv   Ibid., 96.

xv   Haldon, *Byzantine Praetorians,* 116.

xvi   Ibid., 173.

xvii   A. N. Oikonomides, "Les premières mentions des thèmes dans la chronique de Théophane," *Zbornik radova Vizantoloskog Instituta* 16 (1975).

xviii   Haldon, *Byzantine Praetorians,* 176.

xix   *ODB,* "Anatolikon," pp. 89–90; *ODB* "Armeniakon," 177; *ODB* "Karabisianoi," pp. 1105–6; Hélène Ahrweiler, *Byzance et la mer: la marine de guerre, la politique et les institutions maritimes de Byzance aux VIIe-XVe siècles* (Paris: Presses universitaires de France, 1966), 19 –31. Many of the issues surrounding the themes are dealt with in John F. Haldon, "Military Service, Military Lands, and the Status of Soldiers: Current Problems and Interpretations," *Dumbarton Oaks Papers* 47 (1993).

xx   *Theophanes,* AM 6159; Jadran Ferluga, "Le Clisure bizantine in Asia Minore," in *Byzantium on the Balkans: Studies on the Byzantine Administration and the Southern Slavs from the VIIth to the XIIth Centuries,* ed. Jadran Ferluga (Amsterdam: A. M.Hakkert, 1976), 73.

xxi   Treadgold, *Byzantium and Its Army,* 106–8.

xxii   *ODB,* "Tourmarches," pp. 2100–2101.

xxiii   Treadgold, *Byzantium and Its Army,* 100–105.

xxiv   Haldon, *Warfare, State, and Society in the Byzantine World,* 110. Ibn Khurradadhbih, *Kitab masalik wa al-mamalik* (Arabic), 111, 82 (French).

xxv   Treadgold, *Byzantium and Its Army,* 103.

xxvi   Haldon, *Warfare, State, and Society in the Byzantine World,* 116.

xxvii   *Byzantine Praetorians,* 191–95.

xxviii   Ibid., 196.

xxix   Haldon, *Warfare, State, and Society in the Byzantine World,* 111; Treadgold, *Byzantium and Its Army,* 102; Hans Joachim Kühn and Johannes Koder, *Die byzantinische Armee im 10. und 11. Jahrhundert: Studien zur Organisation der Tagmata* (Vienna: Fassbaender, 1991), 73 ff.

xxx   Haldon, *Byzantine Praetorians,* 280–81.

xxxi   Ibid., 224–26.

xxxii   Treadgold, *Byzantium and Its Army,* 110.

xxxiii   Ibid., 106; Haldon, *Warfare, State, and Society in the Byzantine World,* 116.

xxxiv   *Skirmishing,* §16.

xxxv   Nicephorus Bryennius, *Nicéphore Bryennios histoire: Introduction, texte, traduction et notes,* trans. P. Gautier, Corpus fontium historiae Byzantinae (Brussels: Byzantion, 1975), 282–83.

xxxvi   *Leo the Deacon,* VI.11.

xxxvii   *ODB,* "Nikephoritzes," p. 1475.

xxxviii   Haldon, *Warfare, State, and Society in the Byzantine World,* 93.

xxxix   Birkenmeier, *The Development of the Komnenian Army,* 28.

xl   *ODB,* "Allagion," pp. 67–68.

xli   Rodolphe Guilland, *Recherches sur les institutions byzantines* (Berlin: Akademie-Verlag, 1967), 596–600; Mark C. Bartusis, "The Megala Allagia and the Tzaousios: Aspects of Provincial Military Organization in Late Byzantium," *Revue des études byzantines* 47 (1989): 203.

xlii   Bartusis, *The Late Byzantine Army,* 199.

xliii   Jones, *The Later Roman Empire,* 616; Cécile Morrisson and Jean-Claude Cheynet, "Prices and Wages in the Byzantine World," in *The Economic History of Byzantium: From the Seventh Through the Fifteenth Century,* ed. Angeliki E. Laiou and Charalampos Bouras (Washington, D.C.: Dumbarton Oaks Research Library and Collection, 2002), 864.

xliv   John F. Haldon, *Recruitment and Conscription in the Byzantine Army c.* 550–950 (Vienna: Verlag der Österreichischen Akademie der Wissenschaften, 1979), 26.

xlv   Jones, *The Later Roman Empire,* 614.

xlvi   Prokopios, *Wars,* III.18; *PLRE,* "Ioannes 14" vol. 3.A, pp. 635–36; he was an *"optio,"* here not a quartermaster, but a picked commander.

xlvii   Marie Theres Fögen, "Lombards," in *Oxford Dictionary of Byzantium,* ed. A. P. Kazhdan (New York: Oxford University Press, 1991), 1249.

xlviii   *Sebeos,* p. 31; Richard G. Hovannisian, *The Armenian People from Ancient to Modern Times* (New York: St. Martin's Press, 1997), 110.

xlix   Haldon, *Recruitment and Conscription in the Byzantine Army,* 37.

l   Andreas Nikolau Stratos, *Byzantium in the Seventh Century 3. 642–668,* trans. Harry T. Hionides (Amsterdam: Hakkert, 1975), 234.

li   *Theophanes,* AM 6184.

lii   Treadgold, *Byzantium and Its Army,* 110.

liii   Peter Charanis, "The Armenians in the Byzantine Empire," *Byzantinoslavica* 22 (1961).

liv   Jonathan Shepard, "The English and Byzantium: A Study of Their Role in the Byzantine Army in the Later Eleventh Century," *Traditio* 29 (1973): 60.

lv   Bartusis, *The Late Byzantine Army,* 192–93.

lvi   Treadgold, *Byzantium and Its Army,* 155.

lvii   Morrisson and Cheynet, "Prices and Wages in the Byzantine World," 864.

lviii   Jones, *The Later Roman Empire,* 623–24, 34.

lix   Treadgold, *Byzantium and Its Army,* 150–54.

lx   Morrisson and Cheynet, "Prices and Wages in the Byzantine World," 860.

lxi   Treadgold, *Byzantium and Its Army,* 153–54.

lxii   Ibid., 146–48.

lxiii   Morrisson and Cheynet, "Prices and Wages in the Byzantine World," 865.

lxiv   Ibid., 862–65.

第四章　装备与后勤

i   Simon James, "The *Fabricae*: State Arms Factories of the Later Roman Empire," in *Military Equipment and the Identity of Roman Soldiers: Proceedings of the Fourth Roman Military Equipment Conference,* ed. J. C.N. Coulston (Oxford: British Archaeological Reports, 1988), 257.

ii   Jones, *The Later Roman Empire,* 624–25; Roger S. Bagnall and Raffaella Cribiore, *Women's Letters from Ancient Egypt, 300 BC–AD 800* (Ann Arbor: University of Michigan Press, 2006), Letter 288.

iii   Karen R. Dixon and Pat Southern, *The Roman Cavalry* (London: Routledge, 1997), 62.

iv   Jones, *The Later Roman Empire*, 835.

v   Haldon, *Warfare, State, and Society in the Byzantine World*, 132.

vi   Haldon, "Military Service, Military Lands, and the Status of Soldiers: Current Problems and Interpretations," 17; Haldon, "Some Aspects of Byzantine Military Technology from the Sixth to the Tenth Centuries," *Byzantine and Modern Greek Studies* 1 (1975): 42.

vii   Michael Hendy, *Studies in the Byzantine Monetary Economy c. 300–1450* (Cambridge: Cambridge University Press, 1985), 628–30; John F. Haldon, *Byzantium in the Seventh Century: The Transformation of a Culture* (Cambridge: Cambridge University Press, 1990), 232–44. See also R.-J. Lilie, "Die Zweihundertjährige Reform: zu den Anfängen der Themenorganisation im 7. und 8. Jahrhundert," *Byzantinoslavica* 45 (1984): 190–201.

viii   Norbert Kamp and Joachim Wollasch, *Tradition als historische Kraft: interdisziplinäre Forschungen zur Geschichte des früheren Mittelalters* (Berlin: de Gruyter, 1982), 254–66.

ix   Haldon, "Military Service, Military Lands, and the Status of Soldiers," 17.

x   Haldon, *Warfare, State, and Society in the Byzantine World*, 328, n. 8.

xi   *Choniates*, p. 118.

xii   *Choniates*, p. 58.

xiii   Birkenmeier, *The Development of the Komnenian Army*, 178.

xiv   Walter Kaegi, "Byzantine Logistics: Problems and Perspectives," in *Feeding Mars: Logistics in Western Warfare from the Middle Ages to the Present*, ed. J. A. Lynn (Boulder:

Westview Press, 1993), 41.

xv   Ibid., 45.

xvi   S. Thomas Parker, *The Roman Frontier in Central Jordan: Final Report on the Limes Arabicus Project, 1980–1989* (Washington, D.C.: Dumbarton Oaks, 2006), 120.

xvii   Michael Decker, "Towers, Refuges, and Fortified Farms in the Late Roman East," *Liber Annuus 56* (2006).

xviii   *IGLS*, 4.1397.1; 4.1385.

xix   Louis Robert, "Noms métiers dans des documents byzantins," in *Charisterion eis Anastasion K. Orlandon 1*, ed. Anastasios K Orlandos (Athens: He en Athenais Archaiologike Hetairea, 1965), 333.

xx   Haldon, *Warfare, State, and Society in the Byzantine World*, 150.

xxi   Constantine Porphyrogenitus, *Constantine Porphyrogenitus: Three treatises on imperial military expeditions*, trans. John F. Haldon (Vienna: Verlag der Österreichischen Akademie der Wissenschaften, 1990), 99.

xxii   *Praecepta militaria*, II.1–4.

xxiii   John F. Haldon, "The Organisation and Support of an Expeditionary Force: Manpower and Logistics in the Middle Byzantine Period," in To empolemo Byzantio = Byzantium at War (9th—12th c.): International Symposium 4 [of the] Institute for Byzantine Research [Athens, 1996], ed. Nicolas Oikonomides, Kostas Tsiknakes (Athens: Goulandre-Chorn Foundation, 1997), 122–23.

xxiv   Ibid., 116–21.

xxv   Ibid., 125.

xxvi   P. Grotokowski, *Arms and Armour of the Warrior Saints* (Leiden: Brill, 2010), 193–98.

xxvii *Strategikon,* l.2.

xxviii Timothy Dawson, "Kremasmata,Kabbadion, Klibanion: Some Aspects of Middle Byzantine Military Equipment Reconsidered," *Byzantine and Modern Greek Studies* 22 *(1998): 42;* Grotowski, *Arms and Armour of the Warrior Saints,* 166 –70; Taxiarchos Kolias, *Byzantinische Waffen: Ein Beitrag zur byzantinischen Waffenkunde von den Anfängen bis zur lateinischen Eroberung* (Vienna: Verlag der Österreichischen Akademie der Wissenschaften, 1988), 54–57.

xxix *Strategikon,* l.2.

xxx *Strategikon,* XII.8.1–6.

xxxi *Ouranos,* 56.139–44; pp. 96–97.

xxxii Haldon, *Warfare, State, and Society in the Byzantine World,* 128.

xxxiii *Vegetius,* l.20.

xxxiv J. C.N.Coulston, "Late Roman Armour, 3rd – 6th Centuries AD," *Journal of Roman Military Equipment Studies* (1990), 147.

xxxv *Strategikon,* l.2.

xxxvi *Strategikon,* XII.8.

xxxvii *De Rebus Bellicis,* XV.2.

xxxviii Ian P. Stephenson, *Romano-Byzantine Infantry Equipment* (Stroud, Gloucester: Tempus, 2006), 52.

xxxix On the *zaba* see Kolias, *Byzantinische Waffen,* 37–39; Russ Mitchell, "Archery Versus Mail: Experimental Archaeology and the Value of Historical Context," *Journal of Medieval Military History* 4 (2006).

xl *Ammianus Marcellinus,* XV.i.13.

xli S. M. Perevalov, "The Sarmatian Lance and the Sarmatian Horse-Riding Posture," *Anthropology & Archeology* of *Eurasia* 41, no. 4 (2003).

xlii   *Alexiad,* IV.7; Dawson, "Kremasmata, Kabbadion, Klibanion," 46.

xliii   Ibid., 47; Maria G. Parani, *Reconstructing the Reality of Images: Byzantine Material Culture and Religious Iconography (11th–15th Centuries)* (Leiden: Brill, 2003), 108, pl. 29.

xliv   Dawson, "Kremasmata, Kabbadion, Klibanion," 47; Haldon, "Some Aspects of Byzantine Military Technology from the Sixth to the Tenth Centuries" ; Kolias, *Byzantinische Waffen,* 45–46.

xlv   Bartusis, *The Late Byzantine Army,* 323–24.

xlvi   *Strategikon,* XII.4.

xlvii   Stephenson, *Romano-Byzantine Infantry Equipment,* 71.

xlviii Timothy Dawson, "Suntagma Hoplôn: The Equipment of Regular Byzantine Troops, c. 950–c. 1204," in *A Companion to Medieval Arms and Armour,* ed. D. Nicolle (Woodbridge: Boydell Press, 2002), 83.

xlix   Stephenson, *Romano-Byzantine Infantry Equipment,* 17; Kolias, *Byzantinische Waffen,* 76.

l   Stephenson, *Romano-Byzantine Infantry Equipment,* 27.

li   Dawson, "Suntagma Hoplôn," 83.

lii   Ibid., 83–84.

liii   Minor M. Markle, III, "The Macedonian Sarrissa, Spear and Related Armor," *American Journal of Archaeology* 81, no. 3 (1977): 324; N. Tarleton, "Pastoralem Praefixa Cuspide Myrtum (Aeneid 7.817)," *Classical Quarterly* 39, no. 1 (1989): 270; Stephenson, *Romano-Byzantine Infantry Equipment,* 80; Marijke van der Veen and Alison Cox, *Consumption, Trade and Innovation: Exploring the Botanical Remains from the Roman and Islamic Ports at Quseir al-Qadim, Egypt* (Frankfurt am

Main: Africa Magna Verlag, 2011), 220.

liv G. R. Davidson and Tibor Horváth, "The Avar Invasion of Corinth," *Hesperia* 6, no. 2 (1937): 232–34.

lv M. P. Anastasiadis, "On Handling the Menavlion," *Byzantine and Modern Greek Studies* 18 (1994).

lvi *Strategikon,* XII.8.

lvii Conrad Engelhardt, *Nydam mosefund, 1859–1863* (Copenhagen: I commission hos GEC Gad, 1865), 81–82, plates VI–VII.

lviii Evelyne Godfrey and Matthijs van Nie, "A Germanic Ultrahigh Carbon Steel Punch of the Late Roman-Iron Age," *Journal of Archaeological Science* 31 (2004).

lix Stephenson, *Romano-Byzantine Infantry Equipment,* 92.

lx *Praecepta militaria,* II.

lxi Parani, *Reconstructing the Reality of Images,* fig. 104.

lxii Bartusis, *The Late Byzantine Army,* 329.

lxiii Prokopios, *Wars,* VI.xxv.1.

lxiv *Praecepta militaria,* I.25–26, pp. 14–15.

lxv *Strategikon,* XI.3.

lxvi *Vegetius,* I.17.

lxvii *Sylloge,* 38.10.

lxviii Haldon, "Some Aspects of Byzantine Military Technology," 38–39.

lxix *Vegetius,* III.14, p. 91.

lxx Wallace McLeod, "The Range of the Ancient Bow," *Phoenix* 19, no. 1 (1965): 7–10.

lxxi Stephenson, *Romano-Byzantine Infantry Equipment:* fig. 26.

lxxii Bartusis, *The Late Byzantine Army,* 298–99.

lxxiii Ibid., 127–32.

lxxiv   *CJ* 85.2: http://webu2.upmf-grenoble.fr/Haiti/Cours/ Ak/link_en.htm.

lxxv   Duncan B. Campbell, *Greek and Roman Artillery 399 BC–AD 363* (Oxford: Osprey Publishing, 2003), 21, 36.

lxxvi   Prokopios, *Wars*, V.xxi.14–22.

lxxvii   Josephus, *Jewish War*, V.270 notes that first-century scorpions (one-armed stone throwers similar to the later *onagers*) cast one talent (about 32 kg/71 lbs.) about 400 meters.

lxxviii   Quoted in Paul E. Chevedden, "The Invention of the Counterweight Trebuchet: A Study in Cultural Diffusion," *Dumbarton Oaks Papers* 54 (2000): 74.

第五章   战略与战术

i   "Strategy," *Oxford English Dictionary*. Third edition. http://www.oed.com.

ii   *Taktika*, 1§1–3.

iii   Haldon, *Warfare, State, and Society in the Byzantine World*, 34. See the recent work on proposing a unfied "Grand Strategy": Edward N. Luttwak, *The Grand Strategy of the Byzantine Empire* (Cambridge,Mass.: Harvard University Press, 2009).

iv   *Priskos*, IV.1–2.

v   Francis Dvornik, *Origins of Intelligence Services: The Ancient Near East, Persia, Greece, Rome, Byzantium, the Arab Muslim Empires, the Mongol Empire, China, Muscovy* (New Brunswick,N.J.: Rutgers University Press, 1974), 132–37, 48.

vi   Haldon, *Warfare, State, and Society in the Byzantine World*, 67 ff.

vii   *Taktika*, 20§37.

viii *Taktika,* 20§47: a repetition of *Strategikon* 8.2.1, which in turn echoed ancient Greek notions of just war, cf. Onasander, 5.1.

ix *Strategikon,* II.18.

x *Taktika,* 20§72.

xi *Taktika* 20§63.

xii *Taktika* 4§41; 20§160.

xiii *Ouranos,* 65.79–85.

xiv *Strategikon,* VIII.2.12.

xv Birkenmeier, *The Development of the Komnenian Army,* 112 ff.

xvi *Taktika,* 20§112.

xvii *Alexiad,* XIV.2.

xviii Bartusis, *The Late Byzantine Army,* 345.

xix Ibid., 65.

xx *Strategikon, Proem.*

xxi *Anonymous Strategy,* §25, n.1.

xxii *Skirmishing,* §22.

xxiii Treadgold, *Byzantium and Its Army,* 21–23.

xxiv *Praecepta militaria,* IV.195–203.

xxv *Skylitzes,* pp. 66–69.

xxvi *Alexiad,* VI.1.

xxvii *Choniates,* p. 10.

xxviii Steven Runciman, *The Sicilian Vespers: A History of the Mediterranean World in the Later Thirteenth Century* (Cambridge: Cambridge University Press, 1992), 214–87.

xxix *Anonymous Strategy,* §42.

xxx Dvornik, *Origins of Intelligence Services,* 147–48.

xxxi *Praecepta militaria,* IV.192–95.

xxxii *Kekaumenos,* II.24.

xxxiii Prokopios, *Wars,* III.xx.1.

xxxiv   Prokopios, *Wars*, III.xiv.7.

xxxv   Taktika, 20§131–32.

xxxvi   *Strategikon*, I.9; *Taktika*, 19§21.

xxxvii   *Ouranos*, 63.12–14.

xxxviii   *Ouranos*, 65.165–172.

xxxix   *Skirmishing*, §6; *Campaign*, §21.

xl   Yahya-Ibn-Sa'ïd, *Histoire de Yahya-Ibn-Sa'ïd d'Antioche, continuateur de Sa'ïd-Ibn-Bitriq: fascicule II*, ed. René Graffin and François Nau, trans. I. Kratchkovsky and A. Vasiliev, 2 vols., vol. 2, Patrologia Orientalis (Paris: Firmin-Didot, 1932), 442.

xli   *Kinnamos*, IV.17.

xlii   *Choniates*, pp. 58–59.

xliii   *Skirmishing*, §6; *Campaign*, §10.

xliv   *Strategikon*, II.11.

xlv   *Leo the Deacon*, VI.12–13.

xlvi   *Taktika*, 17§89.

xlvii   Prokopios, *Wars*, I.I.12–15.

xlviii   Flavius Cresconius Corippus, *The Iohannis, or, De bellis Libycis*, trans. George W. Shea (Lewiston, N.Y.: Edwin Mellen Press, 1998), 125.

xlix   *Strategikon*, III.12–16.

l   *Strategikon*, XII.9; Philip Rance, "Narses and the Battle of Taginae (Busta Gallorum) 552: "Procopius and Sixth-Century Warfare," *Historia: Zeitschrift für Alte Geschichte* 54, no. 4 (2005): 430.

li   *Strategikon*, XII.17.

lii   Haldon, *Warfare, State, and Society in the Byzantine World*, 210–17.

liii   Ibid., 210–18; Alphonse Dain and Emperor Leo VI, *Sylloge tacticorum, quae olim "Inedita Leonis tactica" dicebatur*

(Paris: Société d'édition "Les Belles lettres," 1938), 47.16.

liv　*Ouranos,* 56.35–77.

lv　McGeer, *Sowing the Dragon's Teeth,* 264.

lvi　Ibid., 268–70.

lvii　Ibid., 273.

lviii　Ibid., 276.

lix　Haldon, *Warfare, State, and Society in the Byzantine World,* 224—25.

lx　Bartusis, *The Late Byzantine Army,* 253–60.

lxi　*Ouranos,* 65.139–43.

lxii　*Ouranos,* 65.110–15.

lxiii　*Ouranos,* 65.105–39.

第六章　拜占庭的敌人

i　Peter Heather, *The Goths* (Oxford: Blackwell, 1996), 274.

ii　Ibid., 236.

iii　Simon James, "Stratagems, Combat, and 'Chemical Warfare' in the Siege Mines of Dura-Europos," *American Journal of Archaeology* 115, no. 1 (2011): 76; "Evidence from Dura Europos for the Origins of Late Roman Helmets," *Syria* 63, nos. 1-2 (1986). For additional information on Sasanian helmets, see Stephen V. Grancsay, "A Sasanian Chieftain's Helmet," *Metropolitan Museum of Art Bulletin* 21, no. 8 (1963).

iv　*Strategikon,* XI.2.

v　Hugh Kennedy, *The Armies of the Caliphs* (London: Routledge, 2001).

vi　Michael Lecker, "Siffin," in *The Encyclopaedia of Islam,* ed. C. E. Bosworth, E. van Donzel, and W. P. Heinrichs (Leiden: Brill, 1997), 552–56.

vii   Kennedy, *The Armies of the Caliphs,* 32–34.

viii   Warren T. Treadgold, *The Byzantine Revival, 780–842* (Stanford, Calif.: Stanford University Press, 1988), 297.

ix   Panos, Sophoulis, *Byzantium and Bulgaria, 775–831* (Leiden: Brill, 2012).

x   Ibid., 77.

xi   Ibid.

xii   *Theophanes,* AM 6266.

xiii   Jonathan Shepard, "The Uses of the Franks in Eleventh-Century Byzantium," *Anglo-Norman Studies* 15 (1993): 288–89.

xiv   Goffredo Malaterra, *The Deeds of Count Roger of Calabria and Sicily and of His Brother Duke Robert Guiscard* (Ann Arbor: University of Michigan Press, 2005), 165–66.

xv   *Alexiad,* IV.4.

xvi   *Alexiad,* V.6.

xvii   Birkenmeier, *The Development of the Komnenian Army,* 60–61.

xviii   Ibid., 69–70.

第七章 战争中的拜占庭军队

i   Clifford Edmund Bosworth, "The City of Tarsus and the Arab-Byzantine Frontiers in Early and Middle Abbasid Times," *Oriens* 33 (1992): 274–77.

ii   Marius Canard, *Histoire de la dynastie des H'amdanides de Jazîra et de Syrie* (Algiers: Imprimeries "La Typo-litho" et J. Carbonel réunies, 1951): 763–70.

iii   Bosworth, "The City of Tarsus and the Arab-Byzantine Frontiers," 282.

iv   Yahya Ibn Sa'id, I. Kratchkovsky, and A. Vasiliev, *Histoire de Yahya-Ibn-Sa'ïd d'Antioche, continuateur de Sa'ïd-Ibn-Bitriq, fasicule 1, 3* vols., vol. 1, Patrologia Orientalis (Paris: Firmin-Didot, 1924), 95; Canard, *Histoire de la dynastie des H'amdanides de Jazîra et de Syrie*, 818–19; Skylitzes, 257.

v   *Leo the Deacon*, III.11.

vi   *Leo the Deacon*, IV.4.

vii   Paul Stephenson, *Byzantium's Balkan Frontier: A Political Study of the Northern Balkans, 900–1204* (Cambridge: Cambridge University Press, 2000), 65.

viii   Ibid., 67.

ix   *Skylitzes*, 331.

x   *Kinnamos*, III.2; *Choniates*, pp. 45–46.

xi   *Kinnamos*, III.9.

xii   *Kinnamos*, V.10; Birkenmeier, *The Development of the Komnenian Army*, 119.

xiii   *Kinnamos*, VI.7.

xiv   *Choniates*, p. 88.

xv   *Theophanes*, AM 6165.

xvi   *Theophanes*, AM 6209; R.-J. Lilie, "Die Zweihundertjährige Reform: zu den Anfängen der Themenorganisation im 7. und 8. Jahrhundert," *Byzantinoslavica* 45 (1984): 190–201, 128–29.

xvii   Demetres Tsounkarakes and Euangelos K. Chrysos, *Byzantine Crete: From the Fifth Century to the Venetian Conquest* (Athens: Historical Publications St. D. Basilopoulos, 1988), 64–65.

xviii   *Leo the Deacon*, I.3.

xix   *Leo the Deacon*, I.4.

xx   *Leo the Deacon*, I.8.

xxi   *Ouranos*, 65.20.

xxii　Tsounkarakes and Chrysos, *Byzantine Crete,* 72.

第八章　拜占庭兵法

i　B. H. Liddell Hart, *The Strategy of Indirect Approach* (London: Faber and Faber, 1941), 59–62.

ii　Ibid., 72.

iii　J. F. C. Fuller, *A Military History of the Western World* (New York: Funk & Wagnalls, 1954), 339.

iv　Georgios Theotokis, "The Norman Invasion of Sicily, 1061–1072: Numbers and Military Tactics," *War in History* 17, no. 4 (2010): 393.

v　Bernard Bachrach, "On the Origins of William the Conqueror's Horse Transports," *Technology and Culture* 26, no. 3 (1985): 513.

vi　Ibid., 514.

vii　*Theophanes,* AM 6165.

viii　*Vegetius,* IV.18.

ix　John F. Haldon, "'Greek Fire' Revisited: Recent and Current Research," in *Byzantine Style, Religion and Civilization: In Honour of Sir Steven Runciman,* ed. Elizabeth Jeffreys (Cambridge: Cambridge University Press, 2006), 314.

x　*Taktika,* 19.59.

xi　John H. Pryor and Elizabeth M. Jeffreys, *The Age of the Dromon: The Byzantine Navy ca. 500–1204* (Leiden: Brill, 2006), 620.

xii　Ibid., 618.

xiii　Ibid., 609.

xiv　Ibid., 609ff.

xv　Ibid., 612.

xvi *Alexiad,* XI.10.

xvii Pryor and Jeffreys, *The Age of the Dromon,* 612.

xviii Ibid., 613.

xix Peter Pentz, "A Medieval Workshop for Producing 'Greek Fire' Grenades," *Antiquity* 62, no. 234 (1988).

xx Maurice Mercier, *Le feu grégeois, les feux de guerre depuis l'antiquité, la poudre à canon* (Paris: P. Geuthner, 1952), 84–91.

xxi *Praecepta militaria,* I.150–55.

xxii Pryor and Jeffreys, *The Age of the Dromon,* 619–20.

xxiii George T. Dennis, "Byzantine Heavy Artillery: The Helepolis," *Greek, Roman, and Byzantine Studies* 39 (1998): 101.

xxiv W.T. S.Tarver, "The Traction Trebuchet: A Reconstruction of an Early Medieval Siege Engine," *Technology and Culture* 36, no. 1 (1995): 149.

xxv Ibid., 162.

xxvi Chevedden, "The Invention of the Counterweight Trebuchet," 77.

xxvii *Alexiad,* X.11.

xxviii S. Vryonis, "The Byzantine Legacy and Ottoman Forms," *Dumbarton Oaks Papers* 23–24 (1969–70): 273–74.

xxix Antoine Henri Jomini, baron de, *The Art of War,* trans. G. H. Mendell and W. P. Craighill (Philadelphia: J. P. Lippincott, 1862), 366.

xxx Alfred Vagts, *Landing Operations: Strategy, Psychology, Tactics, Politics, from Antiquity to 1945* (Harrisburg, Pa.: Military Service Pub. Co., 1946), 116.

xxxi Liddell Hart, *The Strategy of Indirect Approach,* 49–69.

xxxii T. E. Lawrence, *Seven Pillars of Wisdom* (London: Vintage, 2008), 117.

参考书目

Ahrweiler, Hélène. *Byzance et la mer: La marine de guerre, la politique et les institutions maritimes de Byzance aux VIIè–XVe siècles.* Paris: Presses universitaires de France, 1966.

Anastasiadis, M. P. "On Handling the Menavlion." *Byzantine and Modern Greek Studies* 18 (1994): 1–10.

Bachrach, Bernard. "On the Origins of William the Conqueror's Horse Transports." *Technology and Culture* 26, no. 3 (1985): 505–31.

Bagnall, Roger S., and Raffaella Cribiore. *Women's Letters from Ancient Egypt, 300 BC–AD 800.* Ann Arbor: University of Michigan Press, 2006.

Bartusis, Mark C. *The Late Byzantine Army: Arms and Society, 1204–1453.* Philadelphia: University of Pennsylvania Press, 1992.

———. "The Megala Allagia and the Tzaousios: Aspects of Provincial Military Organization in Late Byzantium." *Revue des études byzantines* 47 (1989): 183–207.

Birkenmeier, John W. *The Development of the Komnenian Army: 1081–1180.* Leiden: Brill, 2002.

Bosworth, C. E. "The City of Tarsus and the Arab-Byzantine Frontiers in Early and Middle Abbasid Times." *Oriens* 33 (1992): 268–86.

Campbell, Duncan B. *Greek and Roman Artillery 399 BC–AD 363.* Oxford: Osprey Publishing, 2003.

Canard, Marius. *Histoire de la dynastie des H'amdanides de Jazîra et de Syrie.* Algiers: Imprimeries "La Typo-litho" et J. Carbonel réunies, 1951.

Charanis, Peter. "The Armenians in the Byzantine Empire."
Byzantinoslavica 22 (1961): 196–240.

Chevedden, Paul E. "The Invention of the Counterweight
Trebuchet: A Study in Cultural Diffusion." *Dumbarton Oaks
Papers* 54 (2000): 71–116.

Cheynet, J.-C. "Mantzikert: Un désastre militaire?"
Byzantion 50 (1980): 410–38.

Chibnall, Marjorie. *The Normans*. Malden, Mass.: Blackwell,
2006.

Constantine Porphyrogenitus. *Constantine Porphyrogenitus:
Three Treatises on Imperial Military Expeditions*. Translated by
J.Haldon.Vienna: Verlag der Österreichischen Akademie der
Wissenschaften, 1990.

Corippus, Flavius Cresconius, and George W Shea. *The
Iohannis, or, De Bellis Libycis*. Lewiston,N.Y.: Edwin Mellen
Press, 1998.

Coulston, J. C.N. "Late Roman Armour, 3rd –6th Centuries
AD." *Journal of Roman Military Equipment Studies* (1990):
139–60.

Dain, Alphonse, and Emperor Leo VI. *Sylloge Tacticorum,
Quae Olim "Inedita Leonis Tactica" Dicebatur*. Paris: Société
d'édition "Les Belles lettres," 1938.

Davidson, G. R., and Tibor Horváth. "The Avar Invasion of
Corinth." *Hesperia* 6, no. 2 (1937): 227–40.

Dawson, Timothy. "Kremasmata, Kabbadion, Klibanion:
Some Aspects of Middle Byzantine Military Equipment
Reconsidered." *Byzantine and Modern Greek Studies* 22 (1998):
38–50.

———."Suntagma Hoplôn: The Equipment of Regular
Byzantine Troops, c. 950–c. 1204." In *A Companion to Medieval*

Arms and Armour, edited by D. Nicolle, 81–90. Woodbridge: Boydell Press, 2002.

Decker, Michael. "Towers, Refuges, and Fortified Farms in the Late Roman East." *Liber Annuus* 56 (2006): 499–520.

Dennis, George T. "Byzantine Heavy Artillery: The Helepolis." *Greek, Roman, and Byzantine Studies* 39 (1998): 99–115.

Dixon, Karen R., and Pat Southern. *The Roman Cavalry.* London: Routledge, 1997.

Dodgeon, Michael H., and Samuel N. C. Lieu. *The Roman Eastern Frontier and the Persian Wars (AD 226–363): A Documentary History.* London: Routledge, 1991.

Donner, Fred. *The Early Islamic Conquests.* Princeton: Princeton University Press, 1981.

Dvornik, F. *Origins of Intelligence Services: The Ancient Near East, Persia, Greece, Rome, Byzantium, the Arab Muslim Empires, the Mongol Empire, China, Muscovy.* New Brunswick, N.J.: Rutgers University Press, 1974.

Engelhardt, Conrad. *Nydam Mosefund, 1859–1863.* Copenhagen: I commission hos GEC Gad, 1865.

Ferluga, Jadran. "Le Clisure Bizantine in Asia Minore." In *Byzantium on the Balkans: Studies on the Byzantine Administration and the Southern Slavs from the VIIth to the XIIth Centuries,* edited by Jadran Ferluga. Amsterdam: A. M. Hakkert, 1976.

Fögen, Marie Theres. "Lombards." In *Oxford Dictionary of Byzantium,* edited by A. P. Kazhdan, 1249. New York: Oxford University Press, 1991.

Fuller, J. F. C. *A Military History of the Western World.* New York: Funk & Wagnalls, 1954.

Genesios, Ioseph. *On the Reigns of the Emperors.* Translated by Anthony Kaldellis. Canberra: Australian Association for Byzantine Studies, 1998.

Godfrey, Evelyne, and Matthijs van Nie. "A Germanic Ultrahigh Carbon Steel Punch of the Late Roman-Iron Age." *Journal of Archaeological Science* 31 (2004): 1117–25.

Grancsay, Stephen V. "A Sasanian Chieftain's Helmet." *Metropolitan Museum of Art Bulletin* 21, no. 8 (1963): 253–62.

Grotowski, P. *Arms and Armour of the Warrior Saints.* Leiden: Brill, 2010.

Guilland, R. *Recherches sur les Institutions Byzantines.* Berlin: Akademie-Verlag, 1967.

Haldon, J. *Byzantine Praetorians: An Administrative, Institutional, and Social Survey of the Opsikion and Tagmata, c. 580–900.* Bonn: R.Habelt, 1984.

———. *Byzantium in the Seventh Century: The Transformation of a Culture.* Cambridge: Cambridge University Press, 1990.

———. *The Byzantine Wars.* Stroud, Glos.: The History Press, 2008.

———. "'Greek Fire' Revisited: Recent and Current Research." In *Byzantine Style, Religion and Civilization: In Honour of Sir Steven Runciman,* edited by Elizabeth Jeffreys, 290–325. Cambridge: Cambridge University Press, 2006.

———. "Military Service,Military Lands, and the Status of Soldiers: Current Problems and Interpretations." *Dumbarton Oaks Papers* 47 (1993): 1–67.

———. "The Organisation and Support of an Expeditionary Force: Manpower and Logistics in the Middle Byzantine Period." in To empolemo Byzantio = Byzantium at War (9th–12th c.): International Symposium 4 [of the] Institute for Byzantine

Research [Athens, 1996], ed. Nicolas Oikonomides, Kostas Tsiknakes (Athens: Goulandre-Chorn Foundation, 1997).

———. *Recruitment and Conscription in the Byzantine Army c. 550–950*. Vienna: Verlag der Österreichischen Akademie der Wissenschaften, 1979.

———. "Some Aspects of Byzantine Military Technology from the Sixth to the Tenth Centuries." *Byzantine and Modern Greek Studies* 1 (1975): 11–47.

———. *Warfare, State, and Society in the Byzantine World, 565–1204*. London: UCL Press, 1999.

Heather, Peter. *The Goths*. Oxford: Blackwell, 1996.

Hendy,M. *Studies in the Byzantine Monetary Economy c. 300—1450*. Cambridge: Cambridge University Press, 1985.

Hovannisian, Richard G. *The Armenian People from Ancient to Modern Times*. New York: St.Martin's Press, 1997.

Howard-Johnston, J. D. "Heraclius' Persian Campaigns and the Revival of the East Roman Empire, 622–630." *War in History* 6 (1999): 1–44.

Huxley, George L. "The Emperor Michael III and the Battle of Bishop's Meadow (A.D. 863)." *Greek, Roman, and Byzantine Studies* (1975): 443–50.

Isaac, Benjamin H. *The Limits of Empire: The Roman Army in the East*. Oxford: Clarendon Press, 1990.

James, Simon. "Evidence from Dura Europos for the Origins of Late Roman Helmets." *Syria* 63, nos. 1–2 (1986): 107–34.

———."The Fabricae: State Arms Factories of the Later Roman Empire." In *Military Equipment and the Identity of Roman Soldiers: Proceedings of the Fourth Roman Military Equipment Conference,* edited by J. C. N. Coulston, 257–331. Oxford: British Archaeological Reports, 1988.

————."Stratagems, Combat, and 'Chemical Warfare' in the Siege Mines of Dura-Europos." *American Journal of Archaeology* 115, no. 1 (2011): 69–101.

Jomini, Antoine Henri, baron de. *The Art of War.* Translated by G. H. Mendell and W. P. Craighill. Philadelphia: J. P. Lippincott, 1862.

Jones, A. H. M. *The Later Roman Empire, 284–602: A Social Economic and Administrative Survey.* London: Blackwell, 1964.

Kaegi,W. "Byzantine Logistics: Problems and Perspectives." In *Feeding Mars: Logistics in Western Warfare from the Middle Ages to the Present,* edited by J. A. Lynn, 39–55. Boulder: Westview Press, 1993.

————. *Byzantium and the Early Islamic Conquests.* Cambridge: Cambridge University Press, 1992.

Kamp, Norbert, and Joachim Wollasch. *Tradition als historische Kraft: interdisziplinäre Forschungen zur Geschichte des früheren Mittelalters.* Berlin: de Gruyter, 1982.

Kennedy, Hugh. *The Armies of the Caliphs.* London: Routledge, 2001.

————. *The Great Arab Conquests: How the Spread of Islam Changed the World We Live In.* Philadelphia: Da Capo, 2007.

Kolias, T. *Byzantinische Waffen: ein Beitrag zur byzantinischen Waffenkunde von den Anfängen bis zur lateinischen Eroberung.* Vienna: Verlag der Österreichischen Akademie der Wissenschaften, 1988.

Kulikowski, M. *Rome's Gothic Wars: From the Third Century to Alaric.* Cambridge: Cambridge University Press, 2007.

Kyriakidis, Savvas. *Warfare in Late Byzantium, 1204–1453.* Leiden: Brill, 2011.

Lawrence,T. E. *Seven Pillars of Wisdom.* London: Vintage, 2008.

Lecker, Michael. "Siffin." In *The Encyclopaedia of Islam*, edited by C. E. Bosworth, E. van Donzel, and W. P.Heinrichs, 552–56. Leiden: Brill, 1997.

Liddell Hart, B. H. *The Strategy of Indirect Approach*. London: Faber and Faber, 1941.

Lilie, R.-J. "Die Zweihundertjährige Reform: zu den Anfängen der Themenorganisation im 7. und 8. Jahrhundert." *Byzantinoslavica* 45 (1984): 27–39, 190–201.

Luttwak, Edward N. *The Grand Strategy of the Byzantine Empire*. Cambridge, Mass.: Harvard University Press, 2009.

Maenchen-Helfen, Otto. *The World of the Huns: Studies in Their History and Culture*. Berkeley: University of California Press, 1973.

Malaterra, Goffredo. *The Deeds of Count Roger of Calabria and Sicily and of His Brother Duke Robert Guiscard*. Ann Arbor: University of Michigan Press, 2005.

Markle, Minor M., III. "The Macedonian Sarrissa, Spear and Related Armor." *American Journal of Archaeology* 81, no. 3 (1977): 323–39.

McGeer, Eric. *Sowing the Dragon's Teeth: Byzantine Warfare in the Tenth Century*. Washington, D.C.: Dumbarton Oaks, 2008.

McLeod, W. "The Range of the Ancient Bow." *Phoenix* 19, no. 1 (1965): 1–14.

Mercier, Maurice. *Le Feu Grégeois: Les Feux de Guerre Depuis L'antiquité, la Poudre à Canon*. Paris: P. Geuthner, 1952.

Michael Psellus. *Fourteen Byzantine Rulers: The Chronographia of Michael Psellus*. Translated by E. R. A. Sewter. New York: Penguin Books, 1966.

Mitchell, Russ. "Archery Versus Mail: Experimental

Archaeology and the Value of Historical Context." *Journal of Medieval Military History* 4 (2006): 18–28.

Morrisson, Cécile, and Jean-Claude Cheynet. "Prices and Wages in the Byzantine World." In *The Economic History of Byzantium: From the Seventh Through the Fifteenth Century*, edited by Angeliki E. Laiou and Charalampos Bouras, 681–96. Washington, D.C.: Dumbarton Oaks Research Library and Collection, 2002.

Nicephorus Bryennius. *Nicéphore Bryennios Histoire: Introduction, Texte, Traduction et Notes*. Translated by P. Gautier. Corpus Fontium Historiae Byzantinae. Brussels: Byzantion, 1975.

Oikonomides, A. N. "Les Premières Mentions des Thèmes dans la Chronique de Théophane." *Zbornik radova Vizantoloskog Instituta* 16 (1975): 1–8.

Parani, Maria G. *Reconstructing the Reality of Images: Byzantine Material Culture and Religious Iconography (11th–15th Centuries)*. Leiden: Brill, 2003.

Parker, S. Thomas. *The Roman Frontier in Central Jordan: Final Report on the Limes Arabicus Project, 1980–1989*. Washington, D.C.: Dumbarton Oaks, 2006.

Pentz, Peter. "A Medieval Workshop for Producing 'Greek Fire' Grenades." *Antiquity* 62, no. 234 (1988): 89–93.

Perevalov, S. M. "The Sarmatian Lance and the Sarmatian Horse-Riding Posture." *Anthropology and Archeology of Eurasia* 41, no. 4 (2003): 7–21.

Pryor, John H., and Elizabeth M. Jeffreys. *The Age of the Dromon: The Byzantine Navy Ca. 500–1204*. Leiden: Brill, 2006.

Rance, Philip. "Narses and the Battle of Taginae (Busta Gallorum) 552: Procopius and Sixth-Century Warfare." *Historia:*

Zeitschrift für Alte Geschichte 54, no. 4 (2005): 424–72.

Robert, Louis. "Noms Métiers dans des Documents Byzantins." In *Charisterion Eis Anastasion K. Orlandon 1,* edited by Anastasios K. Orlandos. 324–27. Athens: He en Athenais Archaiologike Hetairea, 1965.

Runciman, Steven. *The Sicilian Vespers: A History of the Mediterranean World in the Later Thirteenth Century.* 1958; Cambridge: Cambridge University Press, 1992.

Seeck, Otto. *Notitia Dignitatum: Accedunt Notitia Urbis Constantinopolitanae et Laterculi Prouinciarum.* Berlin: Weidmann, 1876.

Shepard, Jonathan. "The English and Byzantium: A Study of Their Role in the Byzantine Army in the Later Eleventh Century." *Traditio* 29 (1973): 53–92.

———. "The Uses of the Franks in Eleventh-Century Byzantium." *Anglo-Norman Studies* 15 (1993): 275–305.

Sophoulis, Panos. *Byzantium and Bulgaria, 775–831.* Leiden: Brill, 2012.

Stephenson, I. P. *Romano-Byzantine Infantry Equipment.* Stroud, Gloucester: Tempus, 2006.

Stephenson, Paul. *Byzantium's Balkan Frontier: A Political Study of the Northern Balkans, 900–1204.* Cambridge: Cambridge University Press, 2000.

Stratos, Andreas Nikolau. *Byzantium in the Seventh Century 3. 642–668.* Translated by Harry T. Hionides. Amsterdam: Hakkert, 1975.

Tarleton, N. "Pastoralem Praefixa Cuspide Myrtum (Aeneid 7.817)." *Classical Quarterly* 39, no. 1 (1989): 267–70.

Tarver, W. T. S. "The Traction Trebuchet: A Reconstruction of an Early Medieval Siege Engine." *Technology and Culture* 36, no. 1 (1995): 136–67.

Theotokis, Georgios. "The Norman Invasion of Sicily, 1061–1072: Numbers and Military Tactics." *War in History* 17, no. 4 (2010): 381–402.

Treadgold,Warren T. *The Byzantine Revival, 780–842.* Stanford, Calif.: Stanford University Press, 1988.

———. *Byzantium and Its Army, 284–1081.* Stanford, Calif.: Stanford University Press, 1995.

———. *The Early Byzantine Historians.* New York: Palgrave Macmillan, 2007.

Tsounkarakes, Demetres, and Euangelos K. Chrysos. *Byzantine Crete: From the 5th Century to the Venetian Conquest.* Athens: Historical Publications St. D. Basilopoulos, 1988.

Vagts, Alfred. *Landing Operations: Strategy, Psychology, Tactics, Politics, from Antiquity to 1945.* Harrisburg, Pa.: Military Service Publishing, 1946.

van der Veen,Marijke , and Alison Cox. *Consumption, Trade and Innovation: Exploring the Botanical Remains from the Roman and Islamic Ports at Quseir Al-Qadim, Egypt.* Frankfurt am Main: Africa Magna Verlag, 2011.

Vryonis, S. "The Byzantine Legacy and Ottoman Forms." *Dumbarton Oaks Papers* 23–24 (1969–70): 251–308.

Yahya-Ibn-Sa'ïd, d'Antioche, I. Kratchkovsky, and A. Vasiliev. *Histoire de Yahya-Ibn-Sa`ïd d'Antioche, continuateur de Sa`ïd-Ibn-Bitriq, Fascicule I.* Patrologia Orientalis. 3 vols.Vol. 1, Paris: Firmin-Didot, 1924.

———. *Histoire de Yahya-Ibn-Sa'ïd d'Antioche, continuateur de Sa'ïd-Ibn-Bitriq: Fascicule II.* Translated by I. Kratchkovsky and A. Vasiliev. Patrologia Orientalis, edited by René Graffin and François Nau. 2 vols.Vol. 2, Paris: Firmin-Didot, 1932.

地图信息英汉对照表

Adrianople　阿德里安堡

ABASGIA　阿巴斯吉亚

ABBASID CALIPHATE　阿拔斯王朝

Abara　阿巴拉军区

Abydos / Abydus　阿拜多斯

Acre　阿卡

Adana　阿达纳

Adata　阿达塔军区

Adata Pass　阿达塔山口

Adramyttion　阿德拉米提安

ADRIATIC SEA　亚得里亚海

AEGEAN SEA　爱琴海（海洋／军区）

AFRIA　阿非利加

Akroinon　阿克罗伊农

Al Azraq　艾兹赖格

Alans　奄蔡人

Aleppo　阿勒颇

Aliakmon　阿利阿克蒙河

Amalfi　阿马尔菲

AMANUS MTS.　亚玛奴山脉

Amaseia　阿马西亚

AMENIA　亚美尼亚

Amida　阿米达

Amisos　阿米索斯

Amorion　阿莫里恩

Anazarbus / Anazarbos　阿纳扎布斯

Anchialos　安希亚洛斯

Anncona 安科纳

Anemurium 阿纳穆尔

Ankyra 安卡拉

Antaradus 安塔拉杜斯（军区／城市）

Antioch 安条克

ANATOLIK (THEME) 安纳托利亚军区

ANTITAURUS MTS. 安提陶鲁斯山

Apamea 阿帕米亚

APULIA 阿普利亚

ARABIA 阿拉比亚

Aradus 阿拉杜斯

Araxes R. 阿拉塞斯河

ARBANOI 阿尔巴诺伊人

Arcadia 阿卡迪亚

ARCHONTATE OF CEPHALONIA 凯法利尼亚执政官区

ARCHONTATE OF CHERSON 克尔松执政官区

ARCHONTATE OF CRETE 克里特执政官区

ARCHONTATE OF CYPRUS 塞浦路斯执政官区

ARCHONTATE OF DYRRHACHIUM 杜拉齐翁执政官区

ARCHONTATE OF THESSALONIKI 塞萨罗尼基执政官区

Arkadiopolis 阿尔卡迪奥波利斯

ARMENIAK (THEME) 亚美尼亚军区

Arsamosata 阿尔萨莫萨塔

Artach 阿塔克军区

Ascalon 阿斯卡隆

ASIA MINOR 小亚细亚

ATHOS 阿索斯山

Atramyttion 阿特拉米提瓮

Attaleia / Attalia 阿塔雷亚

Augustamnica 奥古斯塔姆尼卡

AYYUBID SULTANATE　阿尤布苏丹国
AVAR KHANATE　阿瓦尔汗国
Avlon　阿夫隆
Avlona　阿夫洛纳

Barbalissus　巴尔巴利苏斯
Balaneae　巴拉尼埃军区
BALKA MTS.　巴尔干山脉
Bari　巴里
Batnae　巴特纳
BEKAA VALLEY　贝卡谷地
Belgrade　贝尔格莱德
Beroea (Aleppo)　贝罗埃亚（阿勒颇）
Berytus　贝鲁特
Black Sea　黑海
BOSNA / Bosnia　波斯尼亚
Bosporus　博斯普鲁斯海峡
Bostra　布斯拉
Brindisi　布林迪西
BUCELLARIAN (THEME)　布塞拉利亚军区
Buda　布达
BULGAR KHANATE　保加尔汗国
BULGARIA　保加利亚
Byblus　比布鲁
Byzacena　拜占凯纳

Caesarea　凯撒里亚
Caesaropolis　凯撒波利斯
Callinicum　卡利尼库姆
CALABRIA　卡拉布里亚

Callipolis　卡利波利斯

Caludia　卡鲁迪亚军区

Cama　卡马军区

Camachum　卡马库姆

CAPPADOCIA　卡帕多西亚（军区 / 地区）

Carchemish　卡赫美士

CARPATHIAN MTS.　喀尔巴阡山脉

Carrhae (Harran)　卡雷（哈兰）

Castoria　卡斯托里亚

CAUCASUS MTS.　高加索山脉

CEPHALONIA　凯法利尼亚（军区 / 岛屿）

Chalcis　卡尔基斯

CHALDIA　喀尔狄亚军区

Chantiarte　昌提亚特军区

Charpezicium　哈尔佩齐基姆军区

Charsanara　哈尔桑那拉军区

CHARSIANUM / Charsianum　哈尔希安（军区 / 城市）

Charsianon　同 Charsianum

Chauzizium　楚尔锡齐翁军区

Cherson　克尔松

Chios　开俄斯

Chonae / Chonai　科尼

Chortzine　科特赞军区

Chorzanum　霍赞军区

Chrysopolis　克里索波利斯

Chuët　丘埃特军区

Claudiopolis　克劳迪奥波利斯

CIBYRRHAEOT / KIBYRRHAEOTA (THEME)　基比拉奥特军区

CILICIA (I, II)　（第一，第二）奇里乞亚

Cilician Gates　奇里乞亚山口

Circesium　塞斯希乌姆

Colonia　科洛尼亚

Corinth　科林斯

Constantinople　君士坦丁堡

Constantia　君士坦提亚

Constantina　君士坦提纳

Coptus　科普图

CORCYRA / Corcyra　克基拉（岛屿 / 城市）

CRETE　克里特岛 / 军区

CRIMEA　克里米亚

CROTIA　克罗地亚

CUMANS　库曼人

CYCLADES　基克拉迪群岛

Cymbalaeus　辛巴拉乌斯军区

CYPRUS　塞浦路斯

Cyrrhus　区鲁斯

Dacia　达西亚

DALMATIA　达尔马提亚（军区 / 地区）

DANISMENDS　达尼什曼德王朝

Danube　多瑙河

Damascus　大马士革

Daphnusia　达夫努西亚

Dazimon　达齐蒙

Deir ez-Zor　代尔祖尔

DENDRA　丹德拉

DHODOPE MTS.　罗多彼山脉

Dmayr　德迈尔

Dnieper R.　第聂伯河

Dniester R.　顿涅斯特河

Derzene　德尔塞尼军区

Develtus　德乌尔图斯

Dioecesis Asiana　亚细亚行政区

Dioecesis Pontica　庞提卡行政区

Dioecesis Aegypti　埃古普托斯行政区

Dorostolon　杜罗斯托鲁姆

Dorylaion / Dorylaeum　多利赖翁

Dravus / Drava River　德拉瓦河

Drin　德林河

Drina　德里纳河

Drinopolis　德里诺波利斯

Dristra　德里斯特拉

Drugubitia　德鲁古比西亚军区

DUCATE OF DALMATIA　达尔马提亚总督区

DUCATE OF VENETIA　威尼斯总督区

DUCHY OF SPOLETO　斯波莱托公爵领

DUKLJA　杜克利亚

Dura-Europus　杜拉-欧罗普斯

DYRRHACHIUM / Dryyhachium　都拉基乌姆（军区 / 城市）

EAST　东方

Edessa　埃德萨

Egypt　埃及

Emesea / Emesa (Homs)　埃米萨（胡姆斯）

EMPEROR'S PRESENCE　皇帝亲军

EMPIRE OF NICAEA　尼西亚帝国

EMPIRE OF TREBIZOND　特拉布宗帝国

Euchaita　尤塞塔

Ephesus　以弗所

Epiphania (Hama)　伊皮法尼亚（哈马）

EPIROS / EPIRUS　伊庇鲁斯

Erkne　埃尔科尼军区

EUBOEA　埃维亚岛

Euphrates　幼发拉底河

Euphrates Cities　幼发拉底河域诸城军区

EUPHRATENSIS　幼发拉底西斯

Euxine　黑海军区

EXARCH OF ITALY　意大利总督区

FRANKISH KINGDOM　法兰克王国

Furat R.　幼发拉底河（土耳其语）

Gabala　加巴拉军区

Gaeta　加埃塔

Gangra　昌克勒

Gaza　加沙

GERMAN EMPIRE　日耳曼帝国

Germanike(i)a　哲尔曼尼西亚

Gortyn　戈尔廷

GOTHS　哥特人

Great Preslav　大普雷斯拉夫军区

Gulf of Corinth　科林斯湾

HAEMUS MTS.　巴尔干山脉

Halys R.　哈利斯河

HAURAN　浩兰高原

HELLAS　希腊军区

Heliopolis　赫利奥波利斯

Herakleia　赫拉克雷亚

Hexacomia　六城军区

Hierapolis 希拉波利斯

Hungary 匈牙利

Iberia 伊比利亚

Ikonion / Iconium 以哥念

ILLYRICUM 伊利里库姆

Immae 因迈

IONIAN SEA 爱奥尼亚海

Irenopolis 伊利诺波利斯军区

ISAURIA 伊苏里亚

Iskur 伊斯克尔河

Issus 伊苏斯

ISTRIA 伊斯的利亚

ITALY 意大利

Jadera 亚德拉

Jebel al-Bishri 比什里山

Jericho 耶利哥

Jerusalum 耶路撒冷

Jordan River 约旦河

Kaborkion 卡波基翁

Kamacha 卡马查

Kars 卡尔斯

KHAZAR KHANATE 可萨汗国

KIBYRRHIOTA 基比拉奥特军区

KINGDOM OF ACRE 阿卡王国

KINGDOM OF AMENIA 亚美尼亚王国

KINGDOM OF CYPRUS 塞浦路斯王国

KINGDOM OF GEORGIA 格鲁吉亚王国

KINGDOM OF HUNGARY　匈牙利王国

KINGDOM OF SICILY　西西里王国

KOLONEIA / Koloneia　科洛尼亚（军区／城市）

Koron　科罗恩

Kotyaion　屈塔希亚

Kura River　库那河

Larissa　拉里萨

LATIN EMPIRE　拉丁帝国

Laodicea / Laodikeia　老底嘉

LEBANON MTS.　黎巴嫩山脉

Leontocome　利奥托科密军区

LESBOS　莱斯博斯岛

Libyas　利比亚

Limnia　利姆尼亚军区

Litani R.　利塔尼河

Little Preslav (Mespotamia of the West)　小普雷斯拉夫军区（西美索不达米亚）

Longobardia　伦巴迪亚军区

Lycandus　吕坎多斯军区

Malagina　马拉吉纳

MACEDONIA　马其顿

MAGYARS　马扎尔人

MALTA　马耳他

Marica R.　马里查河

Marcianopolis　马西亚诺波利斯

Maritsa　马里查河

Mauretania Caesariensis　毛里塔尼亚—凯撒里恩西斯

MEDITERRANEAN SEA　地中海

Melitene　梅利泰内

Melnik　梅尔尼克

Merte　默特军区

Mesembria　墨森布里亚

MESOPOTAMIA　美索不达米亚

Methone　迈索内

Moesia　默西亚

Moldavia　摩尔达维亚

Monemvasia　莫奈姆瓦夏

Mopsuestia　莫普绥艾

Morava　摩拉瓦河

Morea　同 PELOPONNESUS

Mosul　摩苏尔

Mt. Olympus　奥林匹亚山

Muzarium　穆扎里姆军区

Myriokephalon　密列奥塞法隆

MYSIA　密西亚

Mytilene　米蒂利尼

Nacolea　那科雷

Naissus　奈苏斯

Naples　那不勒斯

Nazianzus　拿先斯

Neapolis　奈阿波利

Nicaea　尼西亚

Nicomedia　尼科美底亚

NIKOPOLIS / Nikopolis　尼科波利斯（军区 / 城市）

Nicopolis　同 Nikopolis

Nis　尼什

NIŠ-BRANIČEVO　尼什—布兰尼切沃

Nisibis 尼西比斯
Normans 诺曼人
Numidia 努米底亚

Ochrid 奥赫里德
Ocomium 奥科米姆军区
OPSIKION (THEME) 奥普西金军区
OPTIMATES 奥菩提马通（"贵人"）军区
Orontes R. 奥龙特斯河
OSRHOENE 奥斯尔霍厄纳

PALAESTINA (I, II) （第一，第二）巴勒斯提纳
PALAESTINA III SALUTARIS 第三自治巴勒斯提纳
Palatza 帕拉特扎军区
Palestine 巴勒斯坦
Palmyra 巴尔米拉
Panormus 帕诺穆斯
PAPAL STATE 教皇国
PAPHLAGONIA 帕夫拉戈尼亚（军区 / 地区）
Paradunavum 帕拉顿纳翁军区
Paralia 帕拉利亚军区
PARISTRION 帕里斯特隆
Patras 佩特雷
Pelagonia 佩拉冈尼亚
PELOPONNESUS / PELOPONNESE 伯罗奔尼撒（军区 / 地区）
PENCHENEGS 佩切涅格人
Pergamum 帕加马
Petra 佩特拉
Petrich 佩特里奇
Philadelphia 菲拉德尔菲亚

Philippopolis (Shahba)　腓力波波利斯（舍赫巴）

PHOENICE　腓尼基

PHOENICE LIBANESIS　黎巴嫩腓尼基

Phoenix　凤凰城

Pliska　普利斯卡

Podandus / Pondandos　波旦杜斯（军区 / 城市）

Poemanenum　波曼努姆

PONTIC ALPS　庞廷山脉

PRINCIPALITY OF BENEVENTO　贝内文托公国

Pruth R.　普鲁特河

Qaryatain　盖尔耶泰因

Qsar al-Hair al-Gharabi　西山沙漠城堡

Qasr al-Hair ash-Shargi　哈里沙克沙漠城堡

Ragusa　拉古萨

Raphaneae　拉法尼亚

Raqqa (Nicephorium / Callinicum)　拉卡（尼科福留姆 / 卡利尼库姆）

Ras　拉斯军区

RAŠKA　拉什卡

Ravenna　拉文纳

Reggio　勒佐卡拉布里亚

Resaina　雷塞纳

Rhegium　勒吉乌姆

Rhodes　罗得岛 / 港口

RHODOPE MTS.　罗多彼山脉

Romanopolis　罗曼波利斯军区

Rome　罗马城

SAHILIYA MTS. 萨希利耶山脉

SAMOS / Samos 萨摩斯（军区／城市）

Samosata 萨莫萨塔

Sardinia 撒丁尼亚

Sardis 萨迪斯

Sava R. 萨瓦河

Scopia 斯科皮亚

Scythia 赛西亚

SCYTHIANS 斯基泰人

Sea of Azov 亚速海

Sea of Marmara 马尔马拉海

Sebasteia 塞巴斯蒂亚

Seleucia 塞留西亚

SELEUKIA / Seleukia 塞琉基亚（军区／城市）

Seljuks of Rum 塞尔柱王朝

Semlin 塞姆林

Serbia 塞尔维亚

Serdica 塞迪卡

Sergiopolis (Resafa) 塞尔吉奥波利斯（拉萨弗）

Serres 赛雷

Seret R. 塞雷特河

Sicily 西西里

Siderokastron 西德罗卡斯特隆

Sidon 西顿

Singara 辛加拉

Singidunum 辛吉杜努姆

Sinope 锡诺普

Sirmium 色米姆

Sision 锡锡安

Sizara 西扎拉军区

Skoder　斯科德

SLAVS　斯拉夫人

Smyrna　士麦那

Soada　索阿达

Soteropolis　索特罗波利斯军区

Sozopolis　索佐波利斯

SPAIN　西班牙

Split　斯普利特

STRATA DIOCLETIANA　戴克里先大道

STRYMON / Strymon　斯特鲁马（军区 / 河流）

SULTANATE OF ICONIUM　罗姆苏丹国

Syracuse　锡拉库萨

SYRIA　叙利亚

SYRIA SALUTARIS　自治叙利亚

Sythia　斯基提亚

Taranta　塔兰托军区

Taranto　塔兰托

Tarentum　他林敦

Taron　塔隆军区

Tarsos　塔尔苏斯

TAURUS MTS.　托罗斯山脉

Tblisi　第比利斯

Tephrice　泰弗利卡

Theodosia (Kaffa)　塞奥多西亚（卡法）

Theodosiopolis　塞奥多西奥波利斯

THEME OF SICILY　西西里军区

THEME OF THRACE　色雷斯军区

THEME OF HELLAS　希腊军区

THESSALONICA　塞萨洛尼卡军区

THESSALY　色萨利

Thessaloniki / Thessalonike　塞萨洛尼基

THERA　锡拉岛

THRACE　色雷斯

Tigris River　底格里斯河

Tirnovo　特尔诺沃

Tisa River　蒂萨河

Tripolis　的黎波里

Tripolitania　的黎波里塔尼亚

Thebaid　底比德

Thebes　底比斯

THRAKESION (THEME)　色雷斯西亚军区

Trebizond　特拉布宗

Trnovo　特尔诺沃

Teluch　特卢克

Tyre (Tyrus)　提尔（推罗）

Tzuruium　祖鲁伊姆

Ugarit　乌加里特

Umm el-Jimal (Thainatha)　尤姆厄尔吉马尔（泰纳塔）

Vardar　瓦尔达尔河

Varna　瓦尔纳

Vaspurakan　瓦斯普拉坎军区

Venice　威尼斯

VIA NOVA TRAIANA　新图拉真大道

Virminacium　费米拉孔

Vonitsa　沃尼察

Wadi Sirhan　阿斯干河—索罕盆地

Michael J. Decker
THE BYZANTINE ART OF WAR
Copyright © 2013 by Michael J. Decker
Maps by T.D.Dungan. © 2013 by Westholme Publishing
This edition arranged with Westholme Publishing
Simplified Chinese translation copyright © 2022
by Shanghai Translation Publishing House
All Rights Reserved

图字: 09-2021-056 号

图书在版编目（CIP）数据

拜占庭兵法/（美）迈克尔·德克
（Michael J. Decker）著；马千译. —上海：上海译
文出版社，2022.12
　书名原文：The Byzantine Art of War
　ISBN 978-7-5327-9153-8

　Ⅰ.①拜… Ⅱ.①迈… ②马… Ⅲ.①拜占庭帝国—
兵法—研究 Ⅳ.①K134

中国版本图书馆CIP数据核字（2022）第229832号

拜占庭兵法
［美］迈克尔·德克　著　马千　译
责任编辑/宋金　装帧设计/张志全工作室

上海译文出版社有限公司出版、发行
网址：www.yiwen.com.cn
201101　上海市闵行区号景路159弄B座
江阴市机关印刷服务有限公司印刷

开本 890×1240　1/32　印张 11　插页 5　字数 217,000
2022 年 12 月第 1 版　2022 年 12 月第 1 次印刷
印数：0,001—7,000 册

ISBN 978-7-5327-9153-8/K·307
定价：75.00 元